兵兵不了情

愛新覺羅·啟驤題

乒乓不了情

周树森

吉林美术出版社 全国百佳图书出版单位

图书在版编目（CIP）数据

乒乓不了情 / 周树森著. —— 长春：吉林美术出版社，2016.6
ISBN 978-7-5575-0475-5

Ⅰ.①乒… Ⅱ.①周… Ⅲ.①周树森－回忆录 Ⅳ.①K825.47

中国版本图书馆CIP数据核字(2015)第280801号

乒乓不了情

出 版 人	赵国强
著　　者	周树森
责任编辑	陈　鸣
封面设计	嫁衣工舍
排版制作	赵　冬
开　　本	720mm×1000mm　16开
印　　张	18.5
版　　次	2016年6月第1版
印　　次	2016年6月第1次印刷
出版发行	吉林美术出版社
地　　址	长春市人民大街4646号
	邮编：130021
网　　址	www.jlmspress.com
印　　刷	长春人民印业有限公司

ISBN 978-7-5575-0475-5　　定价：38.00元

序一
未曾红花　依然灿烂

蛇年岁末马年新春之际，前北京乒乓球队总教练周树森的自述《乒乓不了情》书稿传进了我的邮箱，周指导希望我能写篇序言。

对此，我有点儿诚惶诚恐。做了三十多年体育记者，大部分时间与乒乓球项目打交道，也多次采访过周树森，可我并没有和他细细聊过，只是那种场边一问一答的即时性采访，或在发布会上简单记录的答话与资料，实在谈不上深入了解一位卓有成就的老教练。这样如何给他作序呢？于是我说，写篇读后感吧，作序不够资格。

由于多年接触乒乓球并喜爱乒乓球的缘故，我对周树森教练很崇敬。我很清楚进入新世纪以来，他率领北京乒乓球女队连夺三届全运会团体冠军，培养了张怡宁、郭焱、丁宁等一批国家队主力选手；更难能可贵的是，年近七十的周树森应聘担任新加坡女队主教练后，居然在2010年莫斯科世乒赛上率队战胜强大无比的中国女队而夺冠，为自己的执教生涯书写了辉煌的一页。

周树森出生于一个颇为传奇的乒乓家庭。哥哥周兰荪20世纪60年代是和庄则栋、李富荣、徐寅生、张燮林并肩作战的乒乓五虎大将之一。待人亲切和蔼的周兰荪是我当年采访国家队最早熟识的教练，个子比周树森高出不少，外表健壮，举止儒雅，严肃却不少语。每次我一跨进训练馆的门，便能感觉到有些教练很冷漠，他却总是温和友善地与我打招呼，我和他远比与周树森熟悉。周树森的爱人刘雅琴也算是我的熟人，她是我小学球队队友刘德荣的姐姐，很早就进入北京队，成为我们打球时的一个榜样。周树森的自述中还讲到他的弟弟、他的儿子一度成为乒乓球专业选手的经历。

像周树森这样的乒乓世家在中国并不少见，许多乒乓名人的家人或多或少都有过从事这项运动的历史。像徐寅生的独生子曾打入国家青年队，张燮林的两个女儿都接近或达到专业队水平，刘国梁和爱人更是属于乒乓伉俪，等等。体育世家何止中国常见，美国许多篮球明星不也都是子承父业。

中国打乒乓球的人多，国家队水平已经多年保持世界领先。起源于欧洲的乒乓球运动，反而是凭借着在中国的发展而占据了世界第五大普及和奥运会收视率第四的体育项目的位置。令人有些忧虑的是，中国年轻一代的不少人似乎并不看重乒乓王国的桂冠，就像是有的富家子弟一点儿不珍惜传家宝。在足球王国巴西、篮球王国美国，人家并没有因为世界杯冠军、奥运会冠军拿得多，就会冷落本国人擅长的运动项目。轻视乒乓球，妄自菲薄，实际上是一种无知的表现。从另一角度看，它也说明中国乒乓球文化建设依然十分薄弱。打球的人不少，拿过冠军的也不少，但并不等于了解历史，认识、掌握乒乓球运动规律的人并不多。

记得2001年，中国乒乓球队首获男子团体世界冠军40周年纪念活动前后，在中国乒协名誉主席李瑞环和主管体育的中央领导的大力倡导下，专门成立了一个小班子，总结我们的乒乓球成功经验，提炼中国乒乓球的精神财富，促进了乒乓文化建设。遗憾的是，后来这项建设又被放松和忽视了。如今，周树森几十万字的自述，重拾起乒乓精神，他用生动细致的实例告诉人们张怡宁、丁宁这些优秀运动员如何成长，如何教她们技术和怎样做人。

许多体育记者，还有多数球迷，对优秀运动员的了解，往往是皮毛的、表象的。只有像周树森这些与运动员朝夕相处、命运同享的教练，才最熟悉、了解自己的弟子。他讲述的那些故事和经历，尽管没有第一时间让读者知道，但令人回味的内容更多，启迪更大。

从执教地方队拿全运会三连冠，到担任外教获世界冠军，周树森教练的成功并非偶然。拿一次冠军可能有运气好的成分，两次三次都拿，在国内带队拿，国外带队同样能拿，就不仅仅是运气好的原因。周树森不是那种善于夸夸其谈的人，接受采访话语不是很多，问一句答一句，没有废话。周树森的执教有自己的特点，有着南方人的精细和聪明，善于捕捉事物要点，抓主要矛盾，他懂得做运动员的思想工作，调整好他们的心理状态。他对运动员的选材、运动队的打法结构、训练的重点和节奏、作战排兵布阵、比赛时发现问题并解决问题等方面，都有自己深入的思考，既不循规蹈矩，也不盲目尝试，而是善于观察学习，不断总结经验，积小胜致大胜，进而长盛不衰。

国家体育总局副局长蔡振华说，中国乒乓球要第三次创业。就争金夺银而言，中国队早已冲出亚洲，走向世界。然而，从乒乓文化的角度看，中国乒乓球对世界乒乓球发展的影响力仍有很大的提升空间。例如，我们世界冠军得过那么多，海外兵团队伍那么大，可是中国乒乓球至今没有建立一座名人堂，没有拿出一本通行世界的完整理论教科书；有些出国打球、执教的人，不要说技术战术理论知识造诣低，连基本的行为规范都做得不好。我在美国亲眼见到一位中国出来的年轻球员，给俱乐部小队员担任场外指导时，对方运动员赛后过来握手，他坐在椅子上翘着二郎腿，屁股都不抬一下和人家碰碰手。一件小事反映出的是，中国乒乓球走向世界任重道远。我们送出去的人是不是都经过乒乓球学院的正规教育？我们的培训中有没有好教材？

大约五十年前，徐寅生的一次"关于如何打好乒乓球"的讲话，得到党和国家最高领导人的称赞，中国乒乓球人确实有能文能武的传统。体育界有人认为，小球的经验不具普遍性。其实，竞技体育项目许多方面都有相通之处。三大球水平的提高虽然不能照搬乒乓球的模式，但你不去分析自己项目的普遍规律、发展潮流及自己与别人各自的特点，不去研究创新适合自己的战术风格打法，只会跟在别人屁股后邯郸学步，那么别说攀登世界高峰，冲出亚洲都会越来越难。中国三大球不是没有人才，而是缺少一种奋发向上的自信和探索交流的氛围。

周树森不过是中国乒乓球一个普通地方队的教练，他有志气、有想法带领队伍去竞争世界冠军。中国其他项目的教练，只要你真正执着热爱自己的事业，不为一时浮华名利所诱惑，不被前进中的困难所吓倒，踏踏实实、心无旁骛地钻研事业，团结协力，也一定能像周树森那样，在平凡的岗位做出不平凡的业绩。

刘小明（原《人民日报》体育部主任)

序二
拿世界冠军是老天给他的回报

我和周指导算是忘年交。

我们俩很有缘分。他刚当教练时，我刚当运动员，那时候就认识，我退役后先是在北京西城体校当教练，之后到北京男队当教练，周指导的儿子周晫就是我带着打进国家队的。

1994年，北京乒乓球队改为俱乐部制，周指导把我要到了女队。

当时我带的几个男孩刚进国家队，发展得都很好，所以不太愿意去女队，后来由于种种原因还是去了。现在看来去女队是对了，这是后话。

当时周指导跟我说有个条件特别好的女孩，那会儿我认为条件最好的是刘佳，他说不，还有一个更好，比刘佳条件还好。我说不可能！刘佳条件太好了，不可能再有比刘佳条件更好的了。

周指导说的是张怡宁。

因为张怡宁小时候的教练是我妹妹李隽的教练，他爸爸又是我的教练，我们两家关系很好，所以张怡宁很小的时候我就见过。但她非常不起眼，我觉得她只是手感好，别的没有什么特别突出。

运动员刚开始进队参加集训都是需要交费的，张怡宁家庭条件很困难，周指导看她家里这种情况，就都免了，一直把她作为一名重点队员培养。

这么多年来，周指导带北京队的成绩大家都看到了，我认为除此之外，他在北京队做的最大贡献是把整个队伍盘活了。他是最早打开北京队员去国外发展这条道路的。日本方面最开始联系的是上海队，但上海没有意识到这个问题，只派出去一些水平不算高的队员，结果打不过日本人，所以后来找到北京队，周指导派了一些虽然进不了国家队，但水平也还不错的运动员，这些人到日本以后非常棒，从最高级的职业比赛到中学的所有冠军都拿了，这样北京队的知名度一下子就提高了。这样一来人才流动很快，进人也就很快，整个队伍比较活，形成了良性循环。另外运动员去日本不光打球，还可以上中学、上大学，对运动员的发展也好，进不了国家队的队员也能看到希望，所以外地选手也愿意来北京队。后来新加坡也意识到了，就到北京队找人。

我认为周指导在这件事上非常有战略眼光。

周指导很爱才。选运动员进队，有一些是因为关系进来的，这在基层是根本避免不了的。周指导的做法是关系挡不住的该进就进，但好的不会放过，真正好的运动员，他会给特殊政策，不是像有的地方教练不管好坏，不交钱不行。像丁宁，以前周指导从没看过她打球，就是去了趟什刹海体校，便直接把丁宁调进北京队了。这也说明他看人眼光很厉害，看准了马上拍板。

作为主教练，周指导真正手把手地教运动员具体某项技术的时候不是很多，他不是教你正手怎么打、反手怎么打，但他在宏观上对运动员整个打法体系的建立和发展方向的把握，有他的独到之处。

比如李隽打削球，20世纪80年代他就主张李隽要削中有进攻，要有攻势，跟现在的理念一样，很有前瞻性，他对运动员方向的把握不落后，能够发现运动员真正的优点。我跟周指导在北京队搭档三年学到很多，对运动员宏观的把握，也是我现在比较看重的东西。

过去北京队的传统是突出反手，对步法、正手的训练欠缺，他不是北京人，他来了以后，在保持北京队原来优势的基础上，有一定的创新。

在大赛当中，周指导团结队员很有一套，该哄的哄，该吓唬的吓唬，能让整个队伍特别有凝聚力，把每个人的力量发挥到最好。

他很善于调节运动员的心理状态，我们年轻教练有时候会着急，会表现出来，其实他也着急，但他能很好地控制情绪、控制局面。

总体来说，周指导是个比较有智慧的人。一个外地人，能在北京队当好几十年主教练不是一件容易的事，他跟那么多领导都能相处得来，跟那么多教练都能配合，必然有他的"道"。肯定很多人对他有意见，但他还是能处理得很好。

我刚到女队时，其他几位教练都是俱乐部老板钦点的，加上我那会儿又是年轻气盛，周指导能把我们这些人、这些关系都处理得很好。包括教练员跟运动员之间肯定也会产生矛盾，这是很正常的，但他都能摆平。作为主教练，不能光是靠教技术，得各方面都处理好。

周指导对乒乓球真的是太热爱了。这种话过去说可能是假的，但现在他七十多岁了还这么有激情，真的是发自内心的喜欢。从我个人来看，我不可能做到像他这样，能喜欢球到这种程度。这个年龄还在一线，一个可能是因为喜欢，另一个可能是为了生活得更好一点儿，但他完全是出于喜欢，我不觉得他是为了多赚一点儿钱。假如是为了钱、为了生活，在竞争这么激烈的环境下会非常非常痛苦，竞争的过程是很难受的，我深有体会。但他很有激情，带这么多不同的队伍，都取得不错的成绩，他很享受这个过程，这一点跟一般人不太一样，我觉得我是很难做到的。

他带新加坡队时，有一次我们都去欧洲比赛，紧接着回到广州有个比赛，当时他还必须先返回新加坡，我就想他肯定来不及到广州。结果我们一到广州，他已经到了。我一算时间，他得一直在坐飞机，从欧洲回新加坡不停留，直接再飞广州，这样才有可能到。在乒乓球上，他的精神头儿真是足！包括伦敦奥运会之前，到南美比赛，一折腾三十多个小时，我这个年龄那样坐飞机都受不了。

我记得2005年全运会前，有时候我去北京队，跟他们聊聊天，一进教练那屋，全是周指导跟陈振江（当时北京女队教练，现国家青年队教练）两人抽的烟，闻到绝对熏死，也是着急上火的，听说身体也受到了影响。但他对冠军的那种渴望非常强烈，超于常人。

那届全运会团体半决赛北京队本来是该输的球，0-2落后江苏，很惊险地赢下来。比赛结束以后出来，周指导完全是失控的，对天喊："我们是冠军！"包括后来单打张怡宁赢了王楠，他也特别激动。他非常有激情，老教练这么有激情的很少，包括我现在除了奥运会也很少那么激动。他还是很激动，说明他发自内心地喜欢这个事，乐在其中，这样的性格也比较适合当教练。

其实很多人不知道的是，周指导在浙江队当教练就很成功，他曾经带着三个非常不起眼的运动员拿了全国冠军。他带这三个人时，我刚当运动员，到处转战比赛，那时候叫邀请赛，我印象最深的是我们从武汉坐船到南京，沿着长江坐了好几天，天天在那儿打扑克。

在北京女队时，有一段时间我们俩住一屋，他老给我烟抽，当时我也抽烟，但没有瘾，就抽着玩，住在一起好几年，他把我教会了，他戒了，后来他又捡起来了。

周指导有南方人的特点，比较细致，我是典型的北方性格，不拘小节，所以我们一直相处得不错。我有时候也不太顾及他的面子，所以他有时候比较"惧"我，拿我没招，我们这种配合也挺有意思的。

他在乒乓球理念上比较超前，生活中也是一样，七十多岁也不落伍，电子产品这些他也都尝试着玩。

周指导的生活比较精致，很讲究，他抽烟，我们那屋里别人送的烟满地都是，他基本不抽，都是自己到认识的专卖店买的"中华"，只抽那一种。别人给他"中华"，他打开一抽，认为是假烟，不太对劲儿，一条就全扔了。我老开玩笑管他叫"一丝不苟"。

周指导最令人津津乐道的是帮助新加坡队拿到考比伦杯，这说偶然也有偶然，但是有其必然因素在里面。虽然最主要还是中国队自己出问题了，但周指导还是起到很大作用，他对中国乒乓球队的特殊规律有一定把握，包括对中国运动员的心态非常了解，所以他对新加坡运动员信心的提升，对她们在比赛关键时刻的把控都有很大帮助。周指导当运动员时没有机会在国际赛场取得好成绩，他带新加坡队收获世界冠军，我觉得是老天对他这么多年辛苦的一种回报。

李隼（中国乒乓球女队教练）

目录

国家队生涯

002_走上乒乓路

004_启蒙恩师鲁涤森

010_见识魔鬼训练

012_陪练与主力

014_师父胡炳权

017_教父傅其芳

021_容国团递给我平生第一根烟

025_老领队张钧汉

029_忆庄则栋

034_中国乒乓球队有先进意义

037_"文化大革命"临头

039_再次打进国家队

042_两次出国比赛

046_唯一一次带队出国比赛

北京风雨二十八载

050_回浙江队的三年

055_初到北京队，从乙级起步

058_第一次带队全运会

061_大考发现问题

064_从小孩抓起

066_冲到全国亚军

070_王晨是我骂得最多的队员

074_选材困境

076_李佳薇被挑走，没放张怡宁

078_八运会打出个张怡宁

080_全国各地广纳人才

083_为北京拿到时隔24年的全国冠军

085_全运会夺冠，再不当"周老二"

088_两届奥运会上的北京印记

091_十运会的考验从赛前三个月就开始了

094_绝处逢生团体卫冕

098_张怡宁与王楠的世纪大战，女子乒坛从此改朝换代

101_2009年北京女乒，被称为可怕的豪华战舰

106_我的搭档们

109_碰上张怡宁是教练的运气

118_北京队二姐郭焱

123_看一场比赛决定把丁宁招进北京队

128_28年，感谢太多人

在新加坡终圆世界冠军梦

134_新加坡乒总三顾茅庐

137_初到狮城

139_几次挑战

142_为运动员说话

145_备战莫斯科，队员们着了魔

148_运气不错

150_决赛前李佳薇突然请战

152_决赛惊心动魄

156_朋友调侃我是不是不打算回北京了

160_凡事顺其自然

162_奥运年不平坦

169_伦敦奥运会两块奖牌收官

174_中国和新加坡的不同管理方式

177_善待"海外兵团"

我的乒乓大家庭

181_哥哥周兰荪

186_求助李瑞环

189_弥留之际与老友"叙旧"

192_巧打削球的弟弟周厚生

194_天作之合的一次出访

198_比"裸婚"还裸的结婚

200_大半辈子分分合合

203_儿子四岁独自从北京到杭州

207_下定决心送儿子去日本

212_周晅圆梦奥运会

214_孙子也是"乒乓高手"

72岁，依然在路上

219_2010年到大同带乒超俱乐部

226_给山东女乒"火上浇油"

231_场上算概率，场下要注意

235_有些比赛打的不是技术

237_对队员要一视同仁

239_"允许"运动员犯错

241_用不同思路"刺激"运动员

245_桥牌和围棋

249_十六字训练箴言

253_跟其他教练"批发"方法

257_到大连大学乒乓球学校从娃娃抓起

后记

261_不是尾声的尾声

262_张怡宁：周指导护着我们，就像对自己的孩子

265_郭焱：金牌教练不是偶然的

268_丁宁：周指导是我的乒乓生涯中非常重要的人

272_冯天薇：他是老顽童，又像一位禅师

引子：
一名草根的乒乓情缘

把自己的经历写出来的想法起源于快离开北京队时。

按照"法定"，我在60岁就该退休，应该是2001年。那年全运会，北京女乒经历了两届亚军后，终于在八年后站到冠军领奖台上。随后我在北京队"超期服役"，又经历了一个八年，两个全运周期，我和北京队一起经历了最辉煌的日子。那时我便想把这些年的故事讲出来，一是给自己留个纪念，二来也希望能给从事乒乓球运动的人们提供启发，哪怕一丝一点也好。

2009年我68岁，离开北京队，却没能"按计划"颐养天年，而是跑得更远，去了新加坡当教练，写东西的想法不得不暂时搁置下来。

2010年莫斯科世乒赛拿到冠军后，不少人劝我"赶形势"，出本书，虽然那确实是个好时机，但那终究只是我乒乓人生的一个节点而已，并非全部。所以直到从新加坡队退休，我才开始沉下心来思考这件事，但总是因生活琐事缠身，迟迟未能动笔。

直到2013年，大年初二，我和一大家子亲戚正在我家欢度春节，我像平日里一样浏览《北京晚报》，庄则栋去世的消息一下子闯进我的视线，猝不及防，节日里欢声笑语的气氛一下子凝固了。

其实早已知晓他的病重。他和我哥哥的病情类似，也和我哥哥一样同病魔抗争了很久，所以应该说对于这样的消息是有一定心理准备的，然而当这一刻终究还是来了的时候，心里依然受不了、装不下。

说起来和庄则栋相识已经是近50年前的事了，每天陪他练球的场景触电般闪回到我的脑海里。事实上，最近一些年，我已很少见到他。写下这些，我仿佛看见一位汗流浃背，操着一口标准的普通话，对着我满脸是笑的长兄，站在我的面前！

那段时间我回忆了很多，也思考了很多。我想，很多事是不能再等的，想做的就要做出来，于是一年后就有了手里的这本书。

说老实话，对于出书，我也曾有过另外一方面的犹豫。中国乒乓球历史上孕育了100多位世界冠军，堪称世界之最，然而我并不在此列，那么我是否有资格"出头露面"？我一直说，我是乒乓球界名副其实的草根，但也许正因为这样，我的经历才更具代表性，更能说明一些问题。

从儿时在杭州拿起乒乓球拍，辗转到北京进入国家队，再回到杭州执教，再杀回北京，又去了海外，到现在已然60余年过去，这期间我从未离开过这小小的银球。我喜欢乒乓球，我热爱这项事业，同时我也尽最大能力达到了自己的极致。

我感谢乒乓球，我所有的一切几乎都是它给予的。我的哥哥、弟弟都是专业乒乓球选手，我和妻子因乒乓球结缘，儿子、儿媳都从事乒乓球工作，两个孙子也在打球。

我和乒乓球的感情不是一本书能说得清楚的，甚至不是用语言能表明的，就像本书的题目——乒乓，是我的一份永远不了的情缘。

国家队生涯
GUOJIADUI SHENGYA

走上乒乓路

我的祖籍是江西上饶，祖父那一代就来到杭州。1941年12月，我出生在杭州市下城区，记忆中，小时候总是绕着西湖玩耍，把西湖附近的每个地方都跑遍了。

我打乒乓球主要是受我哥哥周兰荪的影响。那已经是20世纪40年代末的事了，我家所在的街道居委会有个文化俱乐部，以前是个工厂的厂房，后来闲置起来，放了两张乒乓球台，全是木板拼起来的，中间有条缝，上面放了一个不知道从哪儿搞来的网，破破旧旧的，很大的洞。即使是如此简陋，对小孩儿来说已经是非常有趣的"玩具"，大家没事就到那儿去打球。那个时候，杭州小孩儿打乒乓球似乎很普遍，很多地方都有个集中打乒乓球的地方，也有这么一批爱好者，几乎是天天去，每天晚上肯定有好几个人都到那儿集中。

我哥那时候经常和几个小伙伴一块儿去俱乐部打球，我们有几个年龄小点儿的孩子看打球挺好玩的，就跟在他们大孩子后面，慢慢地也开始上手打，就像玩其他游戏一样，不像现在学球的孩子都是送到比较专业的地方去培养，那时候是自然而然的兴趣，绝对是自己玩的，哪有什么体校、培训班这些，到1958年、1959年以后才有的体校，以前没有的。家长也不会管，也没有精力管。

我们那会儿的乒乓球打破了，就用胶布粘一下，台子因为是拼凑的，时不时地就打到缝里面跳起来了，只得重打，完全不是现在这个样子。球板就是一个板，光胶皮，没有海绵，有海绵还是到1955年以后，以前都是光板。

后来"先进"一点儿，到了下城区文化宫打球，基本上一放学就去打球，每天晚上都去。我在文化宫认识了很多小伙伴，比如董庆云，我们一起在文化宫打球，一起进的杭州队，从杭州队又进了国家队，后来他上了北京体院，再后来回到杭州到省队当了教练。

我哥当时在杭州第一中学读书，他在学校也经常打球，打得越来越好后，就去杭州基督教青年会打，那里比较正规，有好几张球台，打的人水平也比较高，后来他进入了专业队。

1957年杭州市成立少年队，1958年成立专业队，以杭州少年队为主的杭州市专业队。当时是杭州市体委弄的，那会儿也是碰着了，杭州市体委主任是部队复员的一位

那时我还年轻

少校，特别喜欢乒乓球，挺威武的，所以他会抓这个项目。有一次杭州市少年比赛，我报名参加了，一打打进前几名，大概前三、前四名这个水平。我就这么进了专业队，当时我们有六七个人吧。现在我们关系都挺好，我每年基本上都会回杭州，大家聚一聚，前几年还搞过一个50周年的活动。

1959年我参加了第一届全运会，那时候杭州最好的选手是何锡申、吴晓明，这都是108将的成员，还有吴晓明的哥哥吴晓德、娄之久、董庆云。六个人中我排名第五，全运会我参加了团体、单打和双打。双打我跟娄之久配，大概没几场就下来了。《人民日报》还登了篇文章，这样写道：全运会乒乓球坛

上将有两对兄弟比武。一对是周兰荪和周树森，一对是吴晓德和吴晓明。这些现象都充分反映了我国体育运动开展的深入性和广泛性。

何锡申是1958年、1959年、1960年连续三届浙江省冠军，吴晓明1961年进国家队后，他的球变成了浙江省第一，他也是最早改弧圈打法的，在浙江排第二的是娄之久。到1961年我开始迎头赶上，得了浙江省冠军。那次省比赛吴晓明在国家队，没参加。我之前是正胶，得了那个省比赛冠军以后改成了反胶。

1961年我拿完单打冠军后成为浙江省队的绝对主力，何锡申那会儿还打，但已经有一点点下坡了，本来娄之久比我要好，后来也在我后面了。那段时间我是浙江数一数二的选手了。我们经常到上海去打比赛，华东区比赛我得过一个第三。1962年我就达到了运动健将水平，在华东这一带，上海、浙江杭州开始有一点点小名气。

我记得比较清楚的是拿过一个杭州市五万人乒乓球比赛的冠军。那个比赛给我印象特别深，那是大跃进时期，1960年，比赛从基层、学校、区县，一级一级地打，号称有五万人。就搞过一次，大跃进时什么都搞大的。上了些年纪的朋友可能对1957年大炼钢铁记忆很深，我们本应该在学校上学，也不上了，学校操场里面搭起几个炉子，像现在大的热水炉一样，每家每户捐献铜铁，晚上也不睡觉，在那儿烧。最后我也没看到他们炼出铁来。有时候想想，时代的变化真的很大，无论是经济还是思想，发展得都很快。

启蒙恩师鲁涤森

杭州青年会有很多项目，其中比较成规模的是篮球和乒乓球，教练叫鲁涤森，他像是一个管理员一样，几个项目都管，但是他自己不会打。篮球方面，他当时是比较好的裁判，后来他推掉了篮球，专门管乒乓球，是杭州队的第一任教练，后来也有点儿名气了，培养出我们这一批运动员。

鲁教练对乒乓球的钻研，我从第一次见他就感受到了，那个场景至今我都记忆犹新。那是我第一次去报到，鲁教练让我打一打，打完了他跟我说，你的球不错，但是攻球的动作可以改一改。那时候业余打都是直板攻球，他说你把板横过来一点儿，发力好发，对面过来的球不管高点还是低点，你横过来就都能打下来。开始我还没听懂，打横板？他说不是，你现在是竖打，横过来以后容易发力。那会儿当然还没有拉球，也没见过横过来打的。印象当中那是我第一次听说"把直拍横过来"，这也说明了鲁教练很有前瞻性。

这是我第一次真正接触乒乓球教练，第一次有人教我怎么打乒乓球，原来都是自己怎么舒服怎么打，打野球，因此鲁指导可以说是我的启蒙教练。不管他自己会不会打球，我都是要叫他师父的。

那几年鲁指导带着我们南征北战，包括全运会都是他带着，虽然他自己打得不专业，但是他对业务真的很钻。临场指挥方面，他比赛看多了、研究多了也还是很不错的，因为整个队都是他给带起来的，对每个队员的特点都比较了解。后来他被评上了高级教练，还成了杭州市政协委员，在杭州乒乓球圈里很有名气。

再到后来我们整支队伍都被浙江省体委接收了，他还是留在市体委，后来也培养出很多人才输送到国家队，比如朱乃桢、盛新华等人都是他一手培养出来的。朱乃桢在国家队退役后又回到杭州当教练，盛新华和国家足球队守门员胡之刚结为夫妻。

鲁涤森教练对我各方面都特别照顾。1958年全国少年比赛在杭州，大概有三个还是四个人参加，我没参加上，那会儿才十五六岁，鲁指导就安排我去当裁判。这个事给我留的印象很深很深。他的想法就是让我看一看、学习人家的高水平技术，见识一下世面。其实回过头来想想，当时老师可能也比较看好我，有几个队友球那会儿比我好，但老师还是挺给我机会的。

随着技术的提高，慢慢地我的自信心逐渐提高了。1959年以后，基本上所有浙江省对外、对内的比赛没落下过我，全国比赛、全运会都没有落下我，所以他对我从启蒙一直到成为专业运动员是起决定作用的。

鲁指导对乒乓球的钻研精神潜移默化地熏陶着他的学生们，我的教练生涯也受到他的一些影响。比如各级各类的比赛他都会认真仔细地看，悉心研究乒乓球的发展。1957年，容国团代表香港到杭州打表演赛，他便带我们去看。那会儿我们一看就惊了，香港队都是西服正装、裤子笔挺，穿着皮鞋上去打比赛，感觉特别帅，我们哪见过这世面。记不清是1958年还是1959年了，罗马尼亚队到上海打比赛，他也带着我们几个队员大老远地跑去观摩。我记得在虹口体育馆，人山人海的，特别多人看乒乓球比赛，票也挺紧张，但他也给我们买。

1958年，国家队教练傅其芳经过杭州，也被鲁教练请来给我们这些小孩儿讲课，这是非常不容易的事情。对我们那么大的打球的孩子来说，国家队教练讲课，像是一种仪式，对小孩儿有很正面的、言语无法完成的熏陶作用，也被灌输了一种积极向上的思想。

所以说鲁指导真是很有"道"。

我印象最深的是1959年的多特蒙德世界比赛，我们的青年会对面隔一条马路就是《杭州日报》，听说容国团进了决赛，我们事先打听好了什么时间打，鲁教练就带着我们到报社去等消息。那时候没电视，只有两个途径得知消息，一个是看报纸，一个是听广播。

在报社收到容国团拿冠军的消息的那一刻，教练、队友，我们所有人一下子都跳起来了，太兴奋了！一个是我们中国人终于自己有世界冠军了！还是我们从事的乒乓球项目！另一个容国团到杭州来打过比赛，大家都看见过，因此对他更是有一种亲近感。

转眼间几十年都过去了，这些年来，鲁教练一直在杭州，他很记挂我，前几年回杭州我们聚会都请他出来，那会儿都快80了，比我大十多岁。他带我们时还是很年轻的教练。从1959年全运会，华东地区比赛，包括1960年全国锦标赛，一直到1961年、1962年，五十多年了，当年我们这些学生如今都成为老人了。

不幸的是，鲁涤森教练后来患上癌症，2011年去世了，他病重期间，我专门回杭州去医院探望他。我们叫他鲁指导，到了医院他女儿就说："一直念叨你，不知道什么时候有空儿能来。"他女儿是位乒乓球国家级裁判。那时候住在医院的鲁指导已经是皮包骨头了。我去看他以前一直昏迷，迷迷糊糊的，后来说我去看他，就坐起来，精神马上就好了，跟我聊，从开头一直到后面，聊了好久，都是50年以前的事情，但他记得特别清楚。后来我看完他以后，过了不到一个星期，人就走了。

鲁涤森教练对我的影响特别深，是他把我带入乒乓球的专业道路上，对我的整个乒乓生涯起到过决定作用。

直到现在，每每想起来，我都对他充满感激。

初进国家队

1964年，我进入国家队，当时国家队准备参加1965年第28届世界锦标赛，调我去是因为打法的需要。当时中国的主要对手是近邻日本，欧洲那会儿还是以削球为主，虽然已经弃削改攻，但还是在转变的过程中，仍是一种不成熟的打法。此前中国乒乓球队为了过欧洲关，集中了全国各式各样的削球打法来研究，进行针对性训练，1961年以后，中国队员基本上都过了削球关，打削球都

胸前的国徽让我备感自豪

很好，尤其是主力，庄则栋、李富荣、徐寅生、周兰荪，包括张燮林，打削球都没问题，不在话下。

1961年，日本发明了弧圈球，威力很大，这在国际乒坛引起了巨大反响，因此我们的主要对手也是日本队。总教练傅其芳训练有方，为了有针对性地备战世锦赛，便把全国比较好的弧圈打法选手全部集中到国家队。我是直板弧圈，正手拉，反手攻，这种打法有点儿像日本的高桥浩，调我到国家队主要是模仿高桥浩，高桥浩大概在日本队排到三号、四号的位置，我们的主力之一庄则栋最难打的就是他，曾经输过两次，因此平时我陪练最多的就是庄则栋。

每个人的弧圈味道不一样，刁文元正手稍微慢一点儿，但是比较转，也比较冲。他一般模仿日本的木村兴治，当然，对于主力运动员来说，重要对手都要练到，用现在的观点来看是既有普遍性，也要有针对性。首先要练弧圈，适应弧圈，普遍提高了自己的技术和特长后，再对某一个或者某几个人、某几支队伍，有针对性地训练。

当然陪练选手并不是完全定式的，现在也一样，没有一个陪练是完全模仿哪一个人，只是更像一点儿，实际上还是有差距，也不可能完全一样。

没进国家队前，听我哥讲过很多次国家队的生活，跟国家队队员也有所接触，因为每年全国比赛都会跟他们打，我从1959年参加全运会，年年都跟国家队队员打比赛，所以也深有体会，他们的技术水平确实比其他人高一块。但是那时候没有像现在崇拜名人、追星这种概念，而且因为我哥的原因，碰到像李富荣、徐寅生这些"大人物"他们都还是比较客气，握个手，打个招呼，所以在我眼里不是那种特别高高在上的感觉，相对比较亲近一点儿。比赛的时候遇到，该怎么打还是怎么打。

尽管如此，国家队在我眼里仍然是一个非常神秘的地方，我想也是所有打乒乓球的人，特别是青少年向往的一个地方，一个神圣的殿堂。进了国家队才能更好地提高技术，才有机会在国际乒坛攀高峰，不进国家队这一切都不可能。

听到浙江省体委说来了调令要调我去国家队的那一刻，别提多兴奋了！刚去北京报到时，有好几个晚上都没睡好！当时国家队的条件比省队的条件要高出好几个档次，宿舍在体育馆路二号的一幢楼里，我们房间两个人，都是新调去的，跟我一起住的室友是一位河南选手，叫李凤朝，也是弧圈打法。但"文化大革命"后再组建国家队时，他就没有再进队。

我是10月份去的，毛衣都没有，到11月之后早上出操，就一套运动绒衣，零下十几度，可以想象有多冷，那时候也不戴手套，就么坚持下来了，现在想想似乎有点儿不可思议。所有的队员都是早晨六点起床，六点一刻到楼下集合、出操、跑步，一直到上午训练、下午训练，所有的安排，都是以前没有接触过的，比在省里正规很多，很新鲜。训练什么的也特别来劲儿，有目标了，浑身都是劲儿。

比省里好很多的还有国家队的伙食。食堂有很多个灶，一个窗口一个窗口的，有鲁菜、川菜、西餐等等多种口味，都是专门的厨师，我们管他们叫大师傅，这几个大师傅都很逗，都抢着看哪个窗口的生意好，排队排得长，打菜的人多，这样就证明自己的菜做得好。听说这些大师傅全是北京几个大的饭庄请来的，广东大师傅就是广东人，川菜师傅是四川人，都是名厨，各式各样的菜，当时我就想，这种生活真的是很幸福，每天吃的都跟高级饭庄差不多。

哥伦比亚乒乓球队来访，这张照片当时刊登在杂志上

见识魔鬼训练

进国家队以后，我由胡炳权教练带。国家队基本上是按打法分组，分为快攻组、弧圈组、削球组，每个组有六七名运动员。快攻组都是主力选手，主要培养备战大赛的主力，都是直板快攻，当时还没有横板主力。快攻组教练是傅其芳，队员包括庄则栋、李富荣、徐寅生、周兰荪等，另一位削球大师张燮林在削球组，他们几个是第28届世乒赛的男团冠军成员。削球组的教练是李仁

苏，队员有张燮林、苏国熙、郭仲恭、王志良等人。

我们组的队员都是弧圈选手，叫弧圈组。刚听说日本发明弧圈球后，就是胡炳权和庄家富两位教练专门去香港"打探情报"，看了日本队比赛。胡炳权是中国第一位改弧圈的选手，模仿弧圈最有经验。我们组一共七八个人，余长春、何祖斌、李德阳这三个是左手，刁文元、吴小明、廖文挺，加上我，都是右手直板弧圈。只有李德阳是横板弧圈，真正两面拉的就是他一个人，其他都是单面拉的。当然那时候的弧圈球都是自己练的，现在看来技术非常粗糙。

当时木村兴治是日本的头号主力，左手持拍。新出来的长谷川信彦是横板弧圈，还有高桥浩。

我们组的队员一个任务是提高自己的技术，另一个任务就是模仿日本选手，陪庄则栋、李富荣、张燮林，包括我哥周兰荪他们几个主力练，这几位选手我都陪他们练过。

弧圈组练得非常苦，那时候叫"卖体力活儿的"。举一个例子，当时我的步法没有比较正规地练过，因为地方队肯定没有国家队训练得这么系统。有一个训练方法，到现在为止都很少有人用，我当教练也没这么练过。我们每天练步法，到最后一组极限训练，什么叫极限呢？打得你打不动，躺到地上为止，绝对要全身发力，我们叫"推侧扑"，再交叉回来，一般打十个球就已经很累了。最后一组极限训练，要打到你躺到地上为止，躺到那儿，教练还会用球砸你，让你起来再跑，实在是跑不动了才停止。现在乒乓球训练都是有氧训练，像慢跑一样。我们练的这个是无氧训练，速度也快，跑完测脉搏能达到一百八十多跳。

这种训练方法的来源就是日本女排教练大松博文。大松博文是日本排球的传奇教练，带领日本队拿到1964年奥运会冠军，以训练严格而著称，被称为"魔鬼大松"。他带领日本女排来中国，有一堂训练课在北京体育馆，国家体委专门把整个运动系统都叫去观摩。

只见他一组球一会儿砸到这边，一会儿砸到那边，打排球是大交叉步，跑到这儿滚一下，再跑到那儿，强度很大，看队员实在是已经很累很累，已经跑不动了，躺在地上，他就把球往队员身上砸，最后没办法，再起来，再跑，实在跑不动了才换下一组。

那堂训练课他重点练的就是这个，每个人倒地救球，打滚救球给我的印象最深刻，其他的战术训练运动量比较小，这个主要解决了防守问题，日本女排运动员个儿比较矮，但是对面过来的不管什么球，她都能倒地救球，双手扶地，一个滚扑到那儿，防守非常好。日本女排队员那么低的身高，中国女排平均比她们高出一个头，但是人家得世界冠军了，所以大松博文的那一套训练方法很管用，在场上绝对不讲情面。咱们那会儿训练都是拿一个排球练，他那儿好几筐球，助手不停地给他递球，根本不歇，教练也很辛苦。

我们观摩训练时都眼睛一亮，心想"还有这么训练的！"乒乓球队在这里受到了很大启发，我们的多球训练、极限训练都是从这里总结出来的。

我们采取了多球训练后效果还是很好的，我的步法就是那时候练出来的，后来能全台跑、全台拉，以前肯定不行，没这么练过就不可能做得到。但是有一点不太好的是比较容易受伤，那会儿我才20刚出头，就有点儿腰肌劳损，每天练完了以后就跑去医务室按摩。

陪练与主力

因为我弧圈球拉得比较稳，基本上能拉到上百板都没问题，所以不但是跟男队员打，后来也陪女队员一起练，主要是跟林慧卿、郑敏之、李莉、李赫男，这些人都是要参加第28届世乒赛的。陪男队就是正手拉，拉了不丢，也配合一点儿冲，但是陪女队主要是拉得要稳，要不能丢，力量还得像女的。

男队我跟庄则栋练得最多，女队我跟郑敏之练得最多。郑敏之是削球，主要是靠削得稳，她需加强对付弧圈球的技术，所以有时候自己补课，也会找我陪她练球。我属于"哪里需要哪里搬"。

当时我们训练是在北京体育馆旁边的篮球馆，中间是两个篮球场地，旁边是过道，球台就在过道上分成两列摆放，一边是男选手，一边是女选手，中间有铁丝网拦着。

跟现在相比，当时的训练条件确实有点儿艰苦，地面是木地板，很滑，那时候没有塑胶的。穿的球鞋也不像现在，鞋底能够防滑，所以打起球来有时候就容易滑。负责场地管理的人往地上抹一些防涩油。防涩油就是熬的松香油，掺到柴油里面专门加工的，能防滑，但打的时间长一点儿之后还是会滑。

一般来说，我们组上午和主力对练，下午自己组练多球。等于一边帮别人陪练，一边自己提高。因为男、女队两边陪练，所以对两边教练、主力队员的一些性格，训练上的一些东西，都比较了解。

我们弧圈组的职责之一是陪练，说是陪练，但是每天和主力一起训练，对自己的提高是非常大的。因为从进国家队起我就经常陪庄则栋练球，所以对他的球很熟，"文化大革命"以前有一次队里打内部比赛，很多教练都在旁边看，我第一局赢了庄则栋，把荣高棠吓坏了，觉得庄则栋怎么能输给我这么一个无名小卒呢！所以要是球打好了不存在谁陪谁，就是这个道理。

陪练不陪练，是一个心态的问题。有的运动员认为是陪主力练，有的人还想着实际上相当于主力陪我呢。要是刻苦努力，打得好，最后由陪练变主力，是一样的。

我们这一组出来的刁文元就是一个非常好的例子，他自己打到全国冠军，第31届、32届、33届世界锦标赛成为主力，出道时已经33岁。还有余长春，第27届、28届世界锦标赛都参加了，所以能不能打出来最主要看你的实力，而不是看你是不是陪练。正所谓"英雄不问出处"。

当运动员一定要有一种信念,不是让你陪练你就永远是陪练,这不是"命运",陪练每天踏踏实实地努力,最终成为主力、成为世界冠军都是有可能的,关键还是看自己,这个道理放到现在依然适用。

师父胡炳权

从1964年进国家队,到"文化大革命"停止训练,再到后来1971年重组国家队再调我进队,直至退役,我都是在胡炳权教练组里,我一直叫他师父。

胡炳权教练最广为人知的事件大概当属"打探情报"。备战第26届世乒赛前昔,中国队得知日本发明了弧圈球这个"先进武器",听说日本队要到香港打比赛,便派出胡炳权和庄家富去侦查情况。正是这次侦查,给中国队提供了宝贵的备战情报,了解了到底什么是弧圈球,威力有多大,从而想出办法克制它,从而为在世界比赛中战胜日本队打下基础。他回来后便开始模仿日本选手打弧圈球,帮助主力训练。所以可以说,胡炳权是中国弧圈技术的开山鼻祖。

师父是广东人,是第一批国家队选

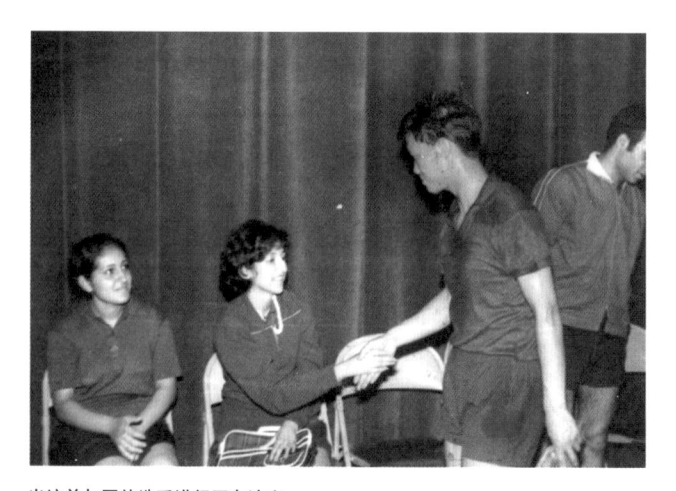

出访并与国外选手进行了友谊赛

手，虽然没有取得过世界冠军的荣誉，但他自1956年起，连续打过四届世界锦标赛，是1956年、1957年两届世乒赛男团第十名和第四名的团体成员。

师父不是很活泼的、会侃的性格，他比较内向，很不张扬外露的那一种。待人诚恳，跟他打交道给人以踏实的感觉。他带了我那么多年，彼此朝夕相处那么久，他从来没有跟谁耍过小心眼。他对事业兢兢业业，教球勤勤恳恳，对训练严格要求，办事认真，有板有眼，从来不求全责备，从来不教训人，不挑刺。跟队员不摆架子，比较平易近人，也不会拉帮结派，勾心斗角，一是一，二是二，非常实事求是。

师父对我很不错。记得大概是1965年，瑞典乒乓球队来中国访问，要跟中国队在北京体育馆打一场团体比赛。我们弧圈组里有六七个人，我在组里并不是最出色的队员，但当队里决定弧圈组有一个出场名额的时候，师父把这个机会给了我。

按照打一场团体赛的赛制，是由徐寅生、李富荣和我哥哥周兰荪三个人组成团体阵容，对阵瑞典队。但后来又在正式比赛前面加了两场单打，一方面想预热一下，同时也是给非主力，尤其是年轻人一个展示的机会。

大概由于我平时训练比较刻苦，人也很上进，打球很拼，所以当队里说弧圈组出一名队员时，师父就把我推了出来。

比赛前一天晚上，师父看似很随意地跟我说第二天比赛要出场，也没有很正式地开准备会，就说明天跟瑞典队有场比赛，让我准备上场。

比赛当天第一场就派我出场，第二个出场的是快攻组的陈宝庆。我的对手是大约翰森，瑞典有一对双胞胎约翰森兄弟，跟我打的是哥哥。那场比赛连陈毅元帅都来看了，加上夏天温度高，天气非常热，我打得非常紧张。赛制是三局两胜，前两局我和对方各赢一局，第三局我16比20落后，眼看着就输了，当时师父担任我的场外教练，他非常稳重，一点儿也没显出慌张来，这给了我比较积极的信号，心比较定，最后还是赢回来了，有点儿惊心动魄的感觉。

说实话，师父说让我出场时我都有点儿发蒙，要知道这并不是很容易就有的机会。打完以后，我的浙江老乡吴晓明跟我开玩笑："我来国家队那么多年了，从来没在体育馆只有一张台子时打过比赛。这么大场面，头儿都来看，我还从来没打过，被你打上了！"

这件事已经过去快50年了，我不知道师父是否还记得，但我一直没忘。看上去只是简单的一场比赛，对我来说却是一次特别难得的锻炼机会，给了我很大的信心，让我觉得自己也可以跟世界乒坛的强手较量一番，而且彼此之间有的打，并不是比他们差到没法抗衡的地步。也是在那时，我的心里树立了更高的目标。

1965年、1966年左右，我的水平还可以，有一次跟最强的对手在日本打比赛，我赢了3分。

那是1966年的一次访问比赛。1966年北京公开赛是"文化大革命"停止训练前的最后一次正式比赛，结束后，来华参赛的日本队计划到浙江打一次访问比赛，于是吴晓明、徐阿科和我三个浙江人便接到了这个任务，我们坐了24个小时的火车，从北京回到杭州跟他们打了一场，结果我独取对方三分。

那次我赢的三位选手都是日本国家队比较好的选手，最有名的是长谷川信彦。长谷川信彦是日本乒乓界非常厉害的角色，他在跟我交手的第二年，也就是1967年，便在瑞典斯德哥尔摩世界锦标赛上拿了男单冠军，还跟山中教子配合，获得了混双冠军。

当时我的势头还不错，但"文化大革命"的到来使得一切都变了。接下来的两届世乒赛我们中国队都没有参赛，而那段时间可以说是我乒乓生涯最好的几年。没能参加世界大赛是我运动员时期最大的遗憾。

1993年我有一段短暂的时间到日本教球，长谷那时候在日本一所大学做教练，我们偶然见了面，还打了个招呼，时隔那么多年了，他也还依然记得我们曾经打过比赛。

我在国家队当运动员的那段时间，师父帮助我制定了整个打法体系。我的弧圈球是他教的，我的打法也跟他比较近似，他也是正手拉、反手攻。整个一套步伐，练交叉步、前冲、高吊，都是他教我的。

不仅是打法体系，后来我当教练的执教体系，也受到了他很大的影响。

我留在国家队当教练的时候，师父也还在国家队当教练，他在男队，我一直在女队。可能是性格的原因，我们很少有那种正式的交流、谈心，看见了就打个招呼，跟他像朋友一样。后来他去当了援外教练，为发展中国与其他国家的体育交往，增进彼此间友谊贡献自己的力量。

师父对我的教导不仅是打球，更包括做人。他为人诚恳，做事情踏实，我在这方面受他的影响还是挺大的。

我在北京队执教的时候，偶尔还会碰到师父，但也很少。后来去了新加坡，再后来更漂泊，已经很久没有见到他，想来他已经是快80岁的老人了。

在中国乒乓球的历史中，出现过众多星光熠熠的人物，我的师父胡炳权教练并不是其中耀眼的角色，可能知道他的球迷并不多，但和他一样众多的不为大众所知晓的普通教练员、运动员，他们是中国乒乓球运动的发展过程中不可或缺的一分子，是重要的奠基者、铺路石，是幕后英雄。

教父傅其芳

傅其芳是中国乒乓球事业的奠基人之一。

他是最早的中国乒乓球队队员，担任教练后，率队在1961年、1963年、1965年蝉联三届世乒赛男团冠军，包揽三届单打冠、亚军，堪称壮举。

我对他最早的印象源于还在杭州的时候。

1958年他到上海比赛，杭州乒乓球队请他过来讲课。他说，中国乒乓球肯定会有大发展，他以杭州为例，说乒乓球运动开展得不错，出了周兰荪、王鸿基、朱人龙等很多选手，还有一批小队员坐在这儿，肯定大有希望的。他给我们讲了一些技术方面的东西，时间过去得太久了，现在我已经想不起来具体讲的是什么，但他的那次课带给我们的精神力量却是终生难忘的。当时他是国家队主教练，在我们眼里就是"老大"，他的鼓励让我们备受鼓舞，也让我们有了比较明确的奋斗目标——进入国家队，攀登高峰。这些对一名年轻运动员来说很关键。

那堂课令我终生难忘。

当运动员的时候，傅其芳的球很好。1951年，他与薛绪初代表香港队参加过在新加坡举行的第1届亚洲乒乓球比赛，战胜日本队获得冠军，两人还取得双打冠军。1953年，他从香港回到内地。1954年，在布达佩斯世界大学生夏季运动会乒乓球比赛中，获男子单打冠军，并与王传耀合作获得双打第三名。1957年的第24届斯德哥尔摩世界锦标赛上，傅其芳作为主力队员，帮助中国男队获得团体第四名。这样的成绩在当时是非常辉煌的。

傅其芳自己虽然没有亲手拿到世界冠军，但成为教练后带队拿了，而且不只一次，可以说他引领了一个时代。1959年，容国团在他的指导下拿到新中国第一个世界冠军，他也成为新中国第一个拿世界冠军的教练。1961年、1963年、1965年三届世乒赛都获得男团、男单冠军，都是在他的带领下取得的。

进入国家队后，我跟他有了直接接触，感触最深的是整个队伍他都"震得住"。

他有自己的一套执教理念。他提出的"练为战，不为看"的原则后来成为中国乒乓球队的训练传统。他提出中国选手要区别于欧洲人的打法，使用快速进攻，在前三板制约对手，被沿用下来并得到不断发展，"前三板"成为中国乒乓球的特色。

傅其芳是一位很有长远战略眼光的教练，不仅重视对主力队员的训练，同样注重对后备力量的培养。他手下已经有多位非常出色的主力了，五六个人已经"够用"了，但是他还会亲自抓年轻选手的成长。

当时李景光、郗恩庭、于贻泽、陆巨芳等人还都是小孩，在青年队，于东郊工人体育场训练，傅其芳把他们都调进一队，到他直板快攻的组里亲自训练。

李景光、郗恩庭那会儿也就是十五六岁，比主力选手小十多岁，也就是说当时队员之间年龄跨度非常大，说明教练有全盘的眼光，很重视队伍的跨度，一茬一茬后备力量都能够接得上。中国乒乓球有今天，傅其芳绝对功不可没。

那会儿他大概四十多岁，但给人的感觉已经很"老"了。为了帮助庄则栋备战日本的高桥浩，他亲自上手训练，并且制定出行之有效的办法。

当时庄则栋输给过日本的高桥浩，原因是接对方发球接不好，庄则栋不会搓球，只会两边挑，高桥发球比较转、下旋，庄则栋挑不起来，要是一搓，高桥就上手，因为很转，挑起来轻，托起来，人家也能冲能拉。傅其芳用合力发球，训练庄则栋用两面挑，掌握了从台内小球开始进攻。

整个进攻体系里面，训练运动员掌握从台内小球开始进攻，这个打法现在也是先进的，当然现在有所发展，台内冲了，当时庄则栋是台内起，稍微高一点儿，台内能弹，这个看起来还是相通的。这个发展下来的理念其实就是改变接发球的劣势，庄则栋从接发球开始就是进攻的，一直到后面主动进攻，这是积极主动的打法，一直延续到现在也是先进打法。

两面挑的技术到现在为止都不是落后的，更何况那是在半个世纪以前，理念非常先进，当然现在的花样比原来要多。两面挑现在变成了必练的球，反手发展成拧了。马琳就是全台挑，张继科又发展成用反手拧直接得分。

傅其芳有一整套的带队思路，包括找陪练进行针对性的训练，包括庄则栋的发球、接发球，现在来看都是先进的。其实现在还是用这种思路在练。

傅其芳在比赛中的排兵布阵比较神。那会儿世界比赛是九盘五胜，谁打一、谁打二、谁打三，谁去抓对方的哪位选手，第一场上谁比较好打，谁需要避开对方几号，都是大有讲究的。名单的排列对能否取胜很有用处，连获三届团体世界冠军，当然是具备实力，但排兵布阵的作用不可忽视。

排兵布阵能发挥重要作用，一个是因为有经验，一个是教练员的思路，另外还需要对对手有深刻的了解。

非常可惜，要是没有"文化大革命"，傅其芳教练应该说是现在中国乒乓球的鼻祖了，教父级的人物。

他一米八几的个子，平常看上去比较温和，又是长者风度，又是学者风度。我认识他时已经有点儿胖乎乎的，但不是胖得很臃肿的那种，而是魁梧、高大。说话很柔和的，从来不训斥运动员，从来也没有看到他瞪着眼睛凶巴巴地对谁。

他20世纪50年代就代表中国队打比赛，选择从香港回来很不容易，香港总的来说，当时的条件比大陆优越得多，他放弃那边回到这儿，是很爱国的表现，但没想到最后在"文化大革命"中含冤离开。

傅其芳离世后，容国团、姜永宁也相继离开，三个人都是能力超群，对中国乒乓球运动的发展贡献巨大，走得太可惜了！而且三个人都是香港归侨，怀有满腔爱国热情，最后却落得了这样的结局，令人唏嘘！

我不禁回想起1958年傅其芳教练到杭州给我们讲课的情景。他说杭州是个好地方，以后退休后就到杭州来养老，在西湖的船上一坐，风一吹，什么烦恼都会忘了！之后他可能也到过杭州，但最后那个宿愿却没能实现，成为了永远的遗憾。

容国团递给我平生第一根烟

我最钦佩的教练有两位，一位是傅其芳，一位是容国团，用"崇拜"来形容也不为过。

容国团创造了多项第一，其中有三个重要的第一：夺得新中国第一个世界冠军，是第一个团体世界冠军成员，作为教练率队勇夺第一个女子团体世界冠军。

容国团是香港人，其实当时香港比大陆的生活条件好一些，工资也高，但他还是听从祖国的召唤，义无反顾地回来，加入国家队。他当众表态要在三年内拿世界冠军，很有气魄。结果过了一年就拿到了世界冠军。那个年代中国不仅没有世界冠军，对于中国运动员来说这个头衔还是一个不太敢想的概念，所以这话不是一般人能说得出来的。事实证明，他说到做到！

容国团留下很多振奋人心的名言，"人生能有几次搏"就是其中最具代表性的，也正是他勇夺世界冠军的写照。在体育界，甚至不只是体育界，

1965年斯堪的纳维亚比赛，右一为当时中国女队主教练容国团，右二是我的夫人刘雅琴

他都是标杆。

容国团是一位很聪明的运动员，打球靠巧取胜，他的搓球绝招到现在为止也没有人会，人家看了都觉得不可思议。1959年世乒赛男单决赛，容国团对阵匈牙利的西多，是两面削球，胶皮板，当时还不是海绵板，他就是用搓攻，搓一个加转，然后搓一个不转，这时对方搓回来肯定是一个高球。这个技术到现在为止还是第一。现在没有一个人会的，加转，再来一个不转，也不是说那时候谁也看不出来，就是谁也不会想到这个球。所以他靠搓攻拿了世界冠军。

退役后，容国团成为中国女队主教练。那会儿女队不是很太平，队员都很有个性，加上女孩子本身心思多，事情就会多一些。容国团到女队当主教练时，我在女队当过一段时间陪练，我觉得他能把所有队员都震住。容国团用他的智慧、他的人格魅力，把队员们都"捏"在一起，使队伍很团结，没有什么隔阂和矛盾，能够一心向着主要目标努力。

容国团比较威严，跟队员话不多，不会跟她们打成一片，队员们看见他是有点儿怵的。他跟运动员保持一定距离，训练安排讲清楚，队员就按这个去执行，比较严厉，没有什么废话，也别跟他讨价还价。毕竟容国团资历在那儿，比较权威，可能也比较容易让队员信服。

中国女乒真正建立优势应该就是在1965年第28届世乒赛，那届比赛拿到女单、女双、女团三项冠军，其中团体冠军是最能代表一个国家水平高低的。1961年没拿到世乒赛女团冠军，1963年各方面条件已经比较成熟，有这个实力了，但还是没拿着，容国团接手以后，1965年终于拿到了这个梦寐以求的冠军。容国团能把队伍带得成绩突出、人员团结，肯定是有他的独到之处，没有真本事不可能做到。看一个队成不成、好不好，教练非常重要，在这种情况下就能体现出来。

我记得他当女队教练时会经常跟男队一块儿做身体训练。他之前比较瘦，听说是身体不太好。后来天天做身体训练，练胸大肌，臂力很棒，体态很健美。后来我也跟着他练，在双杠上屈臂向上，腿上绑15公斤的壶铃，挂在那儿，能做好几十个，单杠也是用壶铃吊。

平时生活中，容国团乍一接触会让人觉得很高傲、不好接近，慢慢跟他熟了，就会发现他为人非常随和，有一点儿外冷内热，废话绝对少。有时候看到记者们围着他采访，他谈笑风生的，表现得落落大方。

容国团属于一看上去就很有气质、很有范儿的人，走路目不斜视，打扮得很时髦，喜欢穿正装，头梳得也倍儿亮，西服、皮鞋，属于"引领潮流"的人。其他运动员那会儿还没这个条件，想有这范儿也没有，整个体育界似乎就这一个。

他不与别人争，这既是他的性格决定的，又是他的地位决定的。作为第一个拿世界冠军的人，当教练也带队拿世界冠军，范儿在那儿，不用宣传就是"超级明星"。可以说他并不只是一个体育人物，同样是一个在社会上具有很大影响力的人物，名气超过文艺界的绝大部分人，也很受领导重视，各方面的表扬都比较多。

我小时候在杭州打球的时候，容国团曾经到杭州打过一次表演赛，我现场看过他的那场比赛，印象非常好。或许那就是小孩子的一种"崇拜"心理吧！

容国团抽烟给我留下的印象很深。他不是那种招人讨厌的烟枪，而是很有派头、有点儿架势的，比如训练完，洗完澡了来一根烟放松一下，看他抽烟是一种享受。

我抽烟就是从他那儿学来的，平生抽的第一根烟是他给我的。

1964年，有一次我们去八达岭附近的农村，白天剪剪果树、松松土，晚上睡觉集体住在那儿。当时上厕所特别臭，他跟我说来一根烟就不臭了，我于是一抽，还真是！从此就开始抽烟了。

后来突然有一天我发现他抽的烟换牌子了，以前抽"大前门"，那天却发现他改抽"飞马牌"了。我就问他怎么换了，他说孩子出生了，钱不够用了，要省吃俭用，留着给女儿花。"大前门"两毛三，"飞马牌"当时一毛七，那会儿挣钱少，他一个月也就拿几十块钱工资，从这一点也能感觉到他对家庭、对小孩儿很负责任。

令人无比遗憾的是，这样一位对中国体育有着卓越贡献的人很早就离开了人世。

那是1968年6月20日，当天开了一个批判会，晚上9点多散会，后来容国团的妻子黄秀珍找来了，说十一二点了，容国团怎么还没回家？大家就开始出动去找。找到大概四五点钟，快天亮了，在龙潭湖附近的养鸭厂发现了他的遗体。养鸭厂有一个传达室，后面有一棵树，在那棵树那儿，我们去的时候，看到地上满地烟屁股，可以想象，他在这之前肯定思想斗争得很激烈。

一代传奇就这样结束了生命，年仅31岁！

后来听说容国团的妻子依然承担起了赡养公公的重任，把女儿也抚养成人，这对容国团的在天之灵想必是很大的安慰吧！愿他安息！他的音容笑貌永世长存！

1990年，为了纪念容国团、傅其芳、姜永宁这三位对中国乒乓球做出杰出贡献的元老，中国乒乓球协会同北京市乒协、上海市乒协、广东省乒协和香港乒总联合发起了"三英杯"乒乓球比赛纪念活动，每年举行一次，由北京、上海、广东、香港四地轮流举行，后来扩大到澳门五地。因为容国团、傅其芳是从香港回来的，姜永宁是从澳门回来的，容国团回来后代表广东队，傅其芳代表北京队，姜永宁1958年以后也代表北京队，是北京队主力，1963年后是北京乒乓球队总教练。

第一届"三英杯"开幕式很隆重，当时的国家主席杨尚昆出席并讲话，后来这个纪念活动一直没有间断过，到今年已经24届了，每届比赛主办方都会搞一个纪念"三英"的活动。

"三英杯"比赛赛制安排得也很特别，每个单位出男、女各一队，每队7

人——2名50岁以上的中老年、2名尖子队员、3名少年，寓意是老、中、青代代相传。7人对抗赛，5支队伍循环，决出名次。中老年的我打过4届，后来在香港的比赛中腿部肌肉拉伤，伤得挺严重的，回来治了一个多月才痊愈，后来再没打过。张怡宁少年的时候，也代表北京队打过"三英杯"。

老领队张钧汉

张钧汉是中国乒乓球队第一任领队，是乒乓界公认的大好人。如果让我用一句话概括他，那就是真正的共产党人。

我和张钧汉领队

张钧汉是陕西省绥德县人，1945年参加八路军，任新华社报务员。组织国家体委的时候调过来，1955年任国家体委球类司科长。他作为体委派的蹲点干部，是参与组建乒乓球队的元老。

当时领队的概念就是什么都管，全队的一把手。他不是打球出身，但是是典型的外行领导内行，外行变成内行。从20世纪50年代到20世纪60年代，全国各省、市的教练员、运动员他都能叫得上名字来，对各种情况非常了解，业务上非常用心。

我刚进国家队的时候他就是领队，在队里非常有权威，无论是傅其芳这样的功勋教练，还是庄则栋、徐寅生这么大名气的运动员，都听他的，都对他服气。不知道从什么时候起，我们大家都管他叫"老张"，没人叫他领队。李仁苏叫他"老佛爷"，叫老佛爷是因为他和各方面关系都很好，没有架子。

老张很平易近人，是那种简单的人，很多琐事他都无所谓，很大气，所以大家从心眼里尊敬他、信服他。

老张的人格魅力真是没的说，他是乒乓球队绝对的一把手，但没有一个人看见他是点头哈腰的，因为用不着，在他的眼里，每个人都是平等的。对好的尖子运动员，他心中有数，但是绝对不会捧成怎么样；对一般的队员也一样，一视同仁，能做到这一点不容易。这样的干部真是太难得了。

我刚进队是小队员，基本上跟他还挨不着，但是他丝毫没有歧视或者看不起，绝对没有，这在平时的一点一滴中是能感觉到的。这种传统在那个年代给中国乒乓球队打下了特别好的基础，风气很正。但是他也很严厉，不管队员还是教练，不对的，该骂的会骂，该说的他绝对不姑息。严格，但不八面玲珑。

一直到去世，老张都是两袖清风、公正廉明。"文化大革命"的时候，他抽烟抽得很凶，办公室也抄了，也不上班了，他的办公室里有两箱烟，是印尼产的，当时卖得很贵的一种烟。队员们都在那儿抽，但他从来不抽，一根不拿。

"文化大革命"以前,他住在几十平米的房子里。后来国家体委给他分了一套房子,一百多平米,需要交十几万块钱,但他真拿不出来,买不起。他当到训练局副局长,一个副局长拿十几万买房子拿不出来,放到现在甚至有点儿不可思议了。后来有人还开玩笑跟他说,当了几十年领队,手下培养出来的世界冠军就有上百人了,这十几万,一个人拿一千就够了。

1978年我回到浙江当教练一段时间后,有部队想调我,派人到浙江问我愿不愿意去,我说可以,能去。于是人家就到浙江外调,一看我的档案,说老周你坏事了!你这次肯定去不了了。

我就问为什么。对方说你的档案里面国家乒乓球队给你作了结论,在"文化大革命"期间说了错话,做了错事。我没有在乎,说那有什么?我又没打、没砸、没抢,又没杀人放火,我一个共产党员又没反党,还能怎么着。人家说这几句话可大可小,大小都是它,是没底的话。

永远怀念老领队张钧汉。我当北京队总教练时,有时候出去比赛会请他一起

我说有这么严重吗？他说部队肯定去不了。即使这么说，我也没放在心上，去不了就去不了吧，不去部队就还在浙江当我的教练。

过了大概两三个月，我到北京参加比赛，碰到老张，就跟他把这个情况说了一下。他那会儿已经是国家体委训练局副局长了，但我们也依然叫他老张。

他也很奇怪，说："有这事？你放心。"我跟老张说完以后，也没再去问浙江体育局，但老张听我说完却是放在心上了，后来不到一个月，就跟我说给撤了。

直到现在回想起来，我依然非常感谢他，如果这句话一直在档案里，后来我不可能从浙江调到北京。

那时候调整工作大都是要对调，但我到北京是单调。我爱人刘雅琴和儿子都在北京，我在浙江，一家人长期两地分居。刘雅琴去找的组织，说如果我调不到北京，她就去浙江，那会儿浙江也要人，这样还容易一点儿，浙江到北京特别不容易。但很快，大概一个多月，北京市就发调函过来。如果档案里有这句话，到北京肯定一点儿戏都没有。

2001年后，我成为北京女队总教练，有段时间聘请老张作为我们的名誉顾问，有时候我们出去比赛会请他跟着一起，也是到外面转一转。跟年轻队员在一块儿他特别开心，像是返老还童一样。

其实老张的身体一直还不错，可2007年冬天在澡堂里突然就不行了。虽然去世的时候没有经受太多痛苦，但总是觉得走得有点儿冤，也真的很可惜。他的追悼会时，我人不在北京，没能送他最后一程。虽然老张走了，但他一直活在我心里。

忆庄则栋

我在国家队打球的时候，最佩服的运动员是庄则栋和李富荣，因为他们俩技术最好，排在前两号，还没进国家队的时候，他们就很有名气了，尤其是庄则栋。

1959年我开始参加全国比赛，不管是北京队、浙江队、广东队，全国各地的队员之间都有所了解，加上我哥周兰荪跟徐寅生、庄则栋、李富荣这几个人都挺要好的，那时候我就认识了他们。

20世纪60年代初，庄则栋在中国是一个偶像级的人物。

乒乓球是新中国第一个走向世界尖端水平的体育项目，1961年第26届世乒赛又是新中国第一次举办国际重大赛事。中国正处于三年困难时期，是最穷的时候，我记得特别清楚，1961年我来北京看比赛，住在大车店，吃饭没有菜，都是酱油汤。所以中国乒乓球队取得好成绩引起了很大轰动，对鼓舞人民克服困难、激发人民的爱国热情都起到很大作用。当时的比赛场面，现在回想起来还历历在目，那样的气氛在中国恐怕是第一次。庄则栋拿到单打冠军，作为主力成员拿了团体世界冠军，其受欢迎程度可想而知。

庄则栋能侃，说起话来滔滔不绝，什么都通，什么都会，字写得好，他跟画家范曾关系很好。他对人热心，不是冷漠的人，没有架子，属于比较外露开朗的性格。

1971年名古屋世乒赛期间，美国运动员科恩错上中国运动员的车，庄则栋送给科恩一件杭州织锦表示友好，当时只有庄则栋有这个举动，我觉得跟他的性格开朗有一定关系。

人的性格是从平时一点一滴的小事看出来的。"四清运动"我们去八达岭，跟农民同吃、同住、同劳动。庄则栋表现得非常积极，劳动没的挑，活儿干得好，绝对不偷懒，是个实在人。

庄则栋在国家队能吃是出了名的，胃口特别好，饺子能吃一百多个，1两的馒头能吃几十个，"吃得动才练得动"是他一再强调的道理。确实他从来没有练不动的时候，那会儿又没有像现在这么多维生素、营养品，只能通过吃饭补充营养。

庄则栋非常非常热爱乒乓球，很敬业，训练特别刻苦。我们周一到周六训练六天，他周六晚上回家，周日休息一天，晚上七点之前肯定会回来，每次都找我跟他练习。因为两次输给日本选手高桥浩，而我的打法跟高桥浩比较像，所以经常找我陪他训练，加班补课。

当时庄则栋的打法是日本人比较怵的，但他偏偏输给高桥浩。高桥浩其实在日本不是最尖子的选手，排在三四号的位置，但是一打团

"五鼠闹东京"——上排左起：周兰荪、梁友能、庄则栋、李富荣。下排左起：李夫人张予懿、徐夫人陈丽汶、梁夫人黄镜涵、嫂子朱章静、张夫人鲍蕙荞、徐寅生

体，日本队就安排他打庄则栋，赢过两次。

庄则栋主要输在接发球不好，反过来对方接庄则栋的发球却接得很好。其实庄则栋发球是一绝，一般人都吃。他全是反手发球，看起来好像没有发力，实际上这个球转不转很有迷惑性，看上去不转，其实还挺转，很有特点。庄则栋不会搓球，所有的球全是两面挑，所以对方就不适应。他这招非常先进，跟现在张继科接发球拧的道理一样，使发球的变成被动，反倒要打防御，等于把接发球变成优势了。各个时期都有尖端技术，庄则栋的挑在当时绝对是世界尖端。

然而高桥的发球庄则栋挑得不好，那会儿也老有会诊，没有录像，教练们就靠记忆帮助庄则栋想办法。最后想出对策，虽然只会挑不会搓球，但就是跟高桥打要搓，不挑，你搓过去以后对方不好抢，对方搓回来再挑。加上庄则栋非常努力训练，对高桥的准备很充分，到1965年世界锦标赛的时候，庄则栋就赢他了。

从输高桥，到回来针对高桥进行训练，再到终于能赢，这个过程也能看得出来，庄则栋是一名非常要强的运动员。当然，不要强的人不可能打到世界冠军。

任何一位顶尖选手训练都会非常认真，不会很随意，在我看来庄则栋每一次训练课都很玩儿命。教练有时候看不过来那么多运动员，更不要说管早上起床、晚上熄灯这些事情，都是靠自觉的，庄则栋在这方面也非常自律。

他不仅是一位顶尖运动员，执教同样颇具水准。庄则栋曾被下放到山西体工队当乒乓队教练，山西乒乓球水平不高，庄则栋担任教练期间，率领山西队取得了好成绩，为山西培养了一大批水平很高的选手，如管建华、石岩、郑惠平，都是庄则栋在山西带过的，他的教球水平由此可见一斑。

他对乒乓球的理解非常深，不仅是打球，上升到理论层面同样如此，他写的书很具有理论性。打得好的运动员必定有自己的一套东西，不可能都是教练

1992年的一次聚会，左起：我的哥哥周兰荪、庄则栋、庄则栋夫人佐佐木敦子、嫂子朱章静

教出来的。运动员没有自己的一套思想不可能在世界上站住脚，必定要能吸取所有的各家之长集中起来。徐寅生曾说："我的技术都是人家那儿'批发'来的，这儿学一点儿，那儿学一点儿。学习别人的长处，为我所用。"庄则栋很好学，也很会学，自己去学，看好了学会了，变成了自己的真东西。

这么多年来，很多球迷津津乐道于他的冠军，他场上小老虎般顽强的作风，也有很多人说他的冠军是被让出来的。让球是客观存在的，但这是历史的产物。就庄则栋来说，从其他比赛中的表现上也能证明他的实力，并不是完全靠让出来的。

曾经看到李富荣在《中国体育报》上写的一篇文章，说得比较客观，他说是我三次在决赛中让给庄则栋，但大家别忘了，前面的比赛，队友胡道本也让给了我，不光是我让别人，别人也让我了。这就是那个年代的事情，没有办法拿到现在来评价对或者错。

庄则栋对推动乒乓球在中国的发展有很大贡献，这一点无可争议。但他同样是一位很有争议的人物。

1968年乒乓队因为"文化大革命"停止训练,1970年恢复训练。当时还表扬庄则栋,说他在"文化大革命"中受了很多罪,但他不忘自己的本行,刻苦训练,恢复技术,备战1971年日本名古屋世界锦标赛。

我刚进国家队的时候,由于我哥的关系,我就是几个大队员们的"小跟班"。当时徐寅生、庄则栋、李富荣、梁友能和我哥他们这些人的关系都很好。那时候他们都谈恋爱了,一群人出去玩也带着我,像个超级大灯泡。

庄则栋是最有名气的,他和鲍蕙荞堪称一对金童玉女。庄则栋是体育圈的偶像级人物,鲍蕙荞虽然那时还不是钢琴家,但也是音乐学院的高材生。她的家庭也很好,那会儿东单那个十字路口有一块儿地,原来是儿童艺术剧院,前面有一栋西式小楼,就是她家。

有一次,庄则栋跟鲍蕙荞,李富荣、徐寅生、梁友能都带着爱人,还有我哥哥嫂子,那会儿都还没结婚,加上我,一起出去玩。大家都住在北京体育馆路2号,"文化大革命"期间也不训练了,乒乓球馆也关了,就出去玩。也没走远,到天安门照相,照石狮子、照华表,我是专职摄影师,帮他们拍。

我记得帮他们十个人拍了一张大合影,梁友能喜欢京剧,有一出戏叫"五鼠闹东京",玩儿的时候他开玩笑说咱们这是"五鼠闹北京"。

最开始知道庄则栋病得很严重是2009年初,那时候我已经到了新加坡。他的病症跟我哥差不多,是直肠癌。我哥发现时已经晚期了,治疗了三年去世的。

庄则栋一向是个乐观的人,他跟病魔做了这么多年的斗争,也跟他的乐观有很大关系。一个人在对抗疾病的时候,心理状态很重要。他年轻的时候就很乐观,很少看到他沮丧、愁眉苦脸的样子。

知道他得病,我有时候回到北京很想去看他,但那会儿听别的朋友说他病了以后谁也不见,可能他心里也犯嘀咕,人在状态不好时,不一定很愿意别人去看他,尤其他那么要强的人。所以放出风来谁也不见,肯定是有自己的考虑。我一想，这时候也别去添麻烦，免得大家都不舒服。

2013年农历大年初二，我在报纸上看到了庄则栋去世的消息。虽然他病重已久，对此我也有些心理准备，但消息传来，心里的悲痛还是无以复加！那些往事似乎一下子涌到眼前，又好像一下子随风而散。

老友，走好！

中国乒乓球队有先进意义

我到国家队以后，有一个很深刻的感受，就是中国乒乓队具有先进意义。中国乒乓队非常注重吸收各方面的、各种各样的长处，一直能够借鉴其他好的东西，从而帮助自己提高，比如说大松博文的训练方法给了中国乒乓队很大的启示。

这是中国乒乓队的一大优点，直到现在也是一样。

中国乒乓队是一个神圣殿堂，现在也成为世界乒乓球的中心。所有的创新、发明、创造，世界乒乓球技术的发展就在这个楼里面，不管是搞科研也好，培养人才也好，所以说中国乒乓队的训练馆是世界冠军的制造所，也是专门研究如何取得世界冠军的研究所，到现在半个多世纪以来，一百多位世界冠军从这里产生，拿过好几百次世界冠军。

中国乒乓队自从建队以来，中国乒乓球的首要特点就是积极主动，技术上讲究快、狠、准、变，后来有弧圈了，加了一个"转"，快、狠、准、变、转延伸下来。不管是什么技术，只要世界上有的，马上引进、学习、研究，弧圈球就是非常明显的例子，1959年日本弧圈球开始兴起，当时就派了胡炳权和庄家富到香港看比赛，回来马上开始研究，制造出自己的弧圈球。后来我们超过

出访与外国人交流

日本，而且用我们的弧圈球征服世界，直到现在。

中国的弧圈球跟欧洲的弧圈球不一样，欧洲人打球动作大、力量大，中国的弧圈球有独特的地方，根据自己的身高、臂长，发挥手腕力量好的优势，动作小、速度快。现在我们中国的弧圈球，不管是近台也好，退台也好，都比欧洲高出一块儿，不仅继承了原来中国乒乓球台内小球好的优点，同时又发展力量和旋转。中国队在世界乒坛一冒头就是以直板快攻，现在有弧圈球快冲，欧洲就比较少。如果论退台的实力，现在张继科、马龙退台也不比欧洲人差。

所以回过头来说中国乒乓球不管理论还是实践中的尖端技术，不是从科研所研究出来的，实际上都是从中国乒乓球队那个训练馆里面制造出来的，这是个很神圣的地方。

有一回看报道，福原爱开玩笑说她来中国队都不太敢踩那个地板，感觉中国国家队的地板都是金子做的，觉得是特别神圣的地方，不敢进去。虽然是玩笑话，但确实反应出了一定的道理。

在首都机场送别来访的队伍，左二是我

每一名中国队教练员都是乒乓球科研的尖子，乒乓球不是理论走在前面，而是通过不断实践、不断创新，再进行总结、发展，实践里面出真知。

中国乒乓球是世界冠军的制造所，对技术的钻研非常深，大家都要攀世界高峰，都在那儿钻研，而且现在国家队队员都相互配合、相互竞争，要拿世界冠军，尖子要更尖，要不断有新东西出现，不断发展，这样的局势也更推动了乒乓球的发展。比如说张继科接发球，拧一下，本来王皓会的，也是这一下，但是他没有太大杀伤力，张继科一拧变得有杀伤力了，直接把球拧死，以后肯定还有更多的东西来继续发展。像现在更小的樊振东。

所有项目，包括搞经济的都一样，尖子要更尖就要相互竞争，相互配合，这一点，到其他领域都管用。比如制造手机，制造商之间相互竞争，都比着谁能造出更尖端的，那这个行业就会发展得很快。

现在大部分的省队教练都进过国家队，因此国家队的训练方法也都在各省队、市队全面铺开，甚至一直到体校，这一套训练方法都已经成为定式了。

我和姚振绪

中国乒乓球为什么那么强大？为什么世界上哪个国家也比不过中国？因为这一套模式，别人做不到。我们的举国体制，常设国家队，四五十张台子，一百多人常年训练，哪个国家也不可能做到这样，有这么大的场地，这么完备的后勤保障，这么高水平的教练配备，包括训练时间的保证，还有一大批高水平训练对手，其他任何国家都做不到。欧洲一支国家队也就三五个人，平时各自为战，大赛之前集中起来练。包括新加坡队，一共八个台子，男的女的加起来十几个人，真的没法比，只要这么坚持下去，再过100年，还是中国最强，因为这个体制起了决定作用，如果没有这个体制，不确定的因素就多了。

"文化大革命"临头

运动员时期，我最遗憾的是赶上了"文化大革命"，那段时间我的球还可以，但运动生涯最好的时候，四年没有训练，没能参加世界比赛，后来虽然又被召进国家队，但感觉已经是没有底气了，快30岁了，还能打到什么程度，不可能了。一九七几年以后，陪女队练得更多，后来就逐渐变成教练了。

1966年之前，最后一次比赛是北京邀请赛，每年举行一次，是最大规模的比赛。当时最强的对手是日本，好手们全会来，包括欧洲的很多高手。我爱人刘雅琴参加了那次比赛，紧接着就"文化大革命"了，她本来作为一个比较重点的年轻队员，也失去了攀登高峰的机会。

我1964年进国家队，1966年因为"文化大革命"不训练了。每天无所事事，有时候就找点儿其他活动。北京体育馆主楼有一层有台球桌，我们没事就去那儿打台球，还不是现在的斯诺克，而是打计分的。台球跟乒乓球有相像的地方，上旋、下旋、左侧旋、右侧旋，低杆就是下旋，一定要懂旋转，会打乒乓球的，打台球会上手很快。

因为我们的宿舍跟围棋队在一层，他们住在西边，我们住东边，但有几个房间在西边，有段时间我就住西边，所以我经常去看他们下围棋，当时国家队队员有陈祖德、华以刚、王汝南等人，久而久之，我也喜欢上了下围棋，并且学会了，陈祖德还送了我一副棋盘，直到现在我还在用。下围棋对我后来教球思路的开拓非常有帮助，这是后话了。

到了1968年，国家队已经两年没训练了，户口不在北京的都要返回原单位。当时我跟姚振绪一批回去，他回上海，我回杭州。此后姚振绪再也没回国家队，而是到了海军队当教练，再后来就当国家队领队了。

我记得特别清楚的是跟姚振绪一起回去的路上，两个人没什么事，就先到了青岛玩，找当地的朋友帮忙，住在海边，叫八大关，全是别墅，借了一套房子住了大概有一周，那儿也不收我们钱，每天就在海边逛逛，青岛的海边都被我们走遍了。

那时候根本什么也不在乎，不像现在会考虑那么多，我以后干吗？能怎么样？根本没有这个概念，没有像现在会思考前途是什么？有多少钱了？对钱也没有概念，因为大家都那么穷，我们每个月赚几十块钱也够用。让现在的人看起来可能是一种前途未卜，不知道以后会怎么样的状态，居然还能玩得很开心。但当时就是这样的想法。

从青岛回到杭州后还是一样不训练，有时候出去劳动。我记得浙江省级机关组织我们到长兴煤矿劳动。那儿还没有煤，就平地挖煤井，我还练过放炮，一到煤矿就是一两个月。

那个年代全国几乎全都不干工作了，所以我一直在想，全国都不干活儿，但还有吃的，真是全靠农民兄弟，还在种粮食，解决了全国人民的吃饭问题。

再次打进国家队

从1966年停止训练，直到1970年再回国家队，我的乒乓球生涯荒废了整整四年。中国队连续放弃了1967年、1969年两届世锦赛，自身没有发展，止步不前，相比之下，国际乒坛其他诸强却在进步。

1970年夏天，国家体委下发了一个通知，点名一些运动员参加乒乓球选拔比赛，地点设在北京体院。浙江有我、徐阿科，我记得去北京参加这次比赛的人不算多，20个人左右，我打得还可以，进了前八，所以直接没回杭州，留下来了，再次进入国家队。这是因为国家队要准备参加1971年4月在日本举行的第31届世界锦标赛。

队伍集中之后没练两天，就去了国家体委的五七干校体验生活。男队二十多个人睡在一个大礼堂里面，一个大通铺，一张床挨着一张床。吃的方面不用说了，肯定不会太好，但对我们已经是有所照顾了。那原来是个机场，是国家体委的航模、跳伞基地，后来种粮食，到秋收的时候，我们去帮他们割高粱。我是浙江人，以前连高粱是什么东西都不知道，就知道高粱酒，一粒一粒打下来是红的，做成饭没法吃，特别硬，不像米饭那种，就觉得农民真的是太苦

1971年备战名古屋世乒赛，周恩来总理到首都体育馆看望队伍

了，来一碗高粱饭已经算是好的了，像粥一样，没有菜的，就是干吃那个。

后来还去了山西屯留长子县慰问，那个地方前不着村、后不着店，原来体委的领导李梦华、陈先等人都在那儿，挖了土以后烧窑，专门做砖头，拉着大板车，都在那儿干活，可想而知肯定比我们临时去的要惨得多。

当时国家队所有人都去了，徐寅生、庄则栋、李富荣、我哥周兰荪这些人都一起。干活儿干了半个月，然后去了大寨，大寨是全国农业的一面旗帜，作为自力更生进行农田基本建设的样板向全国农村推广。全国有一股"农业学大寨"的高潮。到那儿一看，确实比长治、屯留好太多了，一片梯田，挺繁荣的景象。我记得那儿产的苹果特别好吃。

后来还到太原打表演赛，这一路来回，大概不到一个月吧。

再回到北京，国家队的一切都走上了正轨。训练还是围绕着几个重点，比较明确，庄则栋、李富荣、张燮林、周兰荪这几个是重点队员，李景光当时上来了，已经到主力位置了。我还是在胡炳权教练组里。

徐寅生已经成为男队主教练。训练的套路跟之前是一样的，练得挺苦的，重点的就是参加在日本名古屋举行的第31届世锦赛，重新打出中国乒乓球的士气。

中国队有两届世锦赛没参加，之前我们有一定优势，现在要看我们时隔四年后，实力到底怎么样。后来比赛结果大家都知道了，我们重新夺回世界冠军。

震惊世界的"乒乓外交"也是在那届世锦赛起步的，乒乓球开始重新兴起。

这里要提到徐寅生，他对世界乒乓球的发展有独到的眼光，当时就看得很清楚，对中国乒乓球的发展起到了推动作用。

徐寅生当了主教练后，根据郗恩庭的特点，让他由直板正胶改为反胶，改了以后拿了世界冠军。郗恩庭有三件宝，发球、推挡、弧圈好，他人高马大，原来发球就不错，改成反胶以后更好。郗恩庭当时已经打到主力位置，打到世界前列了，让他改要有魄力，也要有胆量，徐寅生作为教练做出这样的决定，并且取得成功，说明对乒乓球的发展看得比较清楚。

第二个改的是郭跃华。郭跃华是青年最尖子的选手，也是直板正胶，改了反胶以后马上冲到主力位置，拿了两届世界

我儿子结婚时，徐寅生来参加婚礼

冠军，还有一届也是进入决赛，最后大腿拉伤退赛了，实际上三届都有希望。郗恩庭、郭跃华本来就是侧身打，步法好，改成反胶比较适合他们打，所以效果比较好。

这一改，等于是出了几个世界冠军，从这一点说，徐寅生是有前瞻性和独道见解的。徐寅生做教练的时候，跟着时代潮流，大力提倡反胶，提倡弧圈球。

他说武器是技术提高和比赛取胜的重要因素，反胶这个武器比正胶先进，有速度，有旋转，有力量，弧圈加强，是最先进的武器。形象一点说，原来用的是步枪，反胶起码像冲锋枪，既能单发，又能连发，符合事物发展的规律，这个观点对中国乒乓球的发展是有贡献的。

另外，乒乓球运动员里第一个反面会打的就是徐寅生，那时候打的是光板，没有胶皮，没有海绵。正手攻完以后打到反手，反手一削，之前没有人用反面打，都是单面。直板横打发展到后来刘国梁、马琳都用得比较好了，直到王皓将其发挥到极致，但不能忘记，直板横打的鼻祖是徐寅生。

两次出国比赛

1971年重新返回国家队后，我获得了第一次出国比赛的机会。那是1971年11月，出访欧洲四国，去瑞典、德国、法国是打正式比赛，最后到意大利属于友好访问。带队教练是李富荣，领队是王传耀，一起去的运动员有王文华、王文荣、陈锦棠、李鹏。

1971年世界锦标赛后，一些曾经的主力队员都不打了，国家队开始着力培养年轻选手。王文华是1950年生人，1971年他才21岁，李鹏还小一点儿，大概

在法国巴黎埃菲尔铁塔下

是1953年的，才18岁，准备培养年轻的一批。我属于老运动员里面球看上去还算可以的，以前陪练比较多，也想出去再打一打、看一看。

印象特别深的是出国都要置办新装。我们穿的全部是中山装，呢子大衣，穿上也挺精神的。那时候出国，国家会给装备费，好像是300块钱，每个人做一身中山装、做一身西服、一身大衣，都要去红都订做，出国的人都在那儿做。这种衣服平时很少穿，后来都不知道放哪了。

当时比赛有团体、单打和双打，团体我们拿了冠军，双打我跟王文华配合，王文华是左手，我们俩配合得很默契，发挥也比较好，但很奇怪最后获得的是冠军还是亚军，我竟然想不起来了。

虽然当时我第一次出国比赛，但年龄已经非常大了，王文荣、王文华、李鹏，包括陈锦棠都是年轻人，我比他们都要大，这几个人都是国家队重点培养

1971年底在意大利比赛的入场式，从左至右为：王文华、周树森、王文荣、陈锦棠、张立、李富荣

的，因此团体赛主要是他们几个上场打。

那次出访不仅是我第一次代表中国队出去，还是"文化大革命"后中国队除了参加世乒赛之外，第一次组队出国比赛。

当时有一个插曲挺有意思的。我们在法国比赛结束后的一天，当地乒协安排去参观凡尔赛宫，比赛刚打完大家又有点儿累，第二天起来大家还都挺困的，匆匆忙忙上了车，说赶紧走赶紧走，大家也没点人到没到，上车坐下就走，到车上还困着呢，迷迷糊糊的，一下车才发现，居然少了俩人！一个李鹏，一个王传耀。开车都一两个钟头了，接也接不回来了。

1971年在黎巴嫩

另外一次以运动员身份出国是在1972年底，访问埃及、黎巴嫩、南也门、北也门。当时我的球已经走下坡路了，这次出去主要是以交流为主，运动员以浙江队为班底。

为什么是浙江队呢？有一个渊源，就是1972年的全国五项球类运动会。1952年6月10日，毛泽东为新中国体育工作题词——"发展体育运动，增强人民体质"。1972年6月，为纪念题词发表20周年，为改变我国球类运动的落后状况，全国五项球类运动会在北京、天津、保定、张

在埃及

在埃及

家口等六地同时举行。五项球类运动会的比赛项目有篮球、排球、足球、乒乓球和羽毛球。那时候各个项目都没有全国比赛，五项球类运动会是自1966年"文化大革命"以来首次全国性球类比赛，也是第一次大型运动会，表明国家开始要恢复体育事业。

浙江乒乓队在那次运动会上非常出风头，整体打得不错。女单闻纯正获得第二名，我那会儿还能打，但能感觉到气儿已经不灵了，但男双我跟徐阿科也打到了第二，混双跟朱乃桢配合也是亚军，这样下来好几项比赛的领奖台上都有浙江选手，所以这个出访任务给了浙江。再加一个来自北京的刘雅琴，整个这次行程来回共55天。我跟刘雅

1972年与团长出访

琴就是在55天的朝夕相处中产生了感情，成为我那次出国的最大收获。

1973年我和刘雅琴结了婚，结婚时是队员兼教练，比较偏向于女队，第二年便不再打球了，直接成为女队教练员。

唯一一次带队出国比赛

在女队当教练后，我只有一次带队出国比赛的经历。

我记得当时飞机走的是北线，从北京飞到新疆和田，到德黑兰转机。过了新疆和田后飞机特别颠，在德黑兰转机时飞机出了故障，不能正常起飞，我们所有教练和队员在机场等了一夜。那次给我的印象特别深，我们一群人像难民一样，狼狈得不得了，在候机室里起码待了12个小时以上。半夜了，王家麟没事拿了个板到处敲，闹着玩，把大家全敲醒了。当时也是他们几个人第一次出国打比赛，都很新鲜，比较兴奋。

按照原定计划是我和林慧卿两个教练带女队，结果林慧卿临到出发时身体不适，因此女队就只有我一名教练。那次一起出去的运动员包括王家麟、王建强、李德阳、付永实、张立、朱香云、魏力捷、杨莹这些人。

我们到了汉诺威以后就是使馆接待，我们住在主办方安排的旅馆里，比赛时大使馆的人也会去看、去加油。中国人那会儿出国的也少，特别是经过了"文化大革命"，中国属于比较神秘的国家。人家觉得咱们很神秘。我们到了那儿除了比赛、训练也没什么可做的，我的唯一印象就是有一个湖，那个湖里面有天鹅，在那儿游着，其他全忘了，那会儿自己也没有相机照一照，都是没有的。每个人发30美金，也买不了什么，自己也不能换外汇，当然能换也没有钱。

1971年，周总理接见来访的加拿大乒乓球代表团，后排右一是刘雅琴

比赛的时候德国观众很多很热情，这多多少少让我有点儿意外。汉诺威是一个不大的城市，也没有现在有名气，原来去时都还没听说过。观众多，说明当地喜欢乒乓球的还不少，毕竟还花钱到现场去看。直到现在去欧洲、去德国比赛，看的人还是挺多的，而且感觉观众非常懂球，能看出门道来，气氛非常好。

那时候要出一趟国很不容易，一年能出去打一两次比赛就非常不错了。

女团冠、亚军决赛对韩国时打得很激烈，我也有点儿紧张。当时女子是三人团体，五盘三胜，前两场和后两场是单打，第三场是双打。单打主要是张立跟朱香云，双打是张立跟杨莹配合，一个人可以出场三次，单打、双打，再单打，实际上两个人就能从头打到尾的。

韩国当时已经成为我们的主要对手，整体实力比较强，已经拿过世界冠军。我第一次带队，也很担心怕会输球，赛前开准备会研究半天，安排队员怎么出场。韩国的李艾丽萨是一号，张立在团体赛赢她了，最后我们也算险胜。单打也是在李艾丽萨和张立之间进行，结果张立输了。

团体赢下来后，等于队伍的任务完成了一半，可以松一口气了，因为当时中国女乒虽然算是一个强队，但在世界上的优势远没有现在这么明显。这次比赛是在"文化大革命"以后,这一段相对来说还是有点儿松散的时候,全国锦标赛都没打过。

那会儿林慧卿是主教练,张立和葛新爱是两大主力,还有张德英比较强,其他人还没上来,魏力捷、阎桂丽这些人刚有点儿起来。

尽管是第一次带队出国,又是独自一个教练,而且并不都是主力出战,有几名队员年龄非常小,也就十七八岁的样子,最后我们拿了一个女团冠军、一个女双冠军,我自己感觉很不错,还是挺满意的。

这次比赛之后,我在国家队再没有带队参加过国际比赛,当教练带队出国就这么一次。1978年,我回到了浙江老家。

现在回想起来,我那时候带的队员都已经退休了,不禁感慨时光飞逝,岁月不饶人!

北京风雨二十八载
BEIJING FENGYU ERSHIBA ZAI

回浙江队的三年

我1964年到北京进国家队，先当运动员，后来当教练。1978年，我们浙江省体育局长把我召回了浙江，给我安排当女队主教练，体工大队大队长和书记都挺欢迎，书记还在我的宿舍里放一张床，偶而去我那儿睡觉，大队书记就是表明一种态度，是一种无形的震慑，别人不敢欺负我。我很感谢他们。总的来说，去了那儿以后就很顺。

浙江省一直对乒乓很重视，"文化大革命"以前，每年国家队要去参加世界比赛时，浙江队都会搞一个邀请赛，全国不打世界比赛的大部分运动员都到

2009年乒超决赛

杭州来参加这个比赛，就像公开赛一样，两年一次，打得非常火热，像全国比赛一样。后来"文化大革命"了，也就不搞了。

我回浙江队时已经比较正规了，经过"文化大革命"以后，又重新回到正轨，按部就班地训练，比较平稳，朱仁龙是领队、总教练兼男队主教练，副领队是董清云，我在女队的搭档是朱乃桢，朱乃桢业务能力很强，我们配合得很好。我们很小的时候就认识，大概20世纪60年代在杭州时就比较熟了，她比我小，我们都是鲁涤森教练的弟子，也都在国家队待了很多年，她的打法跟我一样，直板、反胶、弧圈，我们俩在1972年五项球类运动会配合还拿了混双亚军。

虽然是体育局局长把我招回浙江当教练，但他对队伍、成绩并没有具体要求。其实那会儿也谈不上成绩要求，没像现在这么厉害，金牌也没被看得那么重，体委养着一个运动队，每个体工队都是尽自己的努力，勤勤恳恳地搞训练，培养人才，培养后备力量。我回浙江队的工作也就是慢慢培养后备人才。

刚去浙江队的时候，整队总共不到10个人，各种类型打法配备比较全，曾玉芬、董小平、林洁、姚佳音，快攻、弧圈、削球、生胶、长胶等等，打法比较全，练得也比较正规。

浙江队1980年能拿一次全国冠军，主要靠的就是这些人。

平时我们的训练跟现在的训练方法差不多，一天起码六个小时以上，上下午都练。值得一提的是身体训练。那会儿不可能有专项身体训练教练，我们一直以来就是老三样，上肢力量，举哑铃，做俯卧撑，那会儿小女孩儿都能做俯卧撑，现在很多女运动员都做不了，做俯卧撑很有好处，手腕的力量和肩的力量能够增强，一开始做不了一个半个，后来能做一个两个，每天坚持还是有效果。下肢力量主要是半蹲，让队员蹲跳，练腿部力量。还有腰腹力量，抱头起、两头翘，这几项天天做。另外还要长跑，不像现在多少天才跑一次，那会儿是天天跑，400米一圈的跑道，跑得少的跑6圈，2400米，周三、周六起码3000米，一周两趟长的，所以运动员们的耐力都很好。长跑又能练耐力，又能练意志品质。全体工大队每年冬天有一次长跑，大概有6000米吧，在马路上跑，乒乓女队都在前面，有的比田径、篮球、排球这些项目的选手跑得都还要好。这些土的训练办法回想起来，还是很有效的。那会儿的伤病好像也没有现在这么多，没有像现在这个腰不行，那个腰不行，一来老做腰腹有好处，另外那时候的比赛也没有现在这么多。

偶尔我也带着运动员出去爬山。第一给大家放松一下，调整一下。第二，爬山等于是身体训练一样，比如说爬南高峰，爬到山顶，也挺累的，爬北高峰更高一点儿，下来以后坐在那儿吃点儿东西，喝喝茶，聊聊天，这也是一种陶冶情操的方式。1978年以后，体工大队也比较开化，我们坐公共汽车出去，汽车票能给报销，如果在外面吃饭，体工队会把伙食费退出来，每天两三块钱，大家喝茶、吃饭就是用退出来的伙食费。

那会儿大家谁也没有钱，也花不了什么钱，泡杯茶也就是一毛钱，吃顿饭一个人也吃不了几块钱的。别看运动员们都在杭州，但原来基本没有到茶室里坐过，都没见过这个世面，茶室里面都是老头、老太太，谈恋爱的年轻人，或者旅游的人，当然旅游的人没现在这么多。开始都是我跟朱乃桢两个上手给她们张罗倒茶什么的，后来她们都懂了，就很习惯了。

出去到外面转一转，对运动员心情也好。有时候练累了，队员就说，周指导，什么时候又该出去身体训练去了？说是叫身体训练，实际上是一半放松，一半身体训练。

1980年的全国冠军是绝对的冷门，做梦也没想到。我们那些运动员里没有一个参加过世界比赛的。那次比赛赢了不少强队，像八一、湖北，那时候湖北非常强。最好的选手是陈莉莉还是什么，得了单打冠军，我们队的郑玉芬在单打决赛中输给她了，获得亚军。

为了准备那次全国锦标赛，我们专门进行了封闭训练。当然那时候所谓的封闭训练跟现在没办法比。杭州的夏天很热，为了避暑，我们把队伍拉到一个嵊泗岛上，是舟山群岛的一个小岛，这个岛从上海走很近，从舟山过去还很远，整个岛上总共才一万多人。

我们有个叫姚佳音的队员老家就在这个岛上，这个岛上原来都是驻军，后来部队撤走了，营房就空了。于是我拿着体委的介绍信专门去这个岛，跟他们联系。原来部队还有一点儿留守的人，一看浙江省队要来训练，都挺客气，很热情。于是我们把球台、挡板和球都用船运到岛上去，上那儿去训练，我记得当时也就只有4张球台，条件非常有限。

选这个地方一个是因为天气凉快，那会儿乒乓馆没有空调。二来岛上也比较封闭、安静。

结果到训练的时候我还没从头到尾参加，体委在秦皇岛搞了一个全国乒乓球集训，让我主要负责。那会儿还没青年队，这个集训主要就是运动员。那批队员里有李惠芬、戴丽丽，我们浙江队反倒一个参加集训的都没有。我带的她们那一批人后来还挺强的，也都参加全国锦标赛了。在那儿带了大概一个多月的时间。

所以我说朱乃桢不错，能力很强，因为赛前训练一个月都是她在那儿张罗，搭台子什么的，组织工作都弄得挺好，训练得很正规。这次全国锦标赛拿冠军，她起决定作用，这几个队员原来都是她的队员。我在国家队当教练那阵儿她就在浙江队管这些队员，带的时间更长一点儿。她现在退休了，在杭州。

回过头来说那次冠军，其实也不完全是偶然的事。成功必定有它的道理，三个不太会打的运动员是不可能拿冠军的。能蒙一场、蒙两场，但不可能所有的比赛都是蒙来的。

这次夺冠总结出的道理之一是，一支队伍里有不同的打法很重要。郑玉芬打弧圈，很有质量，当时来说算好的，没有人有这么一板弧圈，能打高吊，能拉前冲，当时像她那样能拉前冲的很少，这是一个特点。董小平反手长胶，像是邓亚萍的打法，反手长胶攻球，很多人不适应她这种打法。林洁是反手生胶，正手弧圈，她有一个好的下蹲发球，很多人吃她那个发球。三个人，每个人有每个人的特点，攻破一个攻不破两个，能赢曾玉芬不一定能赢林洁，或者你能赢林洁不一定能赢董小平，现在看起来这是很重要的一条。

而且反过来说，其他队员也有各种不同特点的打法，所以平时训练时会把所有的打法都练到了，比赛中遇到对手基本不会不适应。当时浙江队不是很明显地在最高水平上，那会儿又是第一次参加，别人准备的针对性没那么强，对手好多都在国家队，国家队又没有这种打法。以前条件跟现在不一样，现在备战重要比赛可以找到各种各样的打法辅助训练，但那时候任何一支队伍都不可能专门请人进行陪练的，没有这个条件。

女乒在全国锦标赛上拿冠军以后回到体工队，我记得还开会让我介绍经验，现在已经记不起怎么介绍的了。那次冠军是建国以来到现在为止浙江唯一一个团体全国冠军，很多浙江的老人们到现在碰到我还记着。

拿了冠军后，曾玉芬、姚佳音、林洁都进了国家队了，董小平没进，但都没打过世界比赛。打过世界比赛的就是丁亚萍，拿过女双季军。但大队员有好多时候能影响下面一批，一定要抓紧后备力量，我在的时候，前面是八个人，后面小的有八个人，也很重要，马上就能起来。姚佳音是一个，姚佳音当时是参加全国锦标赛年龄最小的一个，1988年得过全国锦标赛女单冠军。应荣辉，1990年得过全国锦标赛女单冠军，丁亚萍也成为当时全国最好的削球手之一。

在浙江虽然待的时间不算很长，但这几年留给我一些经验。很重要的一点是让我体会到了在国家队当分管教练和在省里主管一支队伍的不同。

在国家队主要是对具体队员，对于一名或者几名队员要教得好、要培养好，都是从地方上上来的，你要使他真正成为一块材，要千方百计帮他达到最高水平，在这个上面要下工夫。主管一支地方队则是要统筹，什么都要管，都要想着，一茬一茬的队员，我开玩笑说叫"吃着碗里的，看着锅里的"，侧重点不一样，比赛成绩又要好。但是有一条颠扑不破的真理，当地方队教练必须要有成绩，成绩不好，掉下来就难了，教练就很难当了，我在北京队几十年的经验也是，虽然开始团体没有达到最高水平，但是每年都有一点儿成绩，东方不亮西方亮。这是后话。

初到北京队，从乙级起步

1981年5月我正式来到北京队执教，蔡延东是主教练，我是他的助手。

当年10月份全国锦标赛，北京队从甲级掉到乙级，前16名是甲级，后16名是乙级，等于已经掉出16名了，可以说是到谷底了。年底老蔡被派到国外做援外教练，我被任命为主教练。

成为主教练后，我定的第一个指标就是1982年必须打回甲级队，也就是进入全国前16。这不是领导下的任务，是我给自己定的。

当时北京队以谢春英、赵小云、朴如芬、吴威等人为班底，几个人全部都是直板快攻，除赵小云是左手外，其他都是右手。其中谢春英是国家队选手，处于中游水平。还有魏力捷、李华、南伟丽、崔小燕、吴威、王巍、刘平、康兰惠、安丽丽、詹立等人。北京队从乙级回甲级主要依靠的是这一批运动员。

我制定了《1981年冬训计划》，第一段是这样写的："为了我队能在明年四月等级赛中重新夺回甲级资格，我们要以中国乒乓球队和中国女排为榜样，全队上下团结一条心，刻苦训练，顽强拼搏，以最大的毅力去克服各种困难。立誓一定要搞好今年冬训，明年定要重回甲级队，更为1983年全运会打好基础，为渡过我队青黄不接的难关，努力奋斗！"

光是冬训计划我手写了二十几页。

山东全运会，完美北京队。左起：卢璐、张怡宁、郭焱、丁宁、朱虹

  冬训中，我们贯彻以"政治为统帅，训练为中心"的原则，把政治思想工作贯穿到整个训练和比赛中去，狠抓队伍的思想作风、训练作风、比赛作风。在技术上对明年等级赛要碰的安徽、江西、云南及新疆部队进行针对性训练，从单打到双打，从每个人的主要技术、特长及战术逐一分析。要让教练、队员时刻想到这几场球，不打上甲级队誓不罢休，丝毫不能有任何麻痹松懈情绪。要求所有运动员要想到北京荣誉，树雄心、立壮志、攀高峰。从明年一定要拿下甲级队资格的目标开始做起，培养吃大苦、耐大劳、不怕困难、勇于克服困难的顽强意志品质和战斗作风。增强团结、严格执行课堂纪律和作息制度，执行评比条例，以新的精神面貌投入到冬训之中。

  这次冬训分两个阶段，以训练为主，参加比赛为辅。第一阶段从1981年11月30日至1982年1月24日，共8周。11月30日至12月20日三周为第一阶段第一节，22日至27日参加沈阳红双喜邀请赛。28日至年底参加天津邀请赛。从1982年1月2日至1月24日三周为第一阶段第二节，1月20日左右参加北京传统教学比赛。第二阶段从1982年1月31日至4月14日，共10周。争取在3月初前后能参加一次省际比赛。4月15日出发参加全国等级赛。

运动量方面，每二、四、六出早操3小时，每天上午8点至11点50分，每一、三、五下午3点10分至6点，每二、四晚上6点50分至8点20分，每六、日晚上训练1个半小时，每周共计运动量安排为39小时至40小时30分。全周实练时数为37小时30分，其中技术训练26小时40分，占70%，身体训练10小时50分，占30%。一周的训练节奏为星期一中量，星期二大量，星期三小量，星期四大量，星期五中量，星期六大量。

训练中，如何提高技术水平是最重要的任务之一。在这个冬训里我们在技术方面的计划和目标是：

1.在全面提高各项技术的基础上，狠抓特长技术和前三板技术。这些技术的提高主要围绕对安徽、云南、江西这三个队的针对性技术、战术训练。狠抓早操发接发的训练。以接怪板、倒板和左手的发球为主。

2.订出对安徽陈翠玲、舒慧，云南牛连玉、李玉群、彭树楠，江西陈桂香、江月霞、李惠红及他们双打的战术、技术与对付办法和训练手段。

3.为确保各项技术的提高和延长运动寿命，为我们队渡过青黄不接的难关打下坚定的基础。必须加强身体训练，提高各项身体素质水平。

4.每天采取一小时的教练分别训练法（各教练组制定出主管队员的计划）。

5.早抓双打配对练习，抓对付云南、江西、安徽双打的战术训练，每星期四晚训练双打。

6.每周星期二晚上抓个人特点训练为主。

7.采取请男队代训的方法，每周一二名队员，要求是要表现好的重点队员。

8.练习对手安排：不采用大循环法，每周安排一次对手表。

9.要求队员每周填写训练日记第一项内容，写发、接球的心得。加强第一回合技术的钻研。

训练具体内容主要包括攻球对攻球，攻球对弧圈，攻球、弧圈对削球三大部分，每个部分有不同的练习方式方法。

细节也是我们这个冬训期重点解决的问题。训练场上技术课要严肃，全神贯注，消灭逗笑、打闹、讲话。准备活动要用力，动作整齐正确。身体训练要求完成计划和动作要求的正确性。队内比赛抓争每分球的胜负。组织纪律方面消灭迟到，步行到体育馆不准讲话，手不准插口袋。学习、开会时不准干私活、走神，坐得要整齐，不准躲着开小会。教练一起执行，同时展开运动员对教练的评比。

为了准备好全国等级赛，所有教练和运动员在这个冬训周期里都非常认真刻苦，精神面貌焕然一新。

功夫不负有心人，在1982年4月19日于佛山举行的全国乙级比赛上，我们一举打进了甲级队！

第一次带队全运会

转眼就到了准备全运会的时候，体育圈的人都知道全运会对于省队的意义，这也是我第一次带领北京队参加，是一次大的考验。

1983年第五届全运会乒乓球比赛分预赛、决赛两阶段进行。预赛6月3日至10日在武汉举行，决赛于9月17日至24日在全运会主赛场上海举行。

预赛中我们女团获得决赛权，谢春英、赵小云配对的双打获得第三名。

这次全运会从预赛开始女团的争夺就很激烈，我们分在了一个很强的组，同组七队中有六个队水平接近，势均力敌。其中天津、湖北、辽宁、黑龙江队，近几年都在全国比赛中获得过前四名，跟北京队交手，有的略占上风，有的互有胜负。六个强队只有四个名额可以进入决赛，所以比赛气氛很紧张。

首战我们便失利了，输给了湖北。但在这种情况下，我们没有灰心，全队团结一致、奋力拼搏，先后以3比0、3比1战胜同组一号种子辽宁队，稳定了局势。但后来由于负黑龙江队，同组各队间的比赛又出现了一些意外局面，形势突变，原本基本稳操决赛权的北京队，在最后对福建队的比赛成为"背水一战"，胜利出线，负则淘汰。

最希望看到的场景就是姑娘们夺冠后的笑容

在这个关键时刻，教练、领导都给大家鼓干劲儿、放包袱，耐心细致地做思想工作，反复研究出场名单，商讨制定战术。运动员也很有决心，主动请战，要为首都荣誉全力拼搏。对福建这场比赛鏖战了两个多小时，局势时起时伏，在0比1落后的情况下，全队没有乱，经过艰苦战斗，终于连扳三城，以3比1战胜对方，结果一号种子辽宁队没能进入决赛。主力队员谢春英敢打敢拼，沉着冷静，在对福建、辽宁两场关键硬仗中，一人独得两分半（双打和赵小云配合），为北京队拿到决赛权做出了突出贡献。

预赛出线鼓舞了全队士气，打出了信心。决赛时，第一阶段虽以1比3负于江苏和河北，但没有受影响，以3比0战胜浙江和吉林，3比2胜黑龙江，3比1胜湖南。第二阶段又以3比2击败四川和江苏，获得第五名，其中对江苏是近几年来我队第一次获胜。

单项比赛，队员们继续发挥了敢打敢拼的精神，谢春英和王燕生的混双在对世界名将蔡振华组合的比赛中，在0比2落后，第三局16比20落后的情况下力挽狂澜，以3比2反败为胜，最后位列第五名。滕义和赵小云接连战胜广西选手谢赛克和李春丽、解放军组合范长茂和沈剑萍等强手，连闯五轮，取得混双冠军，为北京收获一枚金牌。

这次全运会取得了一定的进步，总结出一点儿好的经验。

首先是训练方法。备战时我们重点抓模拟式针对性训练，从1982年10月全国锦标赛期间，我们就组织对全国前16名队主力队员进行技术录像，并对每个人建立技术资料，从握拍、打法、特长、短板、风格、性格、作风、脾气、关键球的处理等进行详细记录。在准备工作中，特别是在抽签后，为每个主力队员都制订出对付要碰到的对手的针对性个人训练计划。训练中配备了各种打法进行模仿。逐个队、逐个人进行分析、训练和比赛，使主力队员在比赛中能够心中有数。预赛胜天津、辽宁、福建，决赛胜浙江、黑龙江、湖南等，由于准备充分，知己知彼，场上技术、战术运用得比较成功，特别是双打，从预赛到决赛，谢春英和赵小云配合的双打、团体双打14场胜13场。

抓好思想工作，调动全队每个人的积极性同样是非常重要的，这是打好全运会比赛的根本保证。领队顾大局，教练识大体，教练领队团结一致，领队充分听取各种意见，教练执行组织决赛。在队员中，不参加比赛的队员，政治上、生活上一视同仁，充分调动她们的积极性，整个队的训练才能搞好。

这以后，我的主教练位置基本上坐住了，带队就是用成绩说话。

刚来北京的时候我们是"三、六制"，顾名思义，就是周三和周六才能回家。从1981年一直到1991年，这10年我实际上周三和周六都不回家，就在先农坛里的宿舍住，我爱人也去，那时候没有值班不值班这一说，就是我一直在那儿。

当时北京女队底子太薄，没办法，就是得一点一点抓起来，才有攀上高峰的希望。

大考发现问题

1983年的五运会上，北京队虽然有所进步，但比赛前和比赛期间都存在一些问题，如果处理得好一点儿，也许成绩会更好一些。比如打硬仗、恶仗的素质不达标。预赛时，由于紧张，有的队员包袱过重，几场硬仗，除谢春英、吴威发挥较好，其他队员的技术发挥不够正常。单打中四名队员都没能进入决赛阶段，个别队员临场起伏大，技术发挥不稳定，如吴威，在与河北的李惠芬单打争前八名时，第五局18比12领先，求胜心切，被对方追回去。赵小云在单打中处于很有希望进决赛的位置，由于紧张未能正常发挥水平，在争前16名时负于辽宁选手李红宇。

通过这次赛事，北京队整体发展的困境也更明显地体现出来。

首先，四名主力队员清一色直板快攻，打法单一，让对手很容易产生"破一个破一队"的情况。这是必须要重视的。

其次，整个队伍青黄不接，尖子不尖。

1981年到1983年是北京女乒青黄不接的困难时期。1981年魏力捷、阎桂丽挂拍不打以后，北京队实力下降，年轻选手没有接上班，从甲级队掉到了乙级队，1982年打回到甲级队。1983年全运会，通过全队的努力，团体获第五名，单项获一项冠军、一项第三、一项第五，是近年来的最好成绩。但"旱"象还没有完全过去。

日本乒协访问中国。前排：叶佩琼、木村兴治、右一徐寅生，后排：周树森、上海队杜攻楷、日本乒协秘书横田幸子

我们这次全运会的两名主力队员谢春英、赵小云是21、22岁的年龄。那时候女子乒乓球选手出成绩较早，一般是16、17岁出成绩，18、19逐渐成熟，达到最高水平，所以她们已属"老将"。此外，从全运会的单打成绩看，都是胜7场、输6场，放到全国范围看，两人排在15到20名左右。接下来小2到4岁的运动员在队内基本空白，没有人接替谢、赵二人。下面的一茬就是相差4到6岁。如果说1981年至1983年是第一过渡期，1983年后的两年是第二过渡期，只有这个过渡搞好了，"旱"象才能真正解除几年。

从全国女子乒乓球的形势看，主要是上海、八一、河北占优势，如近两届世界比赛获得世界冠军的曹燕华、倪夏莲、童玲、戴丽丽、沈剑萍、齐宝香、耿丽娟等，都出自这三个省市。另外国内强队还有湖北、广西、浙江、黑龙江、四川等，以上这些名手和强队的主力年龄大都不算小，从球的锋芒上看，已过了巅峰期，所以这些省市都已着手接班人的培养，并启用新手，如上海在这次全运会决赛中，曹燕华带领新手打双打，她们取得了团体冠军。江苏、河北、湖北、浙江、福建、上海等都在着力培养年轻人。

从全国少年比赛的情况看，我们女团获冠军，但单项没有取得成绩，看出北京队在少年中有较强的平均实力，但反映出尖子不够尖，两名少年队主力，明年将进入成年比赛行列。她们在同年龄中属于比较名列前茅的，再过四年，正是出成绩的巅峰期，只要我们工作搞得好，通过艰苦奋斗，从少年前茅达到女子乒坛前茅是有希望的。

从这里引为教训的是，要抓好后备力量的培养，同时要突出抓好尖子运动员的培养和训练。做好这两条，才能彻底改变队伍的面貌。

着眼于4年后的第六届全运会和北京队的长远发展，全运会后我们将队伍人员进行了调整，冬训前，一线8名队员调整4人，补上已在一队训练一年，并水平已接近一线的二线尖子4人，还从二线调因训练需要和有培养前途的一线替补队员4人，组成新的一线队伍。运动员是一支队伍的主体，运动员有了活力，整个队伍才会有活力，才能有希望向高峰迈进。

冬训中，我们首先努力调动老队员的积极性，充分发挥她们的技术骨干力量，使她们在保持原有的技术水平上，有些发展和提高，使队伍能保持在甲级队前六名的水平上。同时，安排重点接班的年轻队员在训练对手、个别训练、对外比赛上吃"小灶"。全国比赛由新老队员结合参加，年轻队员比赛上场次数最少达到50%，以便在重大比赛中得到锻炼。为年轻队员创造对外比赛条件，每年对外比赛至少需要100场左右。计划第一年老带新，第二年新顶老，争取两年内新队员的技术水平和比赛成绩赶上老队员，完全接上班、接好班。对老队员要区别对待，科学安排训练，使其延长运动寿命。

双打是北京队特长项目，五运会双打拿了三块牌。同时双打是团体的重要一分，单项中还有女双和混双两项，因此要常年坚持双打训练，力争在第六届全运会中单项取得更大突破。

此外，我们不断地给队员进行集体荣誉感、责任感教育，要树雄心、立壮志，勇攀乒乓球技术高峰。根据这些情况，我们定下了这几年全国锦标赛的指标：1984年保持在前十名水平以内，1985年进入前六名。

从小孩抓起

当主教练后，我挑的第一批年轻人是高丽娟、陶海东、李隽，都是我在比赛中看中的。选人是个很微妙的事情，标准在眼睛里，也在心里面，一眼看这个小孩不错，能感觉出来。当然她们的成绩在北京市都是排在前面的。

因为上一批人全都是直板快攻，接下来再选人的时候不能全挑跟以前打法一样的，那就坏事了。当时这几个小孩都各有特点，高丽娟是左手横板，正手弧圈，反手生胶，李隽是削球，陶海东和李华是直板快攻。再加一个赵小云，那时候赵小云还打，其他几个老将都退了。

这一批年轻的上来以后，实际上高丽娟的球最好，赢过几乎所有全国最好的选手，焦志敏、耿丽娟、李惠芬她都赢过。1986年就参加了亚洲少年锦标赛，团体半决赛和决赛都出了场，与陈子荷配合打双打，都赢了球。双打还战胜了韩国的玄静和洪次玉，获得冠军。单打她在半决赛输给了玄静和。

进了国家队后，按她的条件和潜力是有机会冲上最高峰的，后来可惜了，由于种种原因没能成功。

我说高丽娟说得非常多，也挺狠的，有点儿恨铁不成钢。她家是丰台的，那会儿丰台算是乡下，不像现在，我开玩笑说她是"丰台思想"，没有什么野心。

陶海东这个孩子有点儿胖，但是直板快攻练得不错，刘世旭教练带她练，每天练得都特别辛苦，后来也进了国家队，打过全国单打第三。

几个人里更有出息的是李隽，单打打到世界第五，双打拿过世界第三。李隽当时削球在全国是比较好的，还有一名削球手丁亚萍也不错，她们两个人应该说水平差不多。丁亚萍削得比李隽好，但李隽比丁亚萍攻得好，正手弧圈，反攻，转不转她做得好。

李隽踏踏实实，脑子也好使，身体素质很好，1.65米左右，是女子乒乓球里刚刚好的个儿头，步法很快。

李隽最好的一点是很热爱乒乓球、很认真，她从不会乱发脾气，输球黑脸很正常，但是从不发脾气。当时主要是仇宝琴教练教她，教她削球组合得要好，就是自己发球抢攻，不是原来死削，这些她能听进去，削球反攻，反手转不转，正手兜一板，拉回头，反手放短球，攻一下，这种技术那会儿她就掌握了。

那会儿削得最好的是童玲，意志品质很顽强，很少有人能打死她，放板球很少能放死她，她就是削得稳，攻球也不好，没像现在反攻这么强。削球这个技术此一时彼一时，在都不是很重视削球的情况下，削球会稍微占到主导地位，攻球打了一段，重视打削球了，削球又差一点儿，有一个起伏的过程。从王楠、张怡宁开始，打削球过关，削球就基本没戏了，现在打着打着削球又有一点儿戏了，很多年轻队员对削球都很难打，如果大家都重视，削球又很难了。当然削球以后还是会有一点儿发展，这种古老的防守打法一直延续到现在，仍然有生命力，是有它的道理的。

回过头来再说这一批队员，她们虽然都进到了国家队，但最终没能达到最顶尖水平，其实是有一些可惜的。这也让我总结出经验，运动员成才不仅仅是技术，需要方方面面的因素都凑到一块。一支队伍若要成功，就更是如此了。

这里我想着重说一下李华。李华的球还可以，有特点，是我们的主力之一，都是直板，有一定局限性。有一回全国锦标赛20比16领先，被戴丽丽扳回去，戴丽丽最后拿了冠军，后来我还开玩笑说戴丽丽是李华给挑出来的。李华给我印象比较深的是她技术很全面，不管是打削球、打攻球、防御还是进攻都有一定能力，但就是关键时刻容易紧张。一紧张，什么球都不会了。这跟她爸爸从小管得特别严格有一定关系。后来她到瑞典打球，找了个香港老公，做餐饮的小老板，有一次回北京，带着儿子、女儿，我们见面，原来打球的时候，她成天都是拉着脸的，很痛苦，几乎是没有笑脸，训练得很认真、很苦，这次结婚生了小孩后回来绝对是判若两人。性格开朗，每天嘻嘻哈哈，很兴奋。我就给她总结打球时是什么原因导致她比赛失常。她父亲不是教练，但从小就盯着她，不灵就打，她很痛苦，后来就变成另一个人了，我们还聊如果你打球的时候要是这个性格能怎么样。所以这里总结出来，有时候家长不要逼得太紧，还是给孩子一个宽松的环境。教练也一样，我一直在想这个，只要孩子自觉，不能要求她面面俱到，一个球打不好就火了。培养小孩，不要逼得太紧，她自己努力，到懂事以后，肯定会走上比较好的路。我不主张从小把孩子逼得太紧，特别是打小孩，我从来不打队员。我对我儿子也从来没打过一下，实在淘的时候，会急，但不会打。小孩有时候有玩心，男孩、女孩都会有惰性。小孩你打过，八九岁后，你打他，都会记得，对他心理有影响。所以回想起来，这是教小孩的一条经验。成长过程中孩子心里都知道，谁打他，谁跟他不好。所以实际上教练真心对他好，他肯定记得。

冲到全国亚军

第五届全运会后，全国各省市乒乓球队开始调整队伍，启用新手，国家队也进行了调整，调入了近十名年轻选手，最小的已经是1969年出生。同时还保留了一半队员，大都是世界尖子运动员。从前一年国家队调整后，北京队在国家队的运动员一个也没有。

全国前16名的队伍绝大部分队主力都是国家队选手，形势对北京队来讲仍然非常艰苦，好比是一个势单力薄的小家庭，和一个势力雄厚的大家族抗衡。在如此严峻的条件下要冲上去，如按原来常规，还是会落在别人后面，冲上去是不可能的。北京队人少势薄，要冲上去，就要集中力量搞尖端产品，老带新，新促老，抓老的尖子队员和新的尖子队员及有培养前途的新队员，搞出尖端产品，才能攀上高峰。

我们面对的这种客观情况，同时也有有利的一方面。国家队这个大家族是在明处，比较集中，有利于我们研究、熟悉，是我们针对性训练的目标。因此我们要采取一些特别的训练手段，找国家队一些普遍的弱点，变成我们的特长。如国家队发球上重视侧力高抛发球，我们则重点发展被他们忽视的反手发球。这两年赵小云建立的反手发球效果较好，今年全国比赛发球和发抢的得分率达到72%。还有如推挡推下旋，正手快带。

1983年底冬训开始，课堂训练朝气比原来足，训练作风比原来有明显提高，出现了老带新、新促老的好风气。训练中你追我赶的风气较浓，训练干劲比以前足，冬训中只要晚上不安排活动，星期一到星期五，天天都有人去补课，主要是年轻队员，同时也促进了老队员的补课热情，赵小云、谢春英、李华在身体情况好时，也经常去补课。整体队伍比以前好管理。通过全年训练，全队技术水平有了普遍提高，训练水平已比较接近，绝大部分队员在队内打，都是有输有赢。老队员在训练和生活中起到了骨干作用，能够以身作则。同时新队员都有向上赶超的决心和信心，形成了较好的技术竞争局面。

1984年全国乒乓球锦标赛第一阶段4月24日到29日进行，我们团体3比0胜内蒙、火车头、黑龙江、陕西、湖南，2比3负八一，获小组第二，出线后3比1胜江苏，半决赛0比3负河北，争第三时，以3比2胜湖北。

这次比赛中，我让1983年第一号主力谢春英只打一场双打，二号主力赵小云挑大梁，既双打，又打主力位置，使她增强了第一主力的责任感，另一个单打是高丽娟。由于赛前做好了谢春英的工作，在比赛中新老队员相互鼓励加油，场上默契配合，都较好地发挥了水平。谢春英虽只打双打，也兢兢业业，和赵小云非常默契，取得9场团体双打获胜8场的好成绩。由于责任感加强，赵小云在对以前输多胜少的江苏比赛中，独得两分半，在对八一的比赛中以2比0胜前世界单打冠军童玲。在老队员带领下，15岁的高丽娟也敢于拼搏，在与黑龙江队的比赛中，以2比0胜1983年全运会单打冠军焦志敏，在和湖北队争第三名时，第五场很困难的情况下，取得宝贵的一分。

　　值得一提的是这次比赛前的思想工作和心理素质训练。如我们准备出老带新的阵容，让谢春英主要打双打，这时主要跟她沟通，找她谈心，把情况和她讲清，使她愉快地接受起一个老队员应起的骨干作用。如李华，以前比赛总是不能正常发挥自己的水平，主要原因是比赛紧张失常，比赛中不相信自己。这次通过心理素质训练，她记住了首先要自信，相信自己的实力，要看到对自己有利的，才能放胆去拼，在对河南队争小组出线的关键第五盘中，她想的就是我实力比对方强，我能赢她。虽然当时比赛气氛很紧张，但李华发挥得很好，最后第三局10分就取得胜利。今年比赛是她打球以来取得成绩最好的一年。

　　第二阶段比赛9月15日至24日进行，我们团体收获第二名。我们以3比0胜宁夏、新疆、陕西、广东，3比2胜河南、辽宁，以2比3负福建，获小组第二名。出线后3比1胜湖南，半决赛以3比2胜黑龙江，决赛0比3负河北。单项比赛中李华和王燕生混合双打获第三名，陈丹蕾和徐方获第五名。

　　下半年虽然取得团体第二名，但非常惊险，分组赛中以3比2险胜河南和辽宁，才获小组第二，在半决赛中3比2胜黑龙江，如这三个3比2稍有一些失误，名次就要下降很多。

　　综合两个阶段排名，1984年全国锦标赛我们是亚军，冠军是整体实力强大的河北队。1984年，我们在比赛中已经开始派高丽娟出场，后备力量的崛起是队伍翻身的关键。当时老队员谢春英有下滑趋势，但双打还是靠她和赵小云配对。赵小云正是成熟阶段，要集中力量向高峰冲击，同时要想方设法延长她的高峰期，下届全运会仍在高峰水平，虽然可能，但困难太大。高丽娟只是中偏上一点的水平，到1987年三年内至少还要有两名新手补充上来，所以要延长老将的运动寿命，使她们保持高水平，又要给年轻人创造条件，多给比赛机会。

1985年6月21日到30日，第一届乒协杯在沈阳举办，我们获得团体亚军，冠军是焦志敏领军的黑龙江。高丽娟战胜了焦志敏，但对方的新手陈冬叶打败了我们一号主力赵小云。这是我们第一次有冲击冠军的可能，但最终还是输了。

也是在这次比赛中，高丽娟单打淘汰了世界女子单打亚军耿丽娟，最后名列第三。

1986年乒协杯，4月4日至13日在湖南省怀化市举行，有31支代表队，320余名运动员参加。我们再次获得团体亚军，这次冠军是河北队。赵小云和李华的双打也拿到亚军。1981年北京队三位主力清一色直板快攻，打法相似、发球相似、风格相似，给人以"破我一个能破一队"的形势。这几年已经基本改变，但这个教训值得牢记。也正是这个教训，使我们在这两年的训练中特别注意了突出个性的训练，破我一队不易，成为我队取得两年全国亚军的一条重要经验。

1986年，全国锦标赛我们团体排在第五。

1987年全运会，我们的最好成绩来自混双。我记得全运会期间有奥运会预选赛，乒乓球是提前在广东佛山进行的，李华和王燕生配合闯进决赛，负于山东的王振义和刘伟，获得混双亚军。赵小云与滕义的组合收获第六名。

这几年中，北京队的成绩有了明显进步，但实际上我很清楚，我们还没有从根本上翻身，整体实力还没有完全到这个高度。

王晨是我骂得最多的队员

王晨在1985年进队,为北京队补充了高水平的新鲜血液。她是我带的队员里第一个成为世界冠军的,也是我"骂"得最多的队员。

王晨1974年生人,9岁进入什刹海体校,两年之后就进了北京队。她爸妈虽然不是搞体育的,但个儿很高,爸爸1米80多,妈妈1米70多,所以她的个儿有1米75以上。

进入北京队之后教练组一直比较抓她,参加少年比赛时,王晨已经初露锋芒。那时候青运会上,王晨和邓亚萍两个人是同年龄选手里最出类拔萃的,有一年青运会让我印象比较深的是王晨淘汰了邓亚萍,把邓亚萍"打哭了",因为邓亚萍非常优秀,基本属于没人赢得了的状态。第二年邓亚萍拿了三个冠军、一个亚军,王晨拿了三个亚军、一个冠军,等于所有冠、亚军都让这两人拿了。青年比赛时她还拿到了第2届全球青年锦标赛女单冠军。

王晨训练非常刻苦、认真,这是优秀运动员共同的特点,训练

1996年带王晨去澳门参加"三英杯"比赛

方面一点儿问题都没有。只要一进比赛场真是什么球之外的事都忘记，但比赛时间绝对不忘，鞋、板套、板，准备得井井有条。

1990年我在做全队总结的时候，提出的目标之一，就是将王晨打造成具有尖端水平的实力型选手。

1993年第7届全运会对王晨是不小的考验。

由于奥运会的原因，七运会改为六运会后六年才举行。乒乓球比赛共有32支代表队，270余名选手参加，长达6年的准备，使比赛异常激烈、紧张、精彩，团体赛有1/3场次，打满5盘。

女团半决赛我们淘汰了河南，决赛我们对阵实力强大的河北，对方半决赛战胜了山东。决赛首盘王晨出战，以1比2负于樊建欣，第二盘陶海东输给了同为直板快攻选手的高军，第三盘，王晨和陶海东以0比2负于高军和郑源。

女双王晨和高丽娟搭档，16进8以2比0胜福建的陈子荷和汤晓梅，8进4以0比2输江苏的李菊和邬娜。

女单比赛中，王晨16进8以3比1胜江西的张琴，21比18、18比21、21比15、21比11。

8进4，13比21、18比21、17比21，3局输给了邓亚萍。混双和熊柯配合，获得季军。

王晨那时心气儿很盛，是国家队训练最刻苦的队员之一。她很喜欢球，有一次参加CCTV杯乒乓球擂台赛时，主持人蔡猛问她除了打乒乓球之外还有什么爱好。王晨的回答是除了乒乓球，还是乒乓球！

1995年王晨才获得第一次参加世锦赛的机会，却仅仅过了第一轮。次年女单世界杯比赛中，她获得季军。1997年世锦赛上，王晨终于成为女团成员之一，收获了世界冠军称号。但直到现在，我总觉得王晨还是有些遗憾，虽然打到了世界冠军，但是单打没能冲到巅峰。王晨是国家队中身材最高的队员，对韩国人比赛很有一套，但真正要命的时候还是差一口气。

1997年世乒赛后，王晨从国家队退役。1999年，也就是离开国家队两年之后，王晨还代表北京参加全国锦标赛，帮助北京时隔24年再拿全国女团冠军，是北京女乒的功臣。

现在看来，王晨当时的打法是有缺陷的。王晨是快攻结合弧圈，反手是生胶，打到关键的时候反手命中率不高，容易丢，没有反胶稳定性好。思想上有点儿一根筋，训练应该是人高艺胆大，胆大艺更高，一定要有胆量，要能豁得出去，不能用保守的东西来指导你的训练，该狠的时候一定要狠。训练的时候一定要练到，每个球都要跑到，比赛的时候才能够有这个球。你要有这个能力，到比赛的时候才敢去用，没练过，过来一个球，一看这个球这么低，你敢冲吗？如果不练，永远不敢用。有时候在这上面思想上一根筋，后来郭焱跟王晨有点儿像，两个人真是有点儿相似之处。

在王晨身上是最费心的，下的力气最大，可在比赛中还是容易出问题。她的比赛一般不会很顺当，而是起伏比较大，有时控制不了，有时候打得好，有时候打得不好，有时候发挥得好，有时候发挥得不好，这也是她没有成为顶尖运动员的最大原因。

起伏太大说是性格的一个方面也好，说是心理也好，王晨还是属于心比较软的人，虽然看上去好像很强硬。我骂王晨骂得最狠、最多，但她跟我一直非常亲。有时候我聊起王晨，有点儿像自己的孩子，她跟我儿子差不多大。她心里其实知道教练骂她、管教她，不是为了整她，如果为了整她，她老早就完了，真是为了她好，希望她成才。

2000年她从北京去美国是件挺"轰动"的事，突然就走了，一点儿招呼都没跟谁打。不知道什么情况呢，绿卡、签证都已经办好了。2000年她本来应该代表山东鲁能打超级联赛，我们正在训练，接到山东那边给我打电话，问王晨呢？我说你问我，我还问你呢。我说我把人给你了，到你那儿报到，她走了，怎么能找我呢？后来北京体委找到我，我说我也不用撒谎，我也没这个能力，但是现在已经改革开放了，谁出去，谁不出去，也不存在叛逃不叛逃的问题。她自己可能觉得在国内没有太好的发展空间。后来这件事平息了，没有引起太大的波澜。

2008年北京奥运会会前，我看到一些媒体去采访王晨，她说虽然自己国籍改变了，但永远改变不了身上的北京味儿，改变不了自己是中国辛勤培育出来的事实，我的心依然是中国心。这话说得让人很感动。

王晨能参加北京奥运会挺不容易的，美国奥委会并不是很支持乒乓球这种项目，乒乓球的地位肯定不如其他项目，她成绩好一点儿，排名高一点儿，可能还好找一些赞助，后来终于能打奥运会了。王晨赢了金暻娥进了前八，当时特别激动，双臂举起来跪在地上就哭了。这个镜头让我特别有感触，所谓"海外兵团"在外面都不容易，有时候只是想圆自己的一个梦，有时候也只是为了更好地生活。北京奥运会后，王晨就不打国际比赛了。

1997年曼彻斯特世乒赛和王晨、李菊

王晨从美国回来有时候会来看我，2004年就一再邀请我去美国转一转，她说"一定要请您去美国玩一趟"，结果第一次还拒签，后来2006年再去签，因为前面拒签过了，我想是不是又要拒签了，但那次很顺利。

当时去美国在纽约曼哈顿，在时代广场旁边，5分钟就到时代广场，住的酒店是她的老板开的，她的运气真不错，碰到一个非常支持她的老板。老板是位房地产商，帮王晨开起了自己的乒乓球俱乐部，提供训练场地、教练宿舍。在美国王晨给我当导游，我说我什么时候看看你训练，她说不用去，就是踏踏实实地玩。每天她五点多下班，陪我去吃饭，曼哈顿周围这一圈全都吃遍了。也去她的俱乐部转了转，看看她老公在的地方。

在纽约待了一周多，去了拉斯维加斯，拉斯维加斯有一个美国全国锦标赛，世界各地选手都可以参加，那年王晨打了冠军。

我教过那么多学生，其实平时不太跟她们联络。以前虽然一起共过事，是师生，无论在哪碰到都很亲，但私下联系不多，这是我的性格，也是我的一个想法，别有事没事找人家，怕给人家带来什么麻烦，该退就退下来了。

选材困境

通过几次比赛的考验，王晨算是能接上李隽这一批了，能打到全国亚军。后来李隽不打，王晨逐渐开始挑大梁。

1994年开始，朱芳冒出来了，是继王晨后的第二号人物。从这一年开始打比赛，除对削球较差外，对攻球有较强实力。

朱芳1994年乒协杯16进8胜杨影，8进4胜唐薇依，半决赛1比3负邓亚萍，成绩不错，有非常值得吸取的经验。她之前技术水平在李新艳之下，1993年公派去日本学校打球一年，获得全日本高中生运动会乒乓赛女单冠军，全日本体育运动大会高中组冠军，日本大阪公开赛单打亚军（冠军是何智丽）。1993年11月回来后，即投入冬训，1994年2月北京邀请赛2比0胜国家队王楠，3月获日本东京公开赛双打冠军，胜王晨和张琴。这一系列比赛，增强了实战经验，已有点儿"小老将"的味道。乒协杯8进4对上海的唐薇依，第1局16比20落后，自己发抢，一点儿不慌不乱，以22比20反胜，后两局即上风压住对方打。从技术上，朱芳加强了正手拉冲和反手拉冲，结合两面快速两续攻，形成了目前国内较新的一种风格，即两面拉结合两面攻。1995年，朱芳参加了天津世锦赛，16进8输给了邓亚萍。1996年全国锦标赛，朱芳和曹冬梅配合拿到女双冠军。

当时还有李新艳和崔晨梅两名运动员也不错，李新艳右手两面弧圈，也进国家队了。崔晨梅是正手反胶、反手生胶，进过国家青年队。这一批在全国不算拔尖，中档。

所以那时候我就已经明显感觉到选材的局限性，但要想改变这种现状并不是那么轻而易举的。不仅是从进人时就需要下大力气，同时还要防止培养出来的运动员外流。

1987年广东全运会后，中国乒坛刮起了"广东潮"。广东中山、汕头、珠海、顺德、番禺、广州等地、市纷纷到全国各地引进运动员，他们打出的旗号是为防止我国乒乓人才流失。多位国家队成员从本省被广东"拉"走，已开始代表广东出战。最大一宗是全运会后，汕头挖某省体校乒乓男队，连教练带尖子队员全锅端。广东这些地、市队的体制是，当地政府和体委做后台，企业出钱养。

挖人风也涉及到了我们北京队。番禺体委向李新艳表示，月薪不少于1500元，来后送广东队，管吃管住，给几百元补助。在番禺未结婚前二室一厅二人住，结婚后给二室一厅，每年一趟香港、澳门，每次零用金3000港币。这在当时是很优厚的待遇了，对运动员来说是不小的诱惑。

这股冲击波引起了我的忧虑。我们地方队好不容易花了很多年培养一名运动员，一旦远走，就导致前功尽弃。所以我在给领导的报告中提到这一点，恳请领导花力量研究这个问题，采取必要的保障措施。因为有了前车之鉴，在巅峰时期的陈静、徐竞、何智丽、井浚泓等多位世界冠军级队员出走，导致所在省队在全国比赛中实力明显滑坡。这些队员，如何当时工作做好点儿，还是有可能留下的。从国家队来说，那时人才比较多，走几个可能影响并不太明显，但对省市来讲，损失巨大。

李佳薇被挑走，没放张怡宁

1993年底，北京队由香港联汇丰集团冠名，改名为北京联汇丰乒乓球俱乐部，签约仪式在北京国际俱乐部举行。

这是全国第一家设有男女，一二线队伍完整建制的乒乓球俱乐部，打破以往对运动员的行政管理体制，实行充分借用企业化管理机制的俱乐部体制，对教练员、运动员拥有选择权，采取聘任、合同制，并向全国招聘优秀运动员、教练员。教练员、运动员的工资待遇与训练、比赛成绩和执行生活管理缺席直接挂钩，将根据竞赛规程的要求严格奖惩缺席，分别代表北京和北京联汇丰乒乓球俱乐部参加国内外重大赛事。人员的编制还是按以前的，在先农坛体育馆不动。

香港联汇丰集团每年向俱乐部投入活动经费80万元人民币。男女队所有人的工资、吃饭，所有的比赛费用全部都在80万里面，大的比赛联汇丰都会派人跟队，这些钱现在看来少，那时候算很不错了，没有一个队会出几十万养着。

那时候的初衷是想像首钢篮球一样，实现俱乐部职业化，最后实行双轨制，联汇丰集团也参与管理。改为俱乐部后有个比较大的动作，整个教练班子大调整。1993年以前，我是主教练，还有四位分管教练刘世旭、仇宝琴、石凤玲，刘雅琴，我们五个人从1981年我到来北京队后就一块共事，结果这下只聘任了我一个，还是让我当主教练，把李隼从男队调到女队，做我的主要助手，加上从什刹海体校过来的唐鑫生，从八一队来的毕东坡，我们四个人组成了新的教练班底。

联汇丰集团的老板是北京人，以前是东城体校的队员，唐鑫生是他的教练。他非常喜欢乒乓球，但没打出来，后来到香港做生意，发财之后又回来实现乒乓球的愿望，所以投资乒乓球。

当时联汇丰集团跟新加坡方面有生意上的往来，跟新加坡乒总的关系不错，新加坡乒总就提出来要到北京队选材。

张怡宁和李佳薇两个人是当时北京最好的两个，身体条件好，瘦高条，反应能力、球的感觉都很好，在北京市是冠、亚军，她俩比起来，张怡宁更好一点儿，但她们互相打起来也有输有赢。张怡宁技术发挥比李佳薇稳定，不怯场，思想比较稳定。可能打法也有一定关系，李佳薇正手正胶，正胶一打不到，水平就容易有起伏，张怡宁稳健多一点儿。李佳薇打出来也有威胁。当时李佳薇走还好一点儿，但张怡宁坚决不能走。

新加坡乒总会长来挑人的那天，联汇丰的老板陪着一起。来挑人前跟我打过招呼，所以我把张怡宁和李佳薇调到球房最最里面的台子里练，想把她们藏起来，不被发现，外面还有三排球台，进去一看全是人。会长看了一会儿问："你们打得好的都上哪儿去了？"这时候真巧了，李佳薇出来打水，会长一眼看见了她说："我就要她。"我问："你知道她是谁吗？""李佳薇啊！"会长说，"我老早就知道了，我这次来就想要两个人，张怡宁和李佳薇。""张怡宁不可能！"我当时一口就给回绝了，让我放张怡宁除非罢免了我这个主教练！本来李佳薇我也是绝对不想放的，但老板发话了，还有一层原因是李佳薇家里面也有让她去新加坡打球的意思，所以最后她去了。

对于李佳薇去新加坡，一直到后面我都"耿耿于怀"，2001年时我还在想，如果李佳薇在这儿，我们肯定天下无敌了！2000年悉尼奥运会她差一点儿赢王楠，实力已经很强了，如果在北京队，可能球还会更好一点儿，但再后悔也不是我能后悔得了的，因为不是我能决定的。

八运会打出个张怡宁

1997年八运会结束后，我看到有新闻这样写道：如果全运会乒乓球比赛设立一个新人奖，那北京队的张怡宁是当然的人选。在女团比赛中，她战胜齐宝华、李菊、杨影、乔红，成为团体赛唯一保持全胜的女运动员，这使她立即成了媒介的焦点。

预赛的时候，团体赛张怡宁一场没上。而单打中王晨不占名额，张怡宁报了单打自己打进决赛圈。结果决赛阶段的团体比赛中，张怡宁从头到尾一场没输。

决赛阶段为什么让张怡宁打，当时北京队有王晨、朱芳、李新艳和崔晨梅几个大队员，这几个人除了王晨以外，剩下三个人要是想赢水平高的选手，比如赢乔红、李菊、齐宝华这些人都没戏，基本是肯定输，只有王晨能跟她们抗衡。所以当时我想，与其如此，还不如上个年轻队员去和强手们拼一拼、搏一搏。另外，年轻队员要想真正成为顶尖选手，必须要经过大赛考验，张怡宁是有顶尖选手潜质的，能早锻炼一下更是好事。

所以我把张怡宁提到团体主力的位置。王晨打一号，她打二号，崔晨梅打三号，也就意味着张怡宁每场必须去碰对方一号选手。集训时张怡宁的状态特别好,刚开始打时,她有一点儿紧张,尤其是第一场对阵天津,但她不怯场,后来就不紧张了,完全放开打了。北京队在八运会团体赛中倒过来了,打二号的张怡宁常常独拿两分,王晨拿一分,就打进了决赛。

小组赛我们赢了江苏队,决赛再次面对江苏队,首盘张怡宁以8比21、21比18、21比12,总比分2比1战胜杨影,第二盘王晨1比2负李菊,第三盘崔晨梅1比2负于邬娜,第四盘王晨0比2输给杨影。等于张怡宁第五盘没打着,如果前面谁再拿一分,北京队就有戏了。

1995年参加国家队在黄石进行的集训,张怡宁刚开始排在40名左右,一个月后进入前16名,最后一次测试已经是前6名。1996年底,张怡宁开始在国家一队进行训练。

八运会前,张怡宁还在打少年比赛,是少年里最好的选手之一,也输过牛剑锋、白杨这些人,但跟成年组队员也没太碰过,从实力来说还是有一定差

1997年全运会,张怡宁一鸣惊人。这张照片一直摆在我家里

距。早在八运会举行之前，北京队就为她制定了参加八运会的目标，但也真的没有想到她能打得这么棒。要知道张怡宁才只有16岁，当时也是一个奇迹了，给外界一种"横空出世"的感觉。

这么多年下来，我的经验是无论带队比赛排兵布阵，还是培养年轻队员，都要有胆量，要去冲，才能冲出来，老是保守是没有出路的。比赛要么不打，要打就是要奔着冠军，这个思想在我这儿是根深蒂固的。所以八运会如果我用老阵容，很明显是很难冲击冠军的，所以不如换个方式去冲一冲。

到现在为止，别看我年纪大，但是我的思想不保守，有时候我比队员们更开放，我老督促运动员学习新技术，有新技术才能有新的发展。有的队员说我这个动作不能动、那个动作不能动，包括成形的运动员也是一样，鼓励她们要跟着时代、跟着乒乓球的发展，鼓励她们要创新，的确是年龄越大，改起来越难，但新技术必须要有，而一名运动员技术到了成熟期以后再加新东西，会掌握得更快。

再回过头来说，大家印象比较深的是北京队全运会三连冠，其实有5届都进决赛了，前面两届是亚军，后面三届是冠军。

全国各地广纳人才

因为早就感觉到北京市的人才很有限，全国那么广阔的地方，那么多培训基地，人才也那么多，如果选材一直局限在北京地区，发展起来肯定很难，所以我一直主张广纳全国人才。

北京队第一个选进来比较成功的是贾贝贝。

贾贝贝是直板正胶打法，辽宁人，到广东汕头打球，那里解散后她来到北

全国锦标赛问鼎。左起：贾贝贝、朱虹、丁宁、郭焱、张怡宁

京。我印象比较深，她在1997年全运会以前来的，但没能用得上。当时决定让她进队有几个原因，第一，北京队没有直板快攻，从打法上需要有这方面的补充。第二，她的球不错。第三，她特别迷球！训练很认真，踏踏实实的，打球也拼。当时还是联汇丰俱乐部，看这孩子球可以，就跟俱乐部提出来进人，俱乐部同意后，我跟贾贝贝说我看一个星期，再做最后决定。因为她已经是比较成熟的运动员了，十七八岁的样子，一个星期后，我说行，没问题。

选贾贝贝进队选对了！来北京以后，贾贝贝很珍惜打球的机会。她性格比较开朗，不是那种蔫的，打球没什么乱七八糟的事情，也从来不会在训练比赛中不顺心而发脾气。两年后，1999年北京队拿到全国锦标赛团体冠军，主要靠的就是她，场场两分，我记得是一场没输过。加上我们的一号主力王晨，起码补一分，这种形势拿的冠军。

1999年打完全国锦标赛，马上就进了国家队。当时的国家体育总局副局长李富荣还说了一句："北京队出了一个直板快攻，团体全赢了！"10月打完全国锦标赛，11月访欧就让她参加了，也说明国家队很看好她。

　　当时我真是没想到贾贝贝能打到最顶尖，但确实起码是中等偏上的水平。她打弧圈特别有特点，全部是正手拍，推挡好，小球好。她感觉我打到这样已经很不错了，在场上有这个感觉，没想到真能攀上高峰，心没有那么大，自己没想到能打那么好，这种情况会有，很多女孩都是这样。还有的人心大，但手上技术没那么好。所以一个尖子运动员既要有雄心壮志，又得能一步一个脚印地去走。后来国际乒联小球改大球后，对她的影响非常大，当时一批运动员都受到很大影响，包括刘国梁、杨影，贾贝贝没能走上巅峰有点儿可惜。

　　北京队在这几年里，王晨的水平逐渐在走下坡路，到接上张怡宁、郭焱这一批，贾贝贝起了很好的过渡作用。一直打到2001年全运会，我们定的策略就是张怡宁、郭焱前两号，贾贝贝是三号，打攻球，李嬙冰专门打削球。可以说在北京队还没有成熟时，贾贝贝担起了承上启下的责任。

　　1998年，我成了北京乒乓球队领队、总教练兼女队主教练，手里有了一点点"权力"，于是上任之后第一条就是广撒网引进人才，有少年比赛的时候，我会把所有的教练撒出去看，包括男队教练，一起出去寻找好苗子。

　　丁宁是2000年来的，还有马龙、曹丽思，当时我还找过张继科，当时他在青岛体校，已经谈得差不多了，差点儿就来了，最后因为一些原因没成行。

　　1999年后有一批，木子、杨扬等，先到什刹海体校待了一段时间，后来主要是进了丁宁，看到丁宁后，我感觉丁宁未来发展会更好，当时因为编制有限制，所以不可能这些人都有编制，成为正式队员，有工资。不转正叫代训，转正后成为正式队员不用交钱，吃饭、住宿之外还有工资。这些人比较下来我肯定要进有发展前途的，所以引进了丁宁。一些队员的家长不干了，说我们先来的，怎么能让别人先进队。我当时挽留她们，让她们等一等，还是会有机会的，但后来说别的队要她们了，就走了。

曹丽思是我们队教练在北京邀请赛里发现的好苗子，他们看到后跟我说有个小孩儿不错，看了之后确实不错，手上感觉很好，人也聪明，就这么来的。她拿了亚洲少年比赛的4个冠军，世界青年赛的4个冠军。

对于一支队伍来说，苗子、人才是第一位的，有好材料才能做成好饭。一九八几年时就意识到这个问题，但是以前没有能力去办成这个事情，不可能做到从全国各地区往北京队招人，进不了北京队，运动员户口也不能进北京，人家也不能来。一直到1998年我开始"掌勺"以后，我拼命找学校疏通，找训练处疏通，采取了很多方法。户口怎么调进来？我跟下面各个区体校联系去找户口，运动员户口迁到体校，人算体校的，代表体校参加北京市运动会，马龙、丁宁都是这么办进来的，实际上他们一天也没管过，但是这解决了一个很大的问题，户口问题解决了，运动员也安心了，都很高兴，对北京队也好，对体校也好，几家都受益。

北京队贾贝贝代表北京队拿了全国冠军后，就解决了这些问题，1999年拿全国冠军，2001年拿全运会冠军，所以绝对有这个资格了。但像丁宁这些，10岁进来，怎么能打保票稳拿全国冠军，做不到的，所以只能"曲线救国"。

为北京拿到时隔24年的全国冠军

1999年全国锦标赛我们拿了团体冠军，这是我到北京18年来第一次拿全国冠军，也是北京女队从1975年夺冠后时隔24年才又一次拿全国冠军。

1999年全国锦标赛决赛阶段在安徽省省会合肥举行，当时张怡宁、郭焱被交流到其他省市去打城运会，张怡宁去了西安，郭焱去了厦门，这回夺冠的贾贝贝、王晨、崔晨梅。

其实那次比赛并不是我们夺冠的最好时机，王晨当时已经不在国家队，张怡宁和郭焱没打，贾贝贝还是个彻头彻尾的新秀，崔晨梅也是中游水平，然而就是这样的阵容打出了奇迹。

半决赛我们对江苏是最精彩的一场比赛，对方由三位世界冠军组成，李菊、杨影和张莹莹，前4盘我们双方战成2比2平，决胜盘由贾贝贝对阵杨影。开局贾贝贝不太适应杨影的发球，以10比21先负，易地再战，贾贝贝以21比16还以颜色。关键的决胜局，贾贝贝一举取得10比5领先，却很快被对手追成11平，接着形势逆转，反以16比19落后。这时轮到贾贝贝发球，发球抢攻，连续攻对手反手然后突然推直线，让杨影措手不及，结果连续5个发球抢攻得手，以21比19帮助北京队锁定胜局。

我们以3比2战胜对手，此前江苏队已经连续拿了4届全国冠军，这次被我们打破了。

决赛我们的对手是福建，巧妙布阵，以3比0取胜，24年后终圆全国冠军梦。

小将贾贝贝毫无疑问是我们的第一功臣，她不仅每场为队伍贡献两分，而且先后击败世界冠军王楠、李菊、杨影和国家队成员丁颖、李楠、林菱，为夺冠立下汗马功劳。贾贝贝也是当届比赛最引人注目的新秀。

贾贝贝1999年全国锦标赛发挥出了巅峰水平，她自己甚至有点儿不相信自己，团体拿完冠军，单打中，输给黑龙江削球手王辉，没能进入前16名。两个人的球完全能打一打，当然贾贝贝赢下来也不容易，但咬一咬能有机会，输得挺可惜的。

24年了，终于见到团体金牌了，像一针强心剂一样，冠军让我们对未来的路有了信心。

全运会夺冠，再不当"周老二"

2001年全运会在广州举行，北京女乒终于在拿了两届亚军后问鼎！

这次拿全运会冠军有一个细节特别值得回味，让李嬅冰专门打削球。张怡宁和郭焱是一号、二号，张怡宁已经很稳定，当时郭焱还没拿过什么名次，刚刚打上国家队，球正在往上升的时候。三号是贾贝贝和李嬅冰。贾贝贝打攻球的水平比李嬅冰好一些，1999年赢了不少好的攻球，但打削球过不了关，要练这一个月也来不及。相比之下，李嬅冰的反胶搓攻方面有点儿功夫，所以专门让她练削球。备战时练了一个多月，每天练，练得她直哭。练到十几天时已经开始急了，她爸爸也急了，说攻球不练，以后还怎么打球！我说你打河北，包括八一等几支队伍的攻球很难，当时她的水平还没有到最高水平，但有一个削球手很强，你有一定优势，所以让你练削球，准备关键时刻出场。

当时我有整体的考虑，要想拿冠军肯定要对上最强的河北队，她们刚拿过乒超冠军，有牛剑锋和白杨，她们的实力在郭焱之上，和张怡宁互有输赢，但张怡宁稍好一些。还有个削球手王婷婷，如果削球过不去关，输了我们就很难打。两个攻球如果抓好了，张怡宁对白杨和牛剑锋，我们是上风。第三个如果再拿着了，我们基本上是80%的概率。当然还有辽宁和江苏几个，但最重点的这一场我们提前做了充足准备。决赛果然不出所料对上河北，过程都如同设计好的一般，首盘郭焱8比21、18比21两局负白杨，第二盘张怡宁21比9、21比11赢牛剑锋，随后李嬅冰21比15、21比13两局横扫王婷婷，第四盘张怡宁两个21比17战胜白杨。

第二天，《北京晚报》专门用将近一个版介绍李嬅冰，讲她怎么备战训练，怎么打削球，有点儿像出奇兵一样。当时那一仗打得很漂亮，在水平不是很高的情况下，在准备方面我们下了功夫，路子也对头。

那届全运会我们最悬的是八进四碰东道主广东队，差一点儿打道回府。那届全运会采用的是寄赛制，第一阶段18支队分成两组，每组小组循环，前两名出线。第二阶段小组第一名之间进行交锋，胜者晋级决赛。两个小组第二争夺，胜者与两个小组第一名之间的负者再赛一场，争夺另一个决赛席位。我们所在B组有辽宁、山东、解放军等强队，在与辽宁争夺小组第一时落败，因此名列第二名。广东队是A组第二名，实际上我们争夺的是半决赛权。

张怡宁第一盘赢麦乐乐比较轻松，两局加起来只有15分（21比8，21比7），第二盘郭焱对阵曹幸妮，先是以10比21输掉第1局，随后以21比10、21比18连扳两局获胜，这时大家都以为北京队十拿九稳了。第三盘李嬪冰在以21比17先拿一局的形势下，被王少华以21比8、21比12连负两局，从而输给了王少华。如果说这场输球不算意外，但是第四盘张怡宁输给曹幸妮的确是没想到。张怡宁以21比14先胜，但接下来比赛的局势却没有按想象上演。张怡宁第2局开局打得有点儿松，我感觉到她出现这种情况，叫了个暂停，但她却怎么也紧不起来。果不其然，随后以两个9比21告负，双方大比分战成2平。

决胜盘郭焱对麦乐乐第一局就以18比21输了，这场球郭焱压力太大了！动作都有点儿变形了，反观对手则打得更自如一些，很多不好救的球都被救了回来。第2局郭焱8比16落后，此时势头已经很偏向于广东了，但郭焱真是好样的！面对这种悬崖一般的形势，她丝毫没有放弃，咬紧牙关，斗争到底！郭焱后来还经历了16比19落后，追到20比19领先，两个人又打成20平、22平，但郭焱还是以26比24艰难地赢了下来，最后一个球打了20多板才分出胜负。决胜局，郭焱越战越勇，对方的气势则被压了下去，郭焱以21比15拿下，这场"捡回来的胜利"为我们夺冠奠定了基础。

之前没有想到会和广东队打成这样，我们当时没太重视广东队，对方三名主力都不是国家队选手，感觉和广东比我们占上风，实际上水平差不太多，实际上之前她们还3比2战胜了卫冕冠军江苏队，3比0击败了帖雅娜所在的河南队。所以跟我们打到2比2不是偶然，幸亏决胜盘郭焱最终力挽狂澜。那场球给我留下很深刻的印象，在汕头打，是广东的主场，现场的气氛特别热烈，尤其广东队一得分的时候，声音震耳欲聋，打到20平和21平的时候，全场观众都站起来了，都给广东呐喊加油，场面惊心动魄，这场球提醒我任何时候都绝不能轻敌。

经受了这场球的生死考验以后，后面的情况好多了，有时候打一下紧张的比赛，对后面还是有好处的。

争夺决赛权的比赛中，我们的对手是王楠领衔的辽宁队，首盘郭焱就以21比12、21比17击败王楠，张怡宁第2盘21比14、21比8战胜李佳，第3盘贾贝贝对阵张瑞，她先以21比18拿下首局，随后以6比21、13比21告负。第4盘中，张怡宁迎战王楠，在以16比21输了之后，张怡宁以24比22、21比17连扳两局，从而战胜王楠，帮助北京队晋级决赛。

我们一关一关走过来，最后拿到全运会冠军，北京队二十多年没拿冠军了，所以这次从上到下大家特别高兴。2001年夺冠应该说是奠定了"北京王朝"的基础，这以后队伍比较整齐了，年轻队员开始真正成熟，贾贝贝21岁，张怡宁20岁，郭焱18岁，李嫱冰17岁，都是最佳年龄。

此前一到北京体育局开会，我就被叫作"周老二"，特别是我们体育局副局长牛德成，开会的时候一看到我就说："周老二来了！"确实，从1981年到北京来，全运会亚军拿了两个，全国锦标赛和乒协杯亚军拿了好几个，将近20年没拿过冠军，有这个"雅号"也着实不奇怪。

从2001年起，我真正翻了身。

两届奥运会上的北京印记

2001年，我帮助北京队拿了全运会冠军，我的心也比较坦然了，毕竟在退休前最终还是为北京队做了一项比较重要的贡献，所以我这20年来北京没白来，也算对得起北京。1998年任命我领队、总教练，我就在考虑这是我的最后一届全运会，因为已经快60岁了，怎么能够完成自己的历史使命，结束我这一辈子乒乓球的历史使命。

那时候我多次跟领导表达过退休的事，并且跟头儿说要准备找接班人了，他们就说让我找一找。

当时我寻找了好几个接班的人选，第一个想到的是鲁尧华。鲁尧华来自浙江，我对他的为人和能力都比较了解，那时他在国家女一队执教，是主教练陆元盛的助手，但已经有想回到浙江的想法，因为回到浙江可以分房子。他属于浙江体育局的人，在国家队工作，带过李菊、杨影、邬娜等运动员。但最终还是没有谈成，他回到了浙江。

这个期间我还找过陈龙灿。陈龙灿是四川人，我跟他不熟，属于慕名找他，1988年汉城奥运会男双冠军，他在四川没当男队主教练，也没当女队主教练，我就找到他，问他愿不愿意来北京发展。他说我还有老婆、孩子，我说这些都不是问题，因为去之前我请示过体育局领导，体育局给了答复，陈龙灿如果想来，有后顾之忧，可以给他爱人在体校安排一个教练位置，并且给安家费15万元，当时也不算少了，但是分房子没可能。这些我都跟陈龙灿如实讲过，陈龙灿有些犹豫，怕到北京人生地不熟，当时张怡宁这些队员也已经有点儿名气了，担心镇不住。我们谈了不止一次，最后还是没成，他找

2004年雅典奥运会，我的五名学生出现在了女单正赛赛场

了个理由后来说正在大学进修。我说我等你毕业，最后他还是婉言谢绝了。这些我可以理解，每个人有每个人的考虑，是人之常情。

我还找过李晓东，他开始觉得这是个好地方，他是老北京，从北京队出去的，肯定镇得住。但我也跟他说明了，地方队教练收入相对比较少，虽然近几年增加了乒超联赛的收入，但肯定跟在国家队没法比。他考虑了一下，最终也没有来，我也就一直坚持在这个位置上。

这一坚持，就一直坚持到了2009年。我在北京队一直工作到2009年全运会结束，一共28年，离不开北京市领导、市体育局领导、先农坛体校领导的支持，包括媒体朋友也很关照我。我能够做28年的主教练，说明北京市是一个大气的城市，典型的移民城市，不排外，所以我才能站住脚，我这也是给其他外来人做个榜样，有一定的代表性。从来没有人因为我不是北京人对我另眼

2009年，我带北京女乒赢得了第四个乒超冠军。左起：丁宁、张怡宁、徐志崇、周树森、彭雪、曹丽思

相看，都对我很重视，如果没有领导的关心和支持，没有他们给我机会和时间让我精雕细刻，就不可能有北京女乒一系列的辉煌。教练这个工作不光是教得好，没有领导支持也不能有我的今天，所以要想取得一定的成功，各个方面的条件都是不能缺少的。

我自己喜欢乒乓球，从小就打，从1958年进专业队，到现在50多年了，这辈子什么都没搞，就是跟乒乓球打交道，现在讲，说是事业心也好、责任心也好，但首先是自己喜欢，从小就有浓厚的兴趣，所以后来把这个当成自己的事业，后来真是像自己的生命一样，最后也不顾家了，常年在外，而且不是短时间的，是几十年如一日，包括我的小孩，儿子现在在日本，16岁就给送过去，儿子现在偶尔还会说："爸你怎么想的？我那么小你就把我送到日本。"我说因为我希望你自己独立成才，这对你的一生都是锻炼，而且我在北京也没有更多的时间来照顾你，总归你自己要独立的，他现在就很理解了。

再回过头看在北京队的整个经历，我从上任开始，年年都有一点儿成绩，虽然步子不大，但总体而言一直是在往上走的，这是我为什么能当那么长时间主教练的原因。从1999年拿第一个团体全国冠军开始，是我在北京队教练生涯最辉煌的10年。2001年以后彻底脱离老二，基本上都是冠军，包括全国锦标赛、超级联赛、全运会，很多次比赛单打冠亚军都是张怡宁跟郭焱，2003年全国锦标赛，2005年世乒赛，2006年世界杯决赛都是她们俩打。

我当北京队教练那么多年，有一个记录让我特别自豪。2004年雅典奥运会的时候，有5个我的学生出现在女单正赛赛场上。分别是代表中国并最后获得冠军的张怡宁、代表新加坡的李佳薇和张雪玲、代表奥地利的刘佳、代表多米尼加的吴雪。

北京奥运会上，我的学生有7个人，张怡宁、李佳薇、王晨、刘佳、吴雪、朱芳和李嫱冰。其中张怡宁、李佳薇、王晨和吴雪占据了女单八强中的四席。

十运会的考验从赛前三个月就开始了

2005年，我已经是全运会赛场上年龄最大的一线教练。

国家队以奥运年划分周期，从各省来说，基本是以全运会。时隔四年，2005年全运会，张怡宁和郭焱都成熟了，应该说我们的整体实力更强了，但北京队在全运会的惊险提前几个月就开始了。

谁也没想到主将张怡宁的手意外受伤！

6月，我们在先农坛体校备战全运会，张怡宁跟马龙配混双，球发到刚出台不出台，张怡宁伸手一磕，磕到台边，瞬间脸就刷白。我说赶紧送医院找大夫，百分百是骨折。当时张怡宁感觉就是疼，疼得都快休克了，如果是肌肉

拉伤不可能是这种状态，后来马上送友谊医院，一拍片子，果然，是掌骨骨折。说的通俗一点儿，就是伤到了对握拍起关键性作用的大拇指根部。

伤筋动骨一百天，张怡宁受伤时距离到全运会开始正好将近一百天。

北京女乒在这十年中战斗力强大，很重要的原因是因为非常团结

张怡宁的受伤让北京女乒的十运会前景一下子变得不可预知，北京队上上下下非常着急，但又帮不上什么实质性的忙。由于无法参加预赛，她和郭焱的女双，和马龙的双打都解体了。那段时间对张怡宁来说是非常难过的，身体的疼痛和精神的压力让她无比难熬，我也同样心急如焚。

骨折没有什么其他治疗方法，就是打石膏。张怡宁开始并没有太当回事，但心里的着急是一看就能看出来的。为了保持其他肌肉不松懈，大概从第三周开始，张怡宁就天天保持体能训练，因为是夏天，又不能出汗太多，出太多汗洗澡又不方便，但是上肢力量、下肢力量、腰腹力量，除了手指力量不能做以外，其他能做的都要做。有时候张怡宁还要练习耐力，在跑步机上长跑，这样坚持了两个多月。她第4周后拆了石膏，9月10号左右，张怡宁才开始恢复练球，但恢复练了一段时间，她就觉得手握板的那个位置肌肉疼。因为长期以来绑着不动，肌肉都萎缩了，握板受到影响，其他肌肉都没问题，包括腿部力量、腰腹力量都没问题，但手有问题，因为这个地方练不着，之前我们没想到

这个问题，没办法，还是得靠张怡宁自己坚持住。恢复练球后，张怡宁的训练状态回升得也很快。

张怡宁真的不错，在那两个多月里，她明明受伤打不了联赛，但超级联赛规定她必须要到场，每一场比赛她就绑着绷带在场下给队友加油。

全运会10月4号开打，我们9月28号出发，练了不到20天。出发之前，我把所有的队员，二三十个人叫到一起看张怡宁和彭雪打比赛，一半给张怡宁加油，一半给彭雪加油。比赛一开始彭雪2比0领先，接着张怡宁翻回一局，但最后还是1比3输了。

本来打5局就完了，这种比赛赛前也不适合打得太激烈，彭雪那时候的水平跟她还是有差距，不是一档水平的，3比1，彭雪赢。她说接着再跟我打，又一样，3比1。大伙儿都急了，张怡宁还真不错，为了找手感，找比赛感觉，坚持打，打个2比1，最后等于是7比4，然后停了。

那是临出发前一天，所有人都收拾好行李准备走了，张怡宁的这个状况让我心里也很虚，对于冠军，真是又敢想，又不敢想。但是张怡宁真的很尽力，一进全运会场地，她很自觉地训练，练完以后还长跑，练力量，整个一套训练全部自觉自愿，没有教练逼着她做。她一带头，全队马上一条心，其他队员也不因为张怡宁状况不好而泄气，气势都很旺，所以那年我们全运会团体这一路碰到再大的困难都一一挺了过来，团体拿了冠军，最后张怡宁单打也拿了冠军。

绝处逢生团体卫冕

虽然最终结果很顺利,但过程太惊险了!

八进四我们对东道主江苏,本来孙晋的打法是让张怡宁有点儿别扭的,但她却意外输给了已经退出国家队的老将李菊。

第1盘张怡宁以8比11先输,后以11比5、11比8、11比3连赢3局逆转孙晋,为北京队先取一分。第2盘郭焱赢了李菊,也是3比1,小分是11比5、9比11、11比5、16比14,北京队大分2比0领先。第3盘丁宁一个7比11和两个8比11输给了削球手范瑛,江苏队扳回一分。

2005年全运会我们卫冕女团冠军,左起:朱虹、张怡宁、郭焱、丁宁、贾贝贝

第4盘张怡宁对阵李菊，两人打满了5局，一波三折，张怡宁11比8先赢，李菊以12比10扳回，张怡宁第3局11比7再赢，李菊第4局11比8再次扳回。决胜局双方打得更激烈了，李菊改战术，在相持中突然加力、改变落点，打乱了张怡宁的节奏。打到关键球后出手果断凶狠，张怡宁以14比16告负。

张怡宁可能感觉对方很久没高强度训练比赛了，有点儿麻痹大意，感觉应该没问题，最后打紧了，领先的球输回去了，造成场上整个局势一度非常紧张。不过对张怡宁来说，这场球输了并没有伤到她的"气儿"，因此也没有对后面的比赛造成太大影响。

后来我听说是李菊主动请缨担当一号碰张怡宁的，她在场上表现得很自信，敢于变化、搏杀，这也说明李菊是个很棒的运动员，这是后话。

这下压力全到了郭焱身上，由她对阵孙晋。郭焱第一局输了，后来又一路落后，江苏的观众都跳起来，围着叫，有的观众好像还打起来了，吵得挺凶的。因为场地离看台比较近，裁判一看太吵影响到比赛了，就暂停了，大概停了五分钟。当时暂停已经都叫完了，没法暂停了，所以这是很好的一次暂停，停了以后气势都在我们这边了，最后倒过来，郭焱赢了，比赛有时候有偶然因素，也有运气。

这么惊险的一场过去后，老天对北京队的考验还是没有结束，半决赛遇到了更致命的险情！

半决赛跟辽宁，辽宁应该是我们在那届全运会上的最大对手，王楠宝刀不老，郭跃气势正盛，3号常晨晨也比我们的丁宁更成熟一些。

对上辽宁，张怡宁第1盘就碰王楠，第1局13比11赢下后，接下的3局一共得了13分，4+5+4。北京队出师不利，第2盘郭焱对郭跃，上去就7比11和12比14丢了两局，虽然11比8扳回，但还是以7比11丢掉。

0比2，我们的开局太不利了！第3盘丁宁跟常晨晨，丁宁从来没赢过，然而说来也怪，这场比赛无论打到什么程度，怎么落后，怎么危险，我从来没有想过会输。我们0比2落后时，对方啦啦队都跳起来了，似乎已经在庆功了，我在想还没出结果，得看谁笑到最后。

其实我当时也在思考，丁宁的希望很渺茫。我问丁宁跟常晨晨打怎么样，她说没赢过，我说你肯定没赢过，你能跟她碰几次，人家国家一队的，你是二队的，你什么时候能碰上她，小的能赢大的吗？肯定赢不了，拼着打吧，说不定她还会紧张呢。但是从打法上来讲，你不用太慌，你左手她也左手，两面反手能对得住。她本来侧身好，想拼命侧身，你就等在中间，你也不用侧身，很简单，你就按照正手、反手，两面对住她。我当时对丁宁关键还是鼓励，结果一上去以后，真是跟我所料的差不多，对方一不侧身，什么球也没有了，反手对反手有限，不可能一下弄死，她要变正手，丁宁正手管住，对方也占不到上风，加上对方有一点儿紧张，还吃一点儿丁宁的发球，丁宁3比0就赢下来了。

赛后再看，用丁宁是用对了，她打得很出色，超出所有人的想象，救了整个北京队，我们都没想到北京队的翻身仗出现在丁宁身上。

郭焱赢王楠。从这场比赛也能看出来，球路上是存在所谓"相克"的问题。郭焱不怕王楠的球路，一直赢得比较多，基本上是占上风。张怡宁跟郭焱却恰恰相反，2005年张怡宁已经不"怵"王楠了，不过团体第一盘还是输王楠了。相比之下，郭焱反手比较硬，王楠要变正手，郭焱正手只要一下力量重，王楠防不住，而且郭焱不吃王楠的发球，球路上还是有一点儿关系。就这样我们进入决赛。

大难不死，必有后福。决赛对手是山东，我们是老对手了，几次我们都是跟山东决的冠亚军，2003年和2004年的全国锦标赛都是跟山东打，都是我们赢了。这次又碰到了，还是我们占上风。

相比八进四和半决赛两场，这场决赛显得平淡了不少。第1盘，郭焱以2比3不敌对方一号李晓霞，小分是12比10、9比11、11比7、3比11和7比11。不过随后出场的张怡宁以3比0，一个11比8和两个11比7，在跟彭陆洋的较量中胜

2005年十运会，丁宁横空出世

出，第3盘丁宁不负重望，以3比2力克实力不俗的姜华珺，但过程并不顺利，第1局很快就1比8落后，虽然奋起直追，还是落后太多，9比11输了，第2局丁宁让对手只得了一分，第3局11比6，第4局8比11，决胜局11比4比较轻松，这场球丁宁打得非常漂亮！张怡宁在第4盘再次出场，以11比5、11比5、11比6，3比0完胜李晓霞，我们终于卫冕！北京女乒史无前例地完成了全运会女团两连冠！

2005年全运会我们不仅收获了金牌，还有一个重大收获，那就是15岁的丁宁冲出来了。启用丁宁跟1997年启用张怡宁有点儿像。李嫱冰已经去了奥地利，贾贝贝因为改了大球水平有所下降，削球手朱虹，没有太大威胁，对手要是打削球过关，基本是下风。卢璐是直板弧圈，也有一定局限性。丁宁那时候已经上来了，球已经有点儿成熟了，从培养年轻队员的角度出发，就像1997年上张怡宁有点儿像，这时候再不用的话要再过四年，所以锻炼一下，搏一搏。当时我想张怡宁、郭焱很年轻，再有一个更小的跟上，北京队还能保持高水平比较长的一段时间，后来看用丁宁也是用对了。

说到丁宁涉及到一个选材的问题。运动员有一条特别重要，比赛的时候紧张不紧张，谁都紧张，但是紧张也能很好地发挥水平，这一条是很关键的，也是优秀运动员必须具备的。丁宁就是这种运动员。

选材很难，选材的时候，小孩儿的技术肯定都不完善，但是比赛气质是很关键的。不是光看他的条件好坏，有时候他的条件很好，身体条件也很好，身体素质也很好，但是这些东西要经过考验，千锤百炼，如果是一不小心选错了，练得再好打不出来，那就很可惜，在他身上的工夫全部前功尽弃。训练很刻苦，也没毛病，练习时浑身是球，平常坐那儿看着让人高兴，比赛的时候心惊肉跳，一上场就开始哆嗦，这种运动员是最最可惜的。这也是我这些年当教练觉得选材最为难的一点，本来资源有限，上来一个好的，练得又好，身体条件又好，最后就是比赛不灵，一到比赛就紧张，你说你怎么办，真是握在手中扎手，扔了又可惜。反过来，有的队员平常很捣蛋，很有主见，但是比赛的时候真给你拿活儿，怎么样他都能顶住，那是最让人高兴的，平常不让人高兴，但是比赛的时候让人高兴。一名运动员要想成为世界冠军，成为一个优秀选手，这一点是绝对不可少的，其他东西再好，如果这一点你不好，就很难。

张怡宁与王楠的世纪大战，女子乒坛从此改朝换代

2005年全运会，张怡宁和王楠毫无悬念地在女单决赛中相遇。那场球真的很像世纪大战，是近十年甚至二十年以来最精彩的一场球。

两个人交手过无数次，并且多次世界大赛决赛中碰到，张怡宁在2001年以前对王楠，是下风，打到2005年虽然说不上是绝对上风，但是在慢慢转过来。

女单比赛开始了，张怡宁4比1胜辽宁的李佳、4比1胜广东的刘诗雯、4比0胜天津的李艳、半决赛4比3淘汰辽宁的郭跃，又一次进入决赛。

对阵王楠，张怡宁在比赛一开始有点儿被动，以6比11丢掉第1局。第2局打到10比4领先拿到局点的时候，张怡宁以为到11了，放下球拍准备离场。这

2007年超级联赛期间，全队带着家属去黄山游览

是一个插曲。第3局和第4局，张怡宁以8比11和6比11又输两局，陷入大比分1比3的不利境地。不过这时的张怡宁已经逐渐成熟了，她以11比7和11比6连扳两局，战至3平，将这场比赛拖入到决胜局。

　　第7局，张怡宁7比5领先，被追一分到7比6，我叫了暂停。我跟张怡宁说："你现在跟王楠比，比什么？比意志、比毅力、比体力、比耐力，打到这份儿上，两个人已经没有用自己的特长来打对方这么一说了，就要以不变应万变，只要这个形势坚持住，对方年龄比你大，体力不如你，你的技术熟练程度已经不是前两年的样子了，都要比她好，要坚定信心，不能轻易变。"那时候我叫她不要变，为什么？因为她在前面出现过急于求成的时候，突然一变正手，对方有时候倒不是在等着你，而是自然反应，她们两个人自然反应都很快，对方一勾，勾到哪儿了，张怡宁没有办法预判，不知道会打在哪儿，有时候变一个反而输了。比赛打到这时候你就不动，等着机会，反手贴着她反

2005年全运会女单战胜王楠夺冠后，我和张怡宁都很激动

手，贴着她中间，对方就要管着自己正手。凡是对方先变正手的时候，要记住不拉直线，就拉她反手，她反手能怎么样，也只能是抬着，也不敢加力。张怡宁当时正手就这么扒着她就可以了，也不要发力，发力这时候手就已经不听指挥了。

实际上当时最简单的战略就是以不变应万变。王楠最后变张怡宁一个正手，拉到第三个，出界了。那场比赛是蔡振华担任电视直播解说，我听说他在解说的时候说："我都不知道这两个人现在该打什么地方了。"到了那个时候真是这样，比的不是技术、战术，那都已经是第二位的了，以不变应万变也是一个战术——是要求人的毅力、心理、体力、技术融为一体的战术。因为两个人之间球太熟了，发球肯定不会吃，其他球也不敢发，这时候我变一个长球？你也不敢变，就是平球，拼实力，打一个平球一样，两个人从头打到尾，最后还是张怡宁成功了。

张怡宁和王楠都挺棒的。那场球王楠打得也好，打出了绝对高的水平。张怡宁赢了以后，情不自禁地跟我拥抱的照片就是定格在那个时候，真是情不自禁，兴奋。后来有人跟我讲，在电视转播中看她那场球赢了甚至比拿奥运会冠军还兴奋。确实，2004年雅典奥运会女单决赛张怡宁赢金香美非常轻松，拿了金牌后张怡宁特别平静，但是2005年赢完王楠后不是，虽然一个是奥运会，一个是全运会，但还是这次全运会更激动。这么多年以来，王楠一直压着张怡宁，1999年世乒赛输，2001年世乒赛输、全运会输、2003年世乒赛还是输，甚至在单打几天前的团体赛她都输给了王楠，这次是张怡宁真正翻过身来了。万众瞩目之下获得胜利，全国都在关注这场球，确实打得很精彩，从此张怡宁真正确立了她在国家队领军人物的地位，女子乒坛彻底改朝换代。

2009年北京女乒，被称为可怕的豪华战舰

北京队这十年里张怡宁、郭焱、丁宁三个人，包括以前贾贝贝等队员在一起都特别团结。超级联赛最多的时候一年有二十多场比赛，成天在外面跑，有多少事情，上飞机、上汽车都要一起，你迟到了，她早到了，大家从

虽然一直被外界称为"无敌战舰"，但每一场球都赢得不容易

来一句怨言都没有过。哪怕拖五分钟，十分钟，从来不责怪，别看这是细节，但非常重要。谁输了球，从来没有责备，从来没有背后说她一句话。女孩儿最怕的就是挑拨是非，话多，有时候一句话引起不愉快，这十年当中大家从来没红过脸，那么多事情，那么多比赛，几百场、上千场比赛，总有打得好的时候，也有打得不好的情况，从来不说，不互相埋怨。这是让我最欣慰的。

十一运会，北京女乒实现前无古人的全运会三连冠

2009年是我们整体实力最强的一届全运会，张怡宁、郭焱和丁宁都在最好的时候。

那年我们准备得很好，花了10万块钱，租了国家队的训练场地。当时我们刚在乒超拿完冠军，训练时国家队几个教练都一再说，超级联赛你们拿冠军好像就是为全运会演练。

起初定的训练时间是早上8点到中午12点，下午3点到6点。后来得知比赛是上午和晚上比，我们的训练也相应进行了调整，把下午的课程改到了晚上，每天回家都是10点以后。

第一天队员们都过了12点才睡觉，说兴奋，睡不着，我说你们必须要适应，全运会比赛有10天左右，如果比赛全被安排在晚上打怎么办？这种可能性不是没有，一定要在训练时就适应这个时间，后来大家就坚持下来了。这样训练了一阵后又得知半决赛和决赛是下午打，训练时间不得不再次调整，又加上了中午1点到4点的训练课。这种根据比赛时间安排训练时间的方式对我们有很大帮助。

另一方面是训练对手比较少，虽然有一些小队员，但有针对性的不够，我们从外面请了7个人，从日本借来一个原来的辽宁选手，还有河北的、天津的，有两个左手，还有男选手，为了对付长胶，从福建借了一名队员过来，还有削球，一共7个人，训练气氛很好，针对性训练也很强，这其实都是借鉴一些以前准备大赛的经验。

猜猜我们在说什么？

一个月的备战时间里，队员们不但按时按点认真训练，还经常给自己加班加点，临近启程去青岛的一天，我听说张怡宁一直在加班训练，跑到训练馆一看，果然张怡宁还没走，甚至中午饭都没顾上吃，和朱虹一起吃两口点心就继续练。作为一个有了很多辉煌成绩、当了这么多年领军人物的老队员，张怡宁的训练态度让人佩服。

外界对我们的评价很高，很多人说我们是"无敌战舰"、"可怕"，但真的一点儿不担心吗？真的高枕无忧吗？作为教练，那是不可能的。之前有记者采访我，我说广东男队在2001年全运会那么强，结果没能拿到冠军，所以我们一定得慎重更慎重，我开玩笑说打全运会，教练都是揣着速效救心丸的。

赛前我一直跟队员们说，这次要不拿冠军，你们自己会遗憾一辈子。不要老觉得无所谓，已经拿了两届了，我说前两届，你还不成熟，是缺一条腿的，但是现在我们是板板儿的，三个人都是最高峰的时候、最成熟的时候、不缺腿的时候，所以团体必须得拿下。

张怡宁很带头，她说我们就首攻团体。每一场球开始前都看录像，准备得非常认真。队员们也很有耐心，有时候开会开得很晚，有一场开到午夜12点多

最后一个球落地，她微笑着张开双臂向我走来

了，第二天早上还要打，但是没办法，本身打完已经很晚了。正是因为有了这么周密的准备，北京队最后有了比较圆满的结果，所有比赛场次一盘未失，成就了前无古人的全运会女团三连霸。

值得一提的是团体决赛，我们把平常打3号的丁宁排在了2号主力位置，第一盘出战派她去抓对方主将李晓霞，小将在这么重要的决赛中的锻炼机会不多，这次也是个很好的锻炼。战术对路加上气势旺盛，以两个12比10和一个11比6，3比0就赢了，赢的是一号主力，对方气势整个就被罩住了。接着张怡宁3比1击败彭陆洋，彭陆洋其实是张怡宁不太好打的对手，但这种形势下，张怡宁抠得更细，也更全面，赢下来属于意料之中。大比分2比0领先后，郭焱打得更放得开，以11比4、11比8和11比6横扫曹臻。

全运会之前有过考虑让张怡宁打团体、单打、双打，后来她说混双是不是就别打了，双打也没打，说自己能保证团体和单打。后来我也想，打四项确实牵扯精力比较大，双打也不是一个人的事，双打打得不好还影响单打，还影响团体，所以我们的主要目标就是两块，一个团体，一个单打。

团体半决赛打完广东那场球开决赛准备会的时候，我给她们说赢了广东这场球是辽沈战役，就是把东北给解放了，明天是淮海战役，就是要解放半边的中国，然后还要渡江，还有单打和双打。最后渡江成功了，也就是单打成功了，当然当时的双打我们也准备了，还是很有希望的，丁宁跟郭焱，双打输给湖北的刘娟跟饶静文，这个有点儿可惜了。

女单比赛共5轮，张怡宁前3轮打得比较顺利，半决赛对广东的刘诗雯出现了一段插曲。

张怡宁这场球不是很占上风,刘诗雯前面拼也拼得很好,主要就是速度,反手拼命发力,张怡宁比较靠中台一点儿,没有刘诗雯那么近,被压着,没有喘气的机会。前面那几局2比3落后,张怡宁也已经很拼了,很扛,玩命扛住。到第六局9比9,刘诗雯发球,结果出现争议,到底是擦网擦边,还是擦网出界,产生了争论。裁判长也下到场地来了,她们在那儿商量的时候,我叫张怡宁过来,我说不管这个球赢还是输,就听他们了,咱们也不去争这个球了,主要是下一板对方发球,你要好好准备。

结果这一分判张怡宁赢了,10比9领先,刘诗雯一发勾手不转,张怡宁就是台内一弹,老早想好了这个球。弹完了,转手就走了,准备第7局。这一局打完了以后,刘诗雯已经崩溃了,这个球好像已经稳输了,还是年轻。相反张怡宁这个时候很有经验,心就比较定一些。

刘诗雯原来跟张怡宁一直有得打,超级联赛的时候输过,年轻人,上来冲一下赢了,那都是很正常的。像现在的年轻人上来,朱雨玲,赢一场,都很正常,年轻人有气势,有时候会拼出很高级的球,要是一保,水平会下降一点儿,乒乓球有很大的偶然性,场上的变化很多,包括当时的思想状态,一刹那都会有变化。

女单决赛,再没有了四年前的荡气回肠,张怡宁"有点儿平静"地蝉联冠军。

最后一个球落地,张怡宁静静地转过身微笑着向我走来,我们轻轻拥抱,她说了一句:"周指

看着她从一个孩子慢慢长大,十几年光阴都化成了这个温暖的拥抱

导，谢谢！"我知道那是我在北京队执教的终点，之后我将离开自己带了28年的队伍，同时我也早知道那是张怡宁职业生涯的终点，之后她将要结婚回归家庭生活，所以那个瞬间真的是特别感慨，我们彼此都眼里含泪，在心里默默告别。

当时有记者写我的一篇文章特别能代表我的感受："北京的秋天风有点儿大，先农坛体育场边已经铺了薄薄一层落叶，这时正是乒乓球队队员们午休的时间，球馆里只有几十双乒乓球鞋安静地躺在鞋柜里，门口张怡宁获得北京奥运会冠军的照片已经稍微有些褪色。这里是北京乒乓球队的驻地，这里记录了一批一批女孩子的成长，这里是她们和主教练周树森一起奋斗过的地方。无论她们现在或者今后身在何方，从事何事，她们都有一个永不泯灭的名字，北京女队。"

我的搭档们

我刚当北京女乒主教练时跟我配合的教练有四位，全部是女将，刘世旭、仇宝琴、石凤玲和刘雅琴，我开玩笑地称她们是"四朵金花"。

仇宝琴是国家体委为准备26届世乒赛集训的108将之一，来自山西，1959年代表山西队参加全运会获得过团体第三名的好成绩。仇指导参加过1961年、1965年和1973年三届世界锦标赛，1973年还拿到了女双亚军，水平很高，李隽就是她带出来的。

刘世旭跟我配合得很好，业务能力不错，带过詹立、陶海东等队员。刘世旭为人勤勤恳恳，干活很卖力，有板有眼，不会说好8点训练，9点才来，绝对不会出现这种事情。她事不多，心胸开阔大气，小事儿不在乎，不斤斤计较，从不搬弄是非，也

李隼那时候刚30出头，风华正茂。左一左二为张立和她的女儿，右一为毕东坡

不会背后说人，我叫她"大家闺秀"。

石凤玲做运动员时是北京队唯一一位参加过第28届世界比赛的。

1993年底联汇丰俱乐部成立时，这四位教练都没能受到俱乐部聘用，刘世旭去了印度尼西亚，石凤玲去了香港，仇宝琴当时有一点儿伤病，后来就退休了，刘雅琴去了什刹海体校。散伙的时候还是很恋恋不舍，毕竟十几年来配合得也很默契。

1998年以后，刘世旭从印尼又回来了，我跟先农坛体校提出来，请她回来执教，一直到退休跟我配合得都很好。

我开始当女队主教练时，男队主教练是刁文元，他后来去了意大利。跟他配合得不错，1983年全运会混双还拿了金牌。训练时，有时候需要借个男队员来女队帮帮忙，刁文元从来二话都没有，随便挑谁都可以，绝对不会为难你，这不行那不行的。后来我跟他也一直是很好的朋友，他现在在安徽。

李隼是1994年北京队改制时从男队到女队的，他是乒坛名宿叶佩琼的儿子，打球时进过铁道兵体工队，转业回北京分到西城体校，在赛艇队当过教练，后来到了北京队。

1996年，国家女队主教练陆元盛组建新的教练班子，问我看有没有好的年轻教练，我说李隼不错，有能力，干活儿卖力，年纪又轻。当时我这儿还有几个老教练、毕东坡、唐鑫生，我也想年轻人应该到国家队闯闯天下，说不定能闯出来，年纪轻轻在北京队泡一辈子没有什么太大希望，到国家队肯定会有机会培养出世界冠军。跟他一说，他也愿意，人往高处走嘛。叶佩琼指导，是我刚来北京队时的顶头上司，对我也很不错。

李隼刚一去国家队管王楠，王楠已经是大腕儿了，后来张怡宁、李楠都在他的组里。1999年世界锦标赛，王楠冠军，张怡宁亚军，李楠第三名，李隼马上在国家队站稳脚跟了。后来王楠由其他人管了，2001年以后张怡宁一直是直线上升。他教动作抠得很细，尤其是现在看李晓霞所有的动作，调得几乎没有缺点。他的一套很有道理，有东西才能够使队员信服，管一个队员可能有偶然性，刚好给碰到了，但是他管好几个都能出来，王楠、张怡宁、李晓霞，每个队员到他那儿都好，就说明他确确实实是有能力。不只是技术，还有精神因素。2000年悉尼奥运会、2004年雅典奥运会、2008年北京奥运会和2012年伦敦奥运会，这四届奥运会冠军都是李隼主管的队员获得的。

李隼人很大气，他几乎各种比赛都一直跟着北京队看张怡宁，十多年里，从来没有一次说今天张怡宁好像什么战术打得不好，只会说你好，我明白有时候自己肯定有不灵的时候，但从来不贬一句不好。有一次电视台要拍一个《老帅周树森》的片子，张怡宁从国家队请假出来，拍了一个下午，李隼二话都没有。话说回来，张怡宁成才主要是李隼管的，这是不争的事实，但因为张怡宁是北京队的，所以有时候是这么宣传，但李隼从来没有因为这方面而有什么争议。

李隼对张怡宁要求很严，不会因为你打出一点儿成绩我就求着你，感情有时候也是打出来的。张怡宁因为这个事，不是对李隼不灵了，后来反而两人关系更好了。顶尖运动员要对教练这样真是不容易，首先教练是以身作则的，没有私心。没有说对你使个手腕儿，想弄你一下，绝对不会。

李隼为人很正直，从来不论人，不贬人，有一是一，有二是二，虽然能侃，但是不贬人，我们相处得一直都不错。

万芳芳是另一位与我搭档过的教练，是1992年奥运会男双冠军吕林的爱人，浙江人，拿过全国锦标赛团体亚军，入选过国家青年队。刚来北京队的时候才当教练不久，年龄比较小，有热情，又很认真，喜欢乒乓球，教球水平很不错。丁宁就是她带的，她对丁宁像自己的孩子，当然她也不大，又像朋友一样，很上心，跟丁宁感情很深。后来吕林回到浙江工作，她也回到了浙江。

现在国家女二队执教的陈振江也是从北京队出去的。陈振江当队员时是李晓东带，削球打法，打过全国男单前八名，但当时也没有前八直接进国家队的规定，他也就没进过国家队，退役后到崇文体校当教练，2003年被李晓东推荐到北京队。训练很卖力，管理队伍严格。对技术很钻研，是很有想法的教练。

2007年全国锦标赛期间，国家队进行教练员公开竞聘，我当时就跟主教练施之皓推荐了他一下，我觉得他是块当教练的料，年纪也轻。之前跟陈振江聊过这件事，我2009年肯定退休，我说按你现在的资历接班上面不一定能同意，可以先去国家青年队锻炼一下，机遇会更大一些。后来通过竞聘、答辩，陈振江就去了国家二队，直到现在，武杨、朱雨玲等队员都是从他手里出来的，这些年也很有收获。

碰上张怡宁是教练的运气

我第一次看见张怡宁是1992年还是1993年，那时候她已经是北京市少年冠军了，我去什刹海看她们这些小队员训练，给她们讲了一堂课，当时她们的家长们也都在。

过了很多年之后，有一次她妈妈见到我还说："周教练，我和宁宁都还记得你那次给我们讲课，那时候我们的目标就是要打世界冠军，要打奥运会冠军。"

那会儿张怡宁和李佳薇是同一批孩子里成绩最好的。张怡宁第一，打比赛几乎一场球都不输，李佳薇第二，所以我顺理成章地把她们挑到了北京队。

张怡宁当时在北京乒乓球圈挺出名的，我很早就听说过这孩子很棒，是北京体校里面的尖子。但她在体校的时候参加全国体校比赛还拿不了冠军，输给过河北的牛剑锋和白杨。那一批苗子里，全国最好的运动员都在河北和北京，青年比赛和北京队争冠军的总是河北队。张怡宁一进北京队，1994年和1995年打全国青年比赛的时候，我们就赢河北了，扳过来了。现在看起来，那批队员从小就一起"掐"，一直"掐"到最高水平比赛里。她们小时候都很棒，看不出来什么，但在通向最高水平比赛的路上，各种因素就会组合到一起，包括心理因素、思想因素、人的素质，所有的东西都要综合起来，结合最好的人才

永远认真的张怡宁。说她是运动员楷模，不仅是指那些骄人的战绩，更是体现在场外的一点一滴

张怡宁简单得像个孩子，在场上却无比强大

能冲顶。

张怡宁真正冒头是在1997年上海全运会。

四年前的上一届全运会我们是团体亚军。1997年上海全运会，我们团体又拿了亚军，输给江苏队，但我们有一个比冠军更宝贵的收获，就是张怡宁。

有的年轻小将可能在担起重任时会有畏难情绪，但张怡宁从来没有，这一点是真棒。这十年里，张怡宁从来没有一场比赛前说过她愿意跟谁打、不愿意跟谁打、好打的是谁、不好打的是谁，张怡宁一直以来的想法都是"我都要打，我要想成才，所有的对手都要打过，我都得赢才能上来"。人越成熟，张怡宁越这样想，都成为北京队台柱了还躲这个躲那个的，用躲吗？当然张怡宁也输过姜华珺、孙晋等等，但她不怕，再不好打的对手她也要打。

1997年进国家队后，张怡宁进步得更加迅速。

1999年就参加了世乒赛，拿到女单亚军，势头很猛。第一次打世乒赛就拿亚军，大家都觉得她比较顺，在她拿了亚军后我问她，我说你想过能拿世界

十一运会上的张怡宁

虽然早就决定告别了，但她的眼神中还是有不舍

第二吗？她说："我出发以前就自己在房间默默地想，我要么就不打，要打就拿冠军。"当时把我吓了一跳，十八九岁的孩子就有这个想法，真的很有志气。

2000年初，张怡宁参加了在马来西亚的世界锦标赛团体赛，冠亚军决赛和中华台北打，她输给徐竞一分。在这之前张怡宁参加2000年悉尼奥运会的前景是很乐观的，结果这场球输完，国家队让她在香港参加预选赛，拿第一才能去悉尼。本来张怡宁输了徐竞以后就很懊丧，奥运会名额又要自己打出来，整个人很低迷，我一直盯着她到香港，当时赛前怎么跟她说，她一点点都听不进去，比赛也打不进去，赢的时候都有点儿恍惚，后来是孙晋拿到第一，去了奥运会。她回来以后情绪很低落，回来让她休整了一段，让她妈妈陪她去杭州，待了有10天。

从杭州回来以后，我继续做张怡宁的思想工作。我告诉她，在世界大赛里第一场输了，第四场要接着打，要是不能尽快缓过来，整个团体赛就很可能会输在一个人身上，关键是要吸取教训。"你第一次打世锦赛团体赛，输了一场一点儿也不怪你，谁都会有这个情况，现在要想的是怎么通过比赛吸取教训，能对自己以后有帮助。能够在思想上面做好准备，不会再紧张到失常，紧张谁都有，但是要很好地发挥水平，去拼人家。如果紧张到失去原来的水平，以前所练的东西就都白练了。练得再苦，最后比赛的时候因为紧张失常，就什么都没用了。"

张怡宁听进去了我的这番话，终于从低迷中走了出来。

张怡宁的单打夺冠道路实际上是很坎坷的。1999年荷兰世乒赛、2001年大阪世乒赛她都是2比0领先被王楠翻盘，2001年九运会单打的时候，张怡宁又是2比0领先，第五局打到5比20落后，王楠的发球她直接往网下一打，意思是我不要了。当时的国家体育总局副局长李富荣在看台上看得非常生气，在全运会决赛这样打球，又面向全国直播，他说是中国乒乓球界40年来没有过的情况。

张怡宁受到了处罚，停赛三个月，写书面检查。那次停赛对张怡宁触动比较大，她刚20岁不到，在成绩上刚刚起步，以后的路还很长，她对自己的错误认识得比较快。当时李隼和她谈了很多，她自己下了决心，说自己在思想上斗志不够，看到2比0领先，人家又追上来，自己又慌了。前面有点儿放松，后面有点儿紧张。在停赛期间她很好地吸取了教训，也刻苦地坚持训练，能够在解禁以后用很好的状态去参加比赛。虽然三个月没打比赛，但由于张怡宁自己训练刻苦，思想上疏通得也好，反而让她在球上有了个飞跃，让她在2002年亚运会里打了冠军，第一次在大赛中赢了王楠。

亚运会后，张怡宁接着又获得2002年职业巡回赛总冠军，世界排名也上升到了第一名，那时候我们没有人能想到她会在世界排名第一的位置上称霸10年，在这10年中只有一个月被郭跃超了过去，世

张怡宁的告别战，完美而温馨

界第一的总时间超过了王楠和邓亚萍,她自己也很珍惜这个记录。

2004年,张怡宁终于拿到梦寐以求的奥运会冠军。而2005年全运会让张怡宁真正奠定了她世界第一的地位。

团体半决赛对辽宁,张怡宁输王楠,郭焱输郭跃,我们0比2落后。丁宁胜常晨晨后,张怡宁第四场上场前就说了一句话:"郭焱,看我的,你好好准备,我保证把她拿下!"领军人物就这么一句话,比教练任何的赛前指导和思想工作都好用,所以当时张怡宁一上场,郭焱已经在场下做准备活动了。最后张怡宁赢了郭跃,第五场是郭焱赢了王楠,我们实现了大翻盘。

单打张怡宁和王楠毫无悬念地在决赛中会师,那场球的胜利对她是一个转折点,从此以后张怡宁是真正的世界第一,天下无敌。

全运会的整个比赛结束,晚上无锡体育局的一个领导请我们吃饭,算庆功宴,当时张怡宁和她妈妈都去了。张怡宁跟我说:"周指导,我觉得现在已经没什么奔头了,我什么冠军都拿过了。奥运会、全运会、全国锦标赛、世界锦标赛,冠军都拿了,人家都说拿一个冠军跟拿十个冠军一样,我是该退了吧?"我说:"你现在才24岁,处在黄金时间,你的球还在往上走,2008年奥运会在北京举行,能参加拿冠军是至高荣誉,不用说了,无法衡量。而且到2008年收入还能翻一番,家人做生意赚这点儿钱可不容易,还有赔本的时候。"她妈妈当时跟我

职业生涯最后一场比赛,张怡宁站在最高领奖台上

说："宁宁要找对象。"我又反驳说："哪儿找去？回家在家里待着，没事干能找到对象吗？每天马路上逛找对象，能找着吗？打球，露脸，人家都看着你，那个机会更多，找对象可遇不可求，有时候要找的人家会自己找上门来，你看着满意的肯定能找到，这个东西不用着急，不是说我想找对象了，我就什么事也不干了，能找着吗？好好打，好日子还在后面呢，刚刚开始。"她们母女一听，觉得是这么回事。

张怡宁有很多优点。

她的时间观念很好，这是一种素质。别人哪怕拖她五分钟、十分钟，她从来不责怪谁，这非常重要。别看这是小细节，但她能带动得整个团队很团结。作为国家队和北京队的领军人物，张怡宁做得很好。

到2008年奥运会的时候，张怡宁写的训练日记还是特别清楚、工整，一天要写好多。有些运动员，打到她那个层次了，可能就不写训练日记了，但她还特别认真地写。她做什么事情都有板有眼，很认真。

张怡宁训练特别认真，凡是擦网擦边都救，绝不放弃一个。我记得有一次超级联赛，1局里擦网擦边四五个，她全救起来了，而且全赢了。一局球四五个都能救过去，都能赢，这也是高！到现在为止，凡是救擦网擦边的，张怡宁是第一人。这证明她肯定是练到了，从千万个球磨练出来的，甚至从小就对这个很重视。现在很多运动员训练，一擦网就懒得伸一下手，不去救，成死球了，然后再重新开球。张怡宁不是，都去救，只有这样才能练到。很少有专门练擦网擦边的球，就是要在平常千万个球里每一次都不放过，找出来。在比赛中就是分，得一分失一分，就差两分了，很重要，训练中不当回事，比赛中肯定救不起来。

2008年奥运会后打乒超联赛期间，有一次国家队安排她周一到深圳拍广告，接着第二天到黑龙江佳木斯，接着还要去什么地方，等于从最南边跑到最北边。但她周四上午回到国家队，下午就去练习了。再辛苦，张怡宁也从来没有怨言，而且并不是所有的活动她都有钱赚，有时候是公益活动。张怡宁下午训练，别人是中间有休息时间，比如练一个小时或者一个半小时要休息一下，但她从来都是两个半小时一口气从头到尾，训练耐力太好了，这谁都比不过她。

张怡宁睡眠不好，午觉像念佛打坐一样，一般是闭目养神一会儿；吃得也不是很多，我老说她吃饭像吃"猫食"一样，只吃一点儿。但她从来没有说过我今天体力不好，或者有时候睡觉打个盹儿，就是能练。要想取得好的成绩，苦练肯定是第一位的，没有这些功夫下去，不可能达到高水平。我在台北训练基地看到一句话：苦练是获得金牌的必由之路。写得真好，实际上真是这么回事。谁的成绩都不是白来的，平常看张怡宁站在那儿穿着便装，弱不禁风，真是一个很普通的小姑娘的样子，但是她的内心迸发出的能量绝对不普通。

准备2009年全运会的时候，张怡宁真正到了一种收放自如的状态。

当时也有传言她要退役、要结婚，但是她丝毫不受影响，该怎么练就怎么练，一堂课也没耽误过，很多时候还加练。

她老公，当时还是男朋友的徐威跟她说，你要么好好打、好好练，你要不想打，就别打，想退役现在就退役。张怡宁选择全运会打完了退役，练得很苦，她把一切都放下了。所以2009年超级联赛冠军是我们，进前四后张怡宁跟丁宁她们说，我们好好拼，把冠军拿下，最后她说："我现在才知道，什么叫想赢不怕输，我想赢这场球，就一定能把它拿下。"心里比较放得开，踏实。这就是所谓技术、思想都上到了最高境界。

女单决赛后，张怡宁跑到场边跟我拥抱，跟2005年不一样，2005年是热烈拥抱，这次更激动，也更感慨。完了以后她跟我聊天，说太不容易了，她真是含着眼泪在跟我说。

要说张怡宁那时候退役还真是有点儿可惜。

她的球绝对还能打，她的智商、天然的反应、她打球整个人的感觉、包括协调性都很好。她打球比较放松，没有憋着的感觉，所以很少受伤，这跟动作、人放松有很大关系。有时候太紧了，动作不合理，肌肉就受伤了，肩关节伤、肘关节伤很多都是这样引起的。

张怡宁说话说得比较到位，我看到全运会以后有报纸采访她，问周指导上新加坡了，你有什么想法？她说我相信周指导去新加坡一定能搞好各方面的关系，他能大事化小、小事化了，一定能把他们摆平了。说得挺到位的，看问题比较准，也比较尖锐，思想有深度。运动员达到这么高水平一定有独到之处。

全运会后张怡宁就结婚了。我当时人在新加坡，准备去欧洲，签证在新加坡签，所以一到新加坡，就把护照递送到了使馆，要一个礼拜才能拿出来，没法回北京，所以没能参加她的婚礼，很遗憾。张怡宁早就把请柬给我了，北京队另一位队员彭雪刚好在新加坡要回北京，我写个条，请她转达我的心意，还送了一个小礼物。

我之前见过徐威几次，他跟着我们看过超级联赛。我一看人挺帅，一米八几的个儿，素质、气质一看就不错。张怡宁也说好，对他有感觉，也有激情，这是找对人了——外形是她喜欢的类型，气质也是。

现在张怡宁家庭生活非常幸福，这正是她想要的生活，我很为她开心。

很多人说运动员遇到好教练很幸运，反过来，教练碰上张怡宁这样的运动员，也是一种好运气，很难得。教练一辈子碰到一个好的运动员很难，当然，一个好的运动员碰到一个好教练也很难，这里面是缘，是天意，也是机遇，有时候刚好天意和机遇合起来了，就能有个好结果，世界上很多事情都是如此。

北京队二姐郭焱

我最开始看到郭焱打球时她只有五六岁的样子,在西城西邮体校,那会儿郭焱还不太会打,也看不出来什么。

当时西邮体校给我的印象太深了,是李佳薇的爸爸李万祥搞的,那是我看到过的最艰苦的体校。孩子们训练不是在正常的房子里,就是搭起来的一个棚子,都不到40平米。这么小的地方本来放一张台子侧身都侧不开,还放了两张,都快连上了。队员们吃住都在那里,晚上球台一放,被子褥子一铺,李佳薇的妈妈给她们做饭,就这么一间房子,里面搭出一小间做饭,冬天没有暖气,夏天没有空调,特别艰苦。

教练只有李佳薇的爸爸一个人,从没有基础开始,他很不容易,在这一批

二姐郭焱在比赛中有种霸气

里教出来很多优秀选手。李佳薇、郭焱，还有去新加坡的张雪玲也是这个班的，后来也进北京队了，雅典奥运会进过女单前八，还有一个赵丹妮，也是去新加坡了。李万祥教练教出来的队员动作非常规范，李佳薇、郭焱、张雪玲她们动作都没太大毛病，小孩子的时候动作基础打好了，到后面才有上升的空间，动作要是从小教坏了，到体校再打到上面不容易。

郭焱就是从那儿进了什刹海体校，一进什刹海就是尖子，当时她就是实力好。北京队挑队员基本是从什刹海的尖子运动员里面挑，郭焱后来就是北京市冠军，她跟张怡宁差一岁多，在体校的时候主要对手是河北的牛剑峰、白杨，后来打到专业队，有一次全国青年比赛在河北打的，张怡宁、郭焱、吴雪、刘佳打了冠军，从那开始就翻过来了。郭焱进国家青年队在齐宝香教练手下，在青年队她也是尖子，1998年进的国家队。

郭焱的性格比较外露，容易急。不过看她外表很"暴"，实际上内在心理挺女性化，喜欢交朋友，性格爽快，抗压能力强，这是她的优点，为了要赢一场球，在场上她会拼命喊，有时候能把胆子小的对手唬住，有一次去欧洲比赛，落后了，一喊，最后喊赢了，当然这是玩笑话，就是气势上赢了。

北京队最好的十年，一是张怡宁比较稳，再一个就是郭焱气势高，她一喊，整个队的气氛就上来了。所以我说张怡宁是大姐，郭焱是二姐，丁宁是小妹，座次就这么排定了。郭焱有一个最大的优点，这十年里从来不跟张怡宁争，按说女孩们脸红，口头上吵一句什么的再正常不过了，她们从来没有，所以北京队一直比较好，比较平稳，大家也比较心平气和。

这说来容易，但现实中真不是件容易的事。张怡宁和郭焱两个人实际上是存在竞争的，从2005年开始，世界锦标赛张怡宁女单冠军、郭焱亚军，2006年世界杯郭焱胜张怡宁拿冠军。但是郭焱没有说赢了张怡宁就牛了，从来没有过。这十年里，超级联赛、全国锦标赛多少比赛，彼此一起，每天零碎的事很多。很简单的一个例子，超联有一段在地坛体育馆，每个周六去，有时候坐车来早了、来晚了，迟到了、早退了，彼此都耐心等，从来没有人责怪谁，这一点很棒。她们不仅从来没有吵过，背后也从来不说，所以比赛的时候她们能够一条心。

郭焱在比赛

十一运会，郭焱收获女单季军

时容易急躁，场上有时候控制不住，有时候是一种紧张的反应，有时候是打不通了，跟她说通了才行。我也想了很多办法，有时候她发脾气就要比她还狠，就是我比你还横，甚至于骂你，把你的紧张情绪盖过去，这一招还真管用。

2001年全运会时她还比较小，刚出道不久，有一场预赛跟广东，她对麦乐乐，比分落后了，就不想要了，第3局9比15的时候我叫了暂停。虽然这场小组赛对我们队的成绩没有太大影响，但球不能随便输，我就想这时候只能骂，有点儿难听的话都骂了。我说你还打不打？那么关键的球，那么重要的比赛，全运会预选赛，你敢乱打，敢不要？你自己毁自己！不用你自己毁，我帮你一下，教练帮你毁了拉倒！你不要了，咱们就弃权。骂得她眼泪都下来了，我说下面对你没有要求，也没有战术，你只要认真打，不许再乱打一个，输赢没关系，但要是再乱打一个我就暂停，就弃权。最后她上去，打到16比19,她发球，这时候开始连续五个发球抢攻,21比19赢回来。

我说你要切记这一次的教训，运动员打球为了什么？就要尽全力争取胜利，落后就不要，能成为优秀运动员吗？全运会决赛在广东，八进四又碰上了广东队，郭焱还是打麦乐乐，第三局16比20落后硬给追回来了。就是说明前面有这个教训确实起到了作用，当然这次她一直很努力打，很想赢，一个球也没乱打，但场面很被动，一直到最后，追到最后21比22，25比23赢回来，那场球真是太惊心动魄了，奠定了我们2001年拿团体冠军的基础。

郭焱这名运动员，虽然你看她表面上不是很温和，但真听得进去教练的话。以后再也没有看到她轻易输掉哪场球。

有一件事特别能代表郭焱的性格。

2009年乒超她代表山西，有一场球输了踢挡板。那场完了回北京在国家队乒乓馆训练备战全运会。第二天早晨，施指导（施之皓）跟我反映郭焱又犯事了，影响极坏，我找到她，问怎么了，她说输了以后听到观众叫，就踢了挡板。我说你现在是公众人物，在公众场合比赛，人家关注你的行为，你的行为有损于你的荣誉，你必须赶紧写检查，承认错误，道歉。后来她还给晚报记者主动打电话承认错误，向观众表示道歉。

她自己知道这件事是错的，就会勇于承认错误、改正错误。她属于敢作敢当的人，不逃避问题。

2012年伦敦奥运会名单定下来后她接受采访，说别人都觉得我多可惜，但是我自己知道，我可能从2008年之后才开始好好打球。

这句话给我的印象特别深刻。

这一路走来，她一直很努力，但就像她说的，之前可能真没想过要参加奥运会。包括2004年拿全国冠军，2005年世乒赛亚军，2006年又拿世界杯冠军，她也没想过一定要竞争上2008年奥运会，她觉得张怡宁在她上面，王楠在她上面，后来郭跃也在上面，这口气比人家差一点儿。到2008年以后真正想打球了，2012年时，她感觉到有希望了，参加奥运会的欲望真正被激发起来，训练和比赛时真是玩儿命。

其实后来我还在"打击"她，2009年时，我说郭焱你最大的毛病就是关键时候真想要"拿货"的时候容易掉链子。当然这并不是在否定运动员，说出来更是希望帮她解开这个结。她主要还是考虑太多，她的球很有实力，也很有机会，但是如果把奥运会作为唯一目标，心态老是放不好，输了一场就患得患失，这样的影响太厉害。

我觉得郭焱真正的改变是在2009年全运会，就是她下定决心一定要参加奥运会。

2010年左右郭焱进入了比较稳定的时期。莫斯科世乒赛后有人评价郭焱，说虽然赢了，但是表现也不是很好，毕竟对手相对较弱。但真不是这样，场上打到那种程度，很难描述压力有多大，那时候绝对是靠心理来扛住，技术就是好一倍，我让你五分球，比赛都能打到10平，压力太大了，0比2落后，如果你输了就是0比3，你要是赢了有可能翻回来，输赢都在你身上，能扛得住不在技术。这说明当时郭焱真是挺棒的。2010年超级联赛，她成为标王，这是对她的最好认可。

莫斯科之后郭焱被任命为国家女队队长，那时候是比较挺她的，广州亚运会打的都是头炮。郭焱的意志品质真的够顽强了，用外人的眼光看她可能快没落了，但她还是硬撑上来，打到队里前三号，还打到世界排名第一，真的是非常非常不容易，值得敬佩。

郭焱属于天分比较好的，身体条件不错，力量比较大，爆发力比较好，训练也比较刻苦，有一个缺点，有点儿钻牛角尖，当然指的是球上。

比如人家上旋，她一定要把对方摆倒，我说你摆得再好，也就是放一个短球。人家是上旋，你摆一个只能是做配合，你不要所有的工夫都放在这个上面了，只会摆，你还有挑呢。如果人家上旋，你一挑，给人家挑死了，不比你摆一个好吗？你摆，人家再打回头，不如挑，摆我不反对，人家发一个球，等着打回头了，就不能摆了。球要从各个方面去考虑，不要死盯着一个球，一条道走到黑了。马琳是世界上摆得最棒的,但是还有很多时候会出机会,也有摆不住的时候,也有失误的时候,不要死钻牛角尖,打球一定要活。后来郭焱会反手拧一下,有时候也会挑一下,花样多了。

从另外一个角度看,郭焱作为老队员,还能做这些改变,是很了不起的事情,思想方面也越来越成熟,打球没有胡来的,在场上很稳重了,不着忙不着慌的。

郭焱最后没打奥运会有些遗憾,如果像以前的奥运会有双打,参加的人多一点儿,有第四个名额,她肯定能上了。奥运会的名额限制对她有挺大的影响,所以有时候也有一个机遇的问题。命运这个东西没有办法评价,她退役了,如果是当教练也能成为一个好教练,因为她很钻研,很好学,学新的技术也学得快,赛后分析也分析得很好,我看好她能当个好教练。

看一场比赛决定把丁宁招进北京队

我第一次见到丁宁的时候,她剃了个平头。

丁宁小时候考过辽宁体校,可惜当时辽宁人才太多,她没考上。后来她考来什刹海体校,当时我爱人刘雅琴在什刹海当教练,告诉我有一个从黑龙江来的小孩儿要考试,让我帮忙看看。我到了什刹海以后,先让丁宁跟队员们打比赛,当时丁宁只比球台高出半个头,十岁都不到。她跟什刹海体校那些十一二岁的孩子打,居然赢了四场球,只输了一两场。

丁宁人长得比较喜庆,老笑。就是像男孩儿似的剃了个平头,身体素质也不错。当时她妈妈也去了,我一看,妈妈那么高,女儿怎么这么矮啊?一问丁宁,她说她爸也不矮,我心想那这个小女孩长大后肯定也矮不了。

看完丁宁打比赛，我就跟她说："你也别考什刹海体校了，直接来北京队，管你吃、管你住、管你训练也管你上学。"当时丁宁还在上小学四年级，还得边上学边打球。我和她妈妈一说，把她妈妈高兴坏了。我们口头约定要看丁宁半年的表现，打得好就转正，转正后每个月有1000块钱工资。丁宁来的时候基本功就不错，在北京队训练后，一直是万芳芳带她，一直带到2004年她进国家青年队。

让丁宁进北京队，使我得罪了很多人。当时北京队名额有限，而且不是所有的编制都给乒乓队，分到乒乓队的编制男女总共加起来才三十多人，而且已经进入国家队的张怡宁、王晨那些也还全算在编制中，这样真正北京队里一共就剩那十来个人了，而且还要留给中间层的一批人，不可能全给小队员。

当时木子、杨扬和好几个人都在北京队训练过，她们说我们是先来的，而且来了那么长时间，北京队都不让我们进，却让丁宁进了，她们的家长也很不高兴。八一队要这几个小孩的时候，我也没办法，只能放她们走，每个人都是好苗子，我记得木子当时还哭了。我们当时选择要了丁宁，虽然舍不得其他几个人，但凡事不可能两全其美。

丁宁是北京队最小的运动健将。

在北京队学下蹲发球的时候，丁宁几乎不用蹲下，球就发出去了。因为丁宁个子特别矮，刚够得到球台，我觉得没有什么好的发球适合她，就想到发下蹲试试，结果刚好她不用太蹲下就能发了，正合适。后来丁宁慢慢长高了，需要蹲下来发球了，很多人不适应她这种发球，她也一直坚持这个打法，一直到2009年全运会的时候都是以下蹲发球为主，挺不容易的，对腿部力量要求高，训练起来特别辛苦，下蹲发球在很长一段时间内成了她的主要特长。

有一段时间丁宁训练时后面放块挡板，旨在提醒她不许退，要在前面。我说往后退也是一种打法，不要所有小孩都是在前面，千篇一律，往后退，中台打得好的，一样是一种打法。近台要专门抽时间来练，中台也要好，又会中台，又会远台，不用全部不退，不是退了就不好。后来还比较成功，形成现在丁宁这种打法。

丁宁小时候，在北京队冒得不是很厉害，但是从球的发展来看我感觉还可以。2002年全国锦标赛在日照打，当时张怡宁和郭焱都去参加亚运会了，北京队就剩下贾贝贝和朱虹几个，我就让丁宁去打三号。那次比赛我们最后团体打了第三，丁宁每场都上，打了十场球赢了七场，按百分比，回来我们就给她报了运动健将。当时丁宁是乒乓球队最小年龄的运动健将，进队两年，才12岁。

当时就能看出来丁宁的潜质，她的运动神经类型好，打比赛的时候心理素质也好。后面这条特别重要，比赛的时候，丁宁也很紧张，但是她能发挥出来，这是优秀运动员必须具备的一项条件——打比赛谁都紧张，但在紧张情况下要能很好地发挥水平。

2005年全运会女团半决赛是丁宁的成名之战。上场前丁宁跟我说："从来没赢过常晨晨。"我说："没赢过正常，你刚上国家队，没赢过的人多了去了。"结果上场她3比0就把常晨晨赢了，丁宁比赛时候的气质是真好，不怯场，紧张也全神贯注。在丁宁身上，紧张不是坏事，反而更能发挥水平。决赛对山东队，丁宁又赢了姜华珺，立了大功，我们那年的运气真的太好了。

跟常晨晨上场打比赛她跟我说："周指导我紧张！你摸摸我手都冰凉。"我一听这话就觉得接下来这场球一定有戏。有些队员一紧张就直哆嗦，那肯定没戏了；也有的队员紧张但是憋着不跟教练说，一说怕丢人，这样的也没戏。丁宁不怕跟教练说，而且紧张的时候也能发挥出水平，这是她的一大优点。

没有人不喜欢丁宁。她很懂礼貌、单纯、有什么说什么，所以教练们也喜欢她。

丁宁一直以来最大的优点是练习很刻苦，这是所有的主力队员的共性，也是最重要的特点。能打出来的人，一定是迷球的人、喜欢球的人，这样她才能刻苦训练，这是最最基本的条件，没有这一条，再有天分也不行。训练时不管练得好还是不好，丁宁从来没有发过脾气，没有乱打过。在比赛当中大家可以看到在很多情况下，丁宁都是咬着牙坚持。打乒乓球需要本人是这块料，而且自己能够刻苦钻研。教练的作用只是能给一些指点和引导，路还是要运动员自己去走。

丁宁从贾贝贝退役以后就顶上了北京队主力的位置，确实给北京立了很多功。运动员在成长过程当中，总会有一个时间段会有一种状态——我称作"名人综合征"，就是有点儿成绩了就要翘翘尾巴，装一下大腕儿，跟教练有时候也会莫名其妙地摆个架子，发点儿小脾气，但丁宁是一点点也没有，这点要归功于张怡宁的榜样作用，张怡宁在这方面一直处得很好。

张怡宁一直很护着丁宁，有什么事情总是带着她，在比赛当中经常鼓励她。在训练中丁宁练不好，张怡宁从来不说她，丁宁输了球，张怡宁也从来没说过她。张怡宁就是这样，从来不摆架子，也不莫名其妙发脾气，这些都影响了丁宁。

丁宁还算是个一帆风顺的运动员。2007年城运会单打淘汰郭跃和李晓霞，那时候她就已经露出了锋芒，2007年以后国家队把她放到主力的位置上，施之皓愿意带着她一起去准备2008年北京奥运会。丁宁刚当上主力的时候还不会练习"二拉一"，当时曹臻和常晨晨给她一个人练拉球，丁宁不会练，急得直哭，说"我没练过这个，两个比我大的好队员，陪我一个人练"。后来慢慢就适应了。

在丁宁这些年的成长过程中，家里一直是妈妈管她，丁妈妈人很好，技术上的东西，她妈妈从来不介入，来了以后对教练们都很客气很尊重，身上还有明显的老运动员的那一套规矩在。丁宁在待人接物这方面的习惯跟家教有很大关系，她妈妈从来没有说因为女儿是北京队主力，就跟北京队提这样那样的要求，从来没有。

最近丁宁遇到了一些困难，但她不要怕面对挫折。我总结过她现在输球比以前多的原因。从技术上看，丁宁没有一个好的发球抢攻套路。原来丁宁在发下蹲发球后，有一个连续的发球抢攻。但现在她发一个平球后，对手摆她一个，她再搓一个或者拉一个出来，没有了抢的技术，少了这个主要技术，丁宁的攻击看上去就会比较平淡，打比赛只能靠自己在中台的实力和对方抗衡。但问题是，现在丁宁连在近台的攻击都不明显，因为发球抢攻是一个连续的套路，就好像自己有一板球要抢着压住对方，现在丁宁没有这板球，全部在后面防守，没有一个能对对手构成威胁的特长技术，这是我这一年时间看丁宁的比赛发现的比较大的问题。

伦敦奥运会后，我回到国内乒超赛场上，在北京队主场碰到丁宁时，我们聊过奥运会的事。我跟她说，那场球输得有点儿可惜，主要问题是准备不够充分。"首先是心理准备，你心里也感觉大家给你吹得那么响，冠军就肯定是你的了。你心里想的也是我比她占上风，没想到对方技术战术上都变了，而你完全没准备到。"实际上丁宁和福原爱、冯天薇打比赛的时候，裁判就已经判过她的发球了，但她感觉被判罚的时候她心态没有受影响，很过硬，照样能赢对手。但决赛是不一样的，到了关键时刻，裁判判一个球她就心疼了，就受到影响了。因为这几点没准备好，导致最后的结果很可惜。再看李晓霞，那场球她确实打得好，准备得太充分了，正手就在那等着丁宁呢。

奥运会以后，丁宁和李晓霞又碰上过几次，但一场也没再赢过。但我觉得这不要紧，每个运动员都要经历起伏和坎坷，贵在能坚持下来。丁宁这次碰到了坎坷，不用气馁，面对挫折不要怕，要千方百计度过难关——用智慧、意志品质、克服困难的决心和坚定的目标。

人要勇往直前。

28年，感谢太多人

北京是个移民城市，有很多优点，很重要的一点是不排外，对所有人全部一视同仁。北京是全国人民向往的地方，作为一个外来的北京市民，我能给北京争得荣誉是很荣幸的。教育队员我也常让她们时刻想着北京荣誉，有时候全国比赛她们心里可能动力并不是特别足，毕竟心里都瞄着世界比赛，我会跟她们说，你们虽然世界冠军拿了，但也得想着为北京市争光，咱们吃的、喝的、发的工资都是北京纳税人的钱，这种观点在孩子们心里根深蒂固，让我很欣慰。

我在北京队这么多年，运气非常好，遇到了很多开明的领导。

刚来北京时程世春是北京体委副主任、体工大队大队长。他是我国篮球界的元老，国家男篮主力，当过国家男、女篮主教练。现在退休了，有时候还会露面。他给我一种比较新鲜的当教练的感觉，人比较大气，训练从不插手，对教练很信任，把一定的权利放给教练，让教练大胆去搞，这一点很不容易。他对训练很讲节奏，很正规，运动量大的时候要求严格，但该放松的时候一定要放松。他任大队长时，每年有10天大队出钱，各个运动队自己联系出去放松休假，我们去过北戴河、避暑山庄等地方。他要求做

为北京队鼓掌！

再见张怡宁！再见北京队！

多年计划、阶段计划、年计划、周计划，北京队形成这个传统都是他在的时候开始的，很多新鲜的思路让人眼前一亮。

王俊生做北京市体工大队大队长时给我的印象很深刻。他那会儿是体委提拔上来的年轻干部，来了也有新东西，他把自己当运动员时和在体院学习时的这些东西带到运动队来，有点儿学院派，心气很高，抓得很细。他对训练计划的要求在前任的基础上更细。比如多年规划、全年计划、每周报表、教练员要写论文，他那时候做得比较多的是对教练员的考核，所有的项目在一起，论文评比、总结评比、专家会诊。他对教练绝对信任，教练有自主性，可以有自己的创造，很能调动教练的积极性。有什么事他会找你商量，会把你当哥们一样，而不是以领导自居，可能跟运动员出身有关系。他在国家队当运动员时我们也在国家队，他是青年队，当守门员，虽然没什么深层次的交往，但都彼此认识。

王俊生之后是又一位篮球运动员出身的白金申，也是国家队运动员，当过北京队主教练，是篮球界的老前辈了，很多地方请他讲课，他讲的东西跟篮球更紧密一些，他的训练理念比较契合我们原来习惯的那套东西。

当时的体委主任魏明是北京市的老干部，前几年去世了。他特别喜欢体育，我们那时候每天早上6点起床，6点一刻出操，在田径场跑4圈，有时候冬天冷到零下十几度，但还是能看到他在田径场走圈，真是非常热爱体育运动。在他的眼里，如果你真是一块料，他就会很重视，像我不是北京土生土长的，他绝对不会有排外这一说。

还有一位管训练的体委副主任叫张立华。他是自行车运动员，多次拿过全国冠军。懂体育，也喜欢体育，对工作比较放得开，从来不会小里小气，或者因为什么小事揪着不放，这些都给了我作为教练很大的工作空间，不受太多拘束。

后来体工大队分成了几个基地，乒乓队在先农坛体校。1997年全运会后孙国华是先农坛体校校长。1998年男队主教练岑淮光退休后，体校提我为领队、总教练，兼女队主教练。1993年和1997年我们两届全运会都是第二，孙国华校长很重视乒乓球，一直非常关心乒乓球，关心我的工作。

贝卓华是我接触比较多的领导，20世纪80年代，他是北京体操队领队，乒乓馆和体操馆挨着，一直有接触，后来升到训练处处长，然后到体委成为主管训练的副主任。他在先农坛的时候我们经常聊天，体操在里面，乒乓在外面，几乎每天碰到。他特别钻，对几个项目都很了解。我们的感情一直很好，他对我很信任。他曾经希望我到训练处工作，我说我不是当官的料，因为我除了乒乓球其他什么也不懂，我这辈子不可能当领导干部，不合适，我就是搞业务，除了乒乓其他都搞不了。后来他快退休时有一次碰到我，说："老周，看起来你走的那条路是对的！"其实哪有什么选择得对不对，只是我有自知之明罢了。

2001年，先农坛体校校长换成了徐建中，他对我的支持很大。他上任时提出先农坛要在北京体育界争老大，那几年果然先农坛的成绩最好。他在大门口弄了一只鹰的雕塑，意思是大鹏展翅。在办公楼门前放了一个石头的牛，寓意先农坛很牛。还在乒乓和体操馆前面的花园树了一个碑，上面是两只凤凰，取双手托凤的意思。这都是没拿成绩以前做的，后来乒乓和体操拿世界冠军、奥

这场球过后，我告别了"服役"28年的北京女乒

运冠军、全运会冠军，出了张怡宁、郭焱、滕海滨、何可欣等人，乒乓和体操真的成为先农坛体校两个最厉害的项目。

徐建中很有个性，有自己的想法，训练抓得很紧，尤其是对重点队员。运动员的后勤他也管，事无巨细，精力充沛。他对我很支持，我跟他在工作中也有产生过小摩擦，但总的来说配合得很好。他是比较强势的人，雷厉风行。比如一件事情如果不按他的路子走，绝对要训你，但训归训，严归严，路子走对了，其他都不管，该支持你还是支持，有什么要求还能提。所以虽然有时候会有点儿小矛盾，但工作上只要正确，其他都不会那么计较。2001年我要退休时，也是他挽留我多待几年，所以他跟你有摩擦是摩擦，但用你还一样，人很坦荡，让人服气，很好交。

之后他升官了，孟强华担任校长，孟校长是网球运动员出身，他很尊重我，乒乓队有什么事情都会跟我商量。

细数下来，我在这个环境里，碰到这么多好的主管领导是非常幸运的，为什么我在北京这么多年一直比较顺，跟这些领导有很大关系，都是他们在扶持我、关心我、支持我，才有我的业绩。

2009年我在北京退休，北京是我工作时间最长的地方。这一路下来，北京对我真的很好，给了我很大的荣誉。无论从生活上、政治待遇上都很关照我，体育系统的奖项评给我很多次，还被评过北京市精神文明先进个人，享受国务院政府特殊津贴，分房子也少不了我。所以无论到哪，我都有一种深深的归属感，北京是我的第二故乡。

在新加坡终圆世界冠军梦
ZAI XINJIAPO ZHONG YUAN SHIJIE GUANJUN MENG

新加坡乒总三顾茅庐

一位画家朋友曾给我作过一幅画,名字叫《山叶红时觉胜春》,从字面意思就可以理解这幅画的含义:山上的叶子红的时候,其实已经是秋天了,但景色比春天还要灿烂。我很喜欢这幅画,很符合我的乒乓生涯。

原本我以为北京队就是我执教的终点,在国内取得的成绩让我很骄傲,也很满足,然而生活中总是有些事是预料不到的,没想到我已经68岁了还会"再就业",并且一下子还跑到了国外。

更让我没有想到的是,半个世纪以前的世界冠军梦竟然还有机会实现!

2008年北京奥运会之后,新加坡女队主教练刘国栋决定不再与新加坡乒总续约,新加坡乒总的高级技术经理黎仕汉就找到我,问我愿不愿意到新加坡执教。当时其实他也不在乒总,因为刚换了会长,下面的工作人员还没有换,虽然他还没到乒总工作,但他很熟悉各方面情况,所以乒总请他组建下一届教练班子。

黎仕汉的名字国内的朋友可能不

《山叶红时觉胜春》寓意了我的乒乓生涯:山上的叶子红的时候,其实已经是秋天了,但景色比春天还要灿烂

是很熟悉，但井浚泓是比较为国人所知道的，两人因乒乓球缔结姻缘是乒坛的一段佳话。黎仕汉很早跟我就很熟，他在当运动员、当教练时都与我有一些交往。他最早是新加坡队员，后来是新加坡国家队教练。1997年带新加坡队到北京训练，那时候井浚泓还是运动员。1997年全运会前还一起跟张怡宁她们一起练过，那时候就比较熟了。

后来我也去过几次新加坡，亚洲锦标赛、新加坡公开赛这些，人家对我一直挺热情的，请吃个饭，接待什么的，这应该算是我跟新加坡方面最早的渊源了。

黎仕汉他知道我快退休了，所以找到我问能不能来新加坡。先是打电话说的，后来专门跑过来一趟聊这件事。第一次找我的时候，我跟他说得考虑一下，因为我还是北京队教练，可能需要打完2009年10月结束的全运会才能退休。

于是他回到新加坡去汇报这个情况，后来新加坡乒总的一位姓刘的副会长，主管教练和训练工作的，和黎仕汉一起来北京找我。当时我正带队打乒超，他们来的时候我们要客场去山西一个煤矿对阵山东鲁能。于是他们先看了看我们训练，然后两个人跟着我们坐汽车坐了六七个小时去了山西，刚好那会冯天薇代表山东鲁能打，也顺便看一看，他们去了也合情合理，当然也是看看我到底是什么能力。他们看完也没有说怎么样。但我想我已经67岁了，年龄不小了。他们可能看到名头还可以，但除了黎仕汉，其他人毕竟跟我交流很少，彼此都不了解。

那场冯天薇没上场，我们赢了对手。刘副会长自己打过球，打得还可以，能看出一些门道来。当时就又征求我的意见，让我去新加坡，我说我得通过先农坛体校，我那时候还是先农坛体校的人，所以我跟先农坛体校校长孟强华说了这事，校长回复说得全运会后，我就给新加坡那边回应了。我说今年走不了，得2009年10月以后，打完全运会，他们当场表态："周教练，我们等你一年，就要你了，再晚都要你！"

为了保险起见，新加坡方面说得先把主教练位置敲定。但又不能立刻就说是主教练，他们研究后，决定用"客卿教练"，从签约到正式走马上任之前用这个称呼，意味着是新加坡队的人，但不到一线训练指挥。我理解跟"客座"的意思差不多，类似于咱们国内的顾问一样。

刘副会长回去以后，拟好了一个协议发给我，我把合同拿给孟强华校长看，他很通情达理。说2009年全运会前，不能代表新加坡出头露面，不能穿新加坡队队服，不能穿有新加坡标志的服装，可以看新加坡队的世界比赛、公开赛，但不能做场外指导。我也跟他讲了，全运会还是我的主要工作。

后来新加坡乒总又派了一位孙副会长兼秘书长和黎仕汉，专门来北京跟我签约。这事就算定下了。

按照当时签的合同，2009年1月至10月，我是新加坡女队客卿教练，之后到2012年12月31日，是女队主教练，给我定的指标是要在伦敦奥运会上拿到两块奖牌，其他什么都没有，包括世锦赛、亚运会、亚锦赛这些比赛一概没有任务。

当时我分析，团体赛中除了中国，对其他队应该都稍占上风，主要对手就是韩国、日本、香港。单打方面，当时的情况是李佳薇的球还不错，北京奥运会打得很好，获得第四，伦敦奥运会还是有戏，冯天薇的球也不错，这两个项目里面拼前三有希望。如果新加坡乒总给我定的指标是拿银牌，难度就更大了，稍微一失手就惨了，而且万一抽签抽到提前碰中国，肯定就不行了，但拿第三很有戏。

签完约之后，新加坡就宣布了这个消息。

初到狮城

2008年北京奥运会后到2009年我去之前，新加坡女队没有正式教练。刘国栋解约了，原北京队队员关亮在那儿帮忙带过一段时间，有时候出去比赛是井浚泓带着，当时她在新加坡体育理事会工作，相当于我们的体育总局，等于也是借她出来客串教练。

井浚泓是上海人，是第一位去新加坡的中国乒乓球运动员，新加坡女子乒乓球的发展比较快跟她有一定关系，她实力很强，悉尼奥运会单打曾打过到前四名。我正式到新加坡当教练后跟她搭档得很愉快。

在去新加坡之前，除了李佳薇，我跟其他队员基本没有过交流，但都认识。王越古以前是八一队的，冯天薇是黑龙江的，孙蓓蓓是山东的，于梦雨是辽宁的。于梦雨以前见都没有见过，她年龄小，在国内没怎么打过比赛就去了新加坡。

第一次与新加坡的队员正式见面是2009年1月11日。募资晚宴是新加坡乒总每年一度的盛事，2009年新年后他们请我

我与冯天薇和王越古

过去，等于去亮个相，告诉大家新加坡女队主教练到位了，当时新加坡很多媒体都报道了这件事。新加坡地方太小了，我去新加坡后，第二天的报纸、电视台都出来了，他们的电视就这么几个频道，报纸也就几种，我一出来就被认出来了。第二天在出租车上，司机就问我，你是乒乓球队新来的周教练吧？

就是这次我和队员们正式见了面。

简短地互相介绍了之后，我跟他们说了我的心里话。我说大家来自五湖四海，在国内不能展现自己的乒乓才能，因为打球的人太多了，进不了国家队，你们公开赛也打不上一次，别说世锦赛了、奥运会了，无法实现理想，都到这儿发展了，每个人都很不容易。我们的目标都是一致的，就是在这个平台上展示自己的乒乓才能，完成梦想。

其实那天我并没有说太多。不过我想还是说到她们心里了。

新加坡女队的情况之前我也了解到一些，虽然人不多，但并不算太平。不过她们都知道作为我来说，不可能对谁有私心，偏向谁，位置都是靠自己打出来，不是我让谁在什么位置就是什么位置。

第一次跟着新加坡队看比赛是日本横滨世乒赛，后来杭州亚洲杯，刚好到我老家打，人家对我很照顾，回了个家。包括在天津举行的中国公开赛，我都跟着去看台上观摩了一下。打完了也简单地给她们说一说。

在横滨我看了新加坡队的训练和比赛后，对队员的情况大概心里有个数了。对手就是日本、韩国、中国香港，说白了最主要就是赢这三个队。看了她们的训练后，我觉得打这几个队应该还可以，心里有底了。

话又说回来，再有底，终归还是有风险。新加坡队毕竟是世界亚军，输中国队可以接受，输其他队也不好交待。

新加坡乒总的几个领导都是懂球的，很好打交道，彼此之间氛围比较轻松。我要完成的指标也是他们要完成的指标，给我订的高了，我没完成，他们也没完成。大家都是一条路上的，利益是共同的，风险也一样。

那时候我也做过一些工作。李佳薇要生小孩，要离开队伍一段时间，我跟她说你还能打，坚持到现在挺不容易的。那会儿她状态很好，北京奥运会打得很好，虽然跟张怡宁真是打不了。这么大年纪了，老公想要孩子，我想也对，但有了孩子恢复了也可以打球。

到新加坡后，他们对我像外国专家一样，乒总给我准备了一套三室一厅的住房，类似于公寓，电视、床、柜子这些家具，包括被子全都买好了，没有后顾之忧。在这期间，想去哪，只要打个电话就会帮我办理，因为我在国内办签证比较麻烦。

乒乓球在新加坡体育理事会还算受重视，是竞技体育最强的一个项目，原来羽毛球也不错，也是从中国引进人，后来乒乓球超过了羽毛球，这与中国人在那边的耕耘有很大关系。有人曾经问过我，决定去新加坡是否有过担心不适应？毕竟是一个陌生的地方。通过事实检验，这方面基本没有。在新加坡首先语言没有问题，沟通起来没有障碍。吃饭也很方便，中餐、大排档到处都有，按人家的收入，消费水平比国内还便宜，是个宜居城市，而且在那儿的中国教练非常多。在国内当教练有时候还要叫运动员起床、熄灯，帮他们订机票，管这些生活琐事，到新加坡完全不用，只需看训练带队比赛，其他都不用管。

几次挑战

2009年1月签约，2009年10月全运会后，我正式接手了新加坡女乒。

第一次正式带新加坡比赛是2009年广州女子世界杯单打赛。冯天薇获得第三，平了她的个人最好成绩。

接着就是在奥地利林茨举行的团体世界杯，单打比赛打好打坏还关系不太大，团体对我是个考验。我那会儿还不摸门儿呢，对她们还不够了解，冯天薇也只带过一次，王越古、孙蓓蓓能在世界大赛跟人家打成什么样也不确定。

最紧张的一场当属半决赛对日本，3比1赢下的，太悬了！

第一盘王越古打石川佳纯，她输过石川，我心里没底儿，结果一上场打得巨棒！3比0，1局都没有紧张过，整场比赛只让对手得了9分。

第2盘，冯天薇对平野早矢香，两人以前交手不多，平野在2007年法国公开赛淘汰过冯天薇。冯天薇以11比6先胜，第2局以12比14输掉很可惜，第3局比较轻松11比4胜，第4局7比11输掉，前4局打成2比2平。关键的第5局，竟然以7比10落后，不过最终还是以13比11惊险逆转取胜！这场一赢，新加坡的气势就出来了。

第3盘双打王越古和孙蓓蓓配合，对阵福原爱和石川佳纯组合，结果被打了个没脾气，以11比9赢下第1局后，以8比11、9比11、6比11连输3局。

第4盘冯天薇跟福原爱。这场比赛吓出我一身冷汗，福原爱那场打得太棒了！第1局11比9赢下来，第2局7比11输了，输了这局并不可怕，可怕的是对她的球拍反手长胶不适应！第3局是关键，冯天薇5比9落后，结果奇迹出现了，连赢，追到10平，再11比10领先，自己发球，吃了一板，11平，对方发球她赢了，自己发球又输，谁发球谁输。打成11平，我叫了暂停，结果上去又输了一个，11比12，这时候对方叫了个暂停，我就盼着这个呢，自己没暂停机会了，就盼着对方叫呢，太意外了！相当于叫两个暂停，14比12赢下这局。第4局对方就有点儿崩溃了，很快就11比6赢了，拿下这场比赛。

就这么跌跌撞撞地把这场比赛拿下来了。说实话，如果这场输了真不好交待。新加坡队是奥运会亚军、世界亚军，世界杯比赛打得太差就不好看了，这又是我第一次带她们打国际大赛团体赛，很重要，也很紧张。

决赛对中国一点儿戏没有，0比3完败，冯天薇1比3输丁宁，于梦雨0比3负郭跃，王越古和于梦雨双打1比3败给李晓霞和丁宁。

随后就是11月的亚洲锦标赛，在印度勒克瑙。国际乒坛女性高手大都云集在亚洲，所以亚锦赛的水平其实与世锦赛相差不多。这次比赛，我再次遭遇险情。半决赛碰香港，这场球是输到家的球。

第1盘，冯天薇对姜华珺，按道理冯天薇占上风，以前打赢多输少。打到第5局，7比9落后追回来的。

第2盘，王越古对帖雅娜，从两人的技术分析，我感觉还是有得打，但一上去我心就凉了，第1局被打了个3分，第2局4分，第3局6分。一点儿都没戏！什么球也没有，王越古说自己从来没赢过帖雅娜。

第3盘，孙蓓蓓表现不错，赢了林菱，我们大比分2比1超出。本来这盘赢了以后我觉得心就定了，因为冯天薇打帖雅娜太有数了，刚在广州世界杯单打赢过，预计没问题，结果问题就出在这儿了。

那场球帖雅娜打得非常好，前面赢了一场，也更有信心了，什么球都有！冯天薇2比1领先，被对方扳回去，2比3输了。

这场一输，我心都凉了！王越古上一场3局加起来才13分球，决胜盘对姜华珺，怎么打？以前也从来没赢过。但事已至此，必须死马当活马医！上场之前我对王越古嘱咐，我说你跟她打，你的优势是什么，你的正手比她好，她是生胶你也是生胶，她要弹，你要想办法不让她弹。自己准备好，不要送到人家舒服的位置，人家正手拉你一个，你要注意落点，不能弹就扛一下，有机会就拧回去，别给能发力的地方，试着给中间一点的位置。

上场一比，看上去姜华珺比王越古大一号一样，第1局9比6领先，这么大的优势被人扳回去。局间一下来我说："越古，你有戏啊！你是上风，领先球，不下风！"

一般教练可能觉得这么大优势都能输回去，是个消极的状态，但我觉得这恰恰证明王越古有赢的能力，而不是没得打。第2局王越古轻松拿下。第3局又领先好几分，被追到10平、11平、12平，都是先领先1分，还拿发球又输。

之前我提醒过她关键时刻不妨出其不意，13比12领先时，王越古站那儿想了半天，发了个长球，对方回球下网，赢了。

王越古以前发短球为主，这时这么紧张，也不敢起板，拉一下，就被动了，前面几局就这么输的。再发短球还是没戏，对方搓一个长的还是没办法，没辙了，搏一下吧。那时我去新加坡也还没几个月，对她们的优缺点也没有完全掌握，所以其实在场上指挥也还是有一点儿不够自如。这次比赛又是结结巴巴，如果这局输了，还是有点儿麻烦。第4局对方就崩溃了，这么赢下来的。

决赛对中国，第1盘冯天薇0比3输范瑛，第2盘王越古1比3负丁宁，最意外的是第3盘孙蓓蓓3比1胜了李晓霞，这场球主要是李晓霞自己出了问题。第4盘冯天薇0比3输丁宁。

这两次团体赛都够悬的！那段时间外界看新加坡女队老拿亚军，感觉好像就是天经地义的事一样，其实真的太难了！很多次都是下风球。

为运动员说话

执教新加坡我有一个原则，我只管训练比赛，其他一概不牵扯。一个人在外，没有什么靠山之说，我也很小心，首先摸熟队员的情况，我是搞技术的，其他的事情，不管是队伍的、乒总的、人际关系的，我都肯定不掺合，这是我的宗旨。

带好队员的训练自然是取得成绩的一项重要基础，把队员们拧成一股绳，让她们把劲儿往一处使也非常关键。怎么捏起来？别看新加坡队的人很少，但总是会有这样那样的矛盾，我以前也听说过一些，但我不掺合，我就是把队伍管理好，这就把麻烦去掉了一大半。

冯天薇、王越古、李佳薇三个人是核心，这三个人团结是第一位的，如果有矛盾，这个队伍就散了。我去的第一个目标也是千方百计把她们捏在一起。必须要对所有人一视同仁，训练上一视同仁，亲疏关系上一视同仁，绝不能厚此薄彼。不能说冯天薇成绩好，我就护着她，忽视另外两个人，这肯定是不行的，那样的话矛盾就是教练造成的。不管怎么样，在训练上、比赛中，包括平常生活中，都要很注意，要谨慎一点儿。当然不可避免地也有产生小矛盾的时候，女孩嘛，都是很小一点点事，一句话，或者传话，都能引起矛盾，但这些不会影响大局。

到新加坡之后，体育理事会让我看看对各方面有什么意见，我跟他们提的第一个意见就是训练期间要给运动员准备吃的。我去了一看才知道，运动员训练之后吃饭竟然是自己吃！体育理事会居然一天三顿都不管饭。第一堂训练课，练到10点多，第一节之后休息，我一看怎么没人了？原来是到楼上吃点心去了，补充一下能量。中午快12点练完之后，一转眼换身衣服吃饭去了，我问她们去哪吃饭？说就去大排档，吃一顿四五块钱，有七八个菜可以选择，大部分是蔬菜、鸡蛋，一个饭盒，跟盖浇饭一样，全是自己花钱，吃的东西也没什么营养。

了解到这些情况，我跟体育理事会提出的第一个意见就是关于吃饭的问题。我说你们下这么大力气，花那么多钱，准备到奥运会上拿奖牌，怎么会想不到为运动员补充营养，如果运动员的营养不能确保，练不动，怎么打呢？他们一听觉得有道理，过了不到一周，拨钱下来。运动员没有食堂的，就在会议室摆两张桌子，到店里订餐，送过来，这几个人一顿五六个菜，比以前进步了一大块。包括早餐，会专门去买，皮蛋粥、瘦肉粥、油条、包子这些，很齐全，也可以到餐厅自己点，改善伙食。于是吃饭的后顾之忧解决了，每次到大的比赛前，会加强补充营养。这是伙食水平的提高，还有一个方面是原来的训练场里连饮料、点心都没有，我不止提了一次两次，要有营养师，要知道一个运动员消耗多少热量，蛋白质需要多少，碳水化合物需要多少，需要专业营养师来弄，后来各种运动饮料、营养饮料、面包、蛋糕、水果，每天都给准备好了，大赛之前也请了营养师，2010年去台北的时候，跟着我们，奥运会以前也是一直都有。

这个习惯一直到我不当新加坡队主教练前都是这样。做这些事也是让运动员信任的一个因素，为她们着想，帮她们争取基本权益。包括一些其他事情，我也帮她们争取，比如运动员工资。当时冯天薇她们几个人的工资才两千多新币，李佳薇高一点儿，也只有三千多。这是什么概念，跟中国运动员没法比。等我走的时候，大概涨到了四千多。

比赛奖金是政府规定的，世界锦标赛没有奖金，因为以前也没拿过世锦赛冠军，他们甚至不觉得世界上最高水平的比赛是世界锦标赛。明确定过的奖金只有奥运会、亚运会、英联邦运动会、东南亚运动会这些综合性的比赛，但明文规定，运动员有，教练员没有。

这一点跟中国太不一样了，中国搞了几十年专业队训练，奖励制度非常完善，定得比较细。

当然，我去新加坡最主要的考虑也并非是钱，因为赚钱也赚不太多，这点儿钱跟国内比不了，很辛苦，又很枯燥。最重要的一点是我执教过程中没有参加过世锦赛、奥运会，想体验一下，也想实现一下自身价值，搞了一辈子乒乓球，也喜欢乒乓球，就想好好做这个事业，做一些新的尝试。

至于一些所谓的荣誉，我真是不在乎。我也并不想让新加坡人知道我，但最后都知道了，新加坡地方小，一上电视都知道。好多次坐出租车，司机都问我是不是周教练，然后说钱都不要了，但我肯定不会不付嘛。

备战莫斯科，队员们着了魔

2010年莫斯科世乒赛前，我带新加坡队去台北高雄，左营训练基地。台北所有的运动项目都在那儿训练。我们一共封闭训练了40天，这段时间非常关键，队员们精力很集中，训练效果非常好。

为什么要出去训练呢？如果在新加坡，5个人训练，想用5张台子，没有！国家队训练馆一共8张台子，第一排4张台子，第2排4张台子，场地很窄，也不亮。男、女在一个馆，有两张台子还不是标准场地，场地太小了，这样就有3个人练不了，这是第一。第二，没有对手训练，我们有5名队员，1名陪练，一共就这几个人，男帮女的队员也没有，去台北还有几个对手可以一起训练，他们场地又大，到那儿训练有一个能放10张台子的训练馆，其实他们那儿也不是正宗的训练基地，像个大礼堂。我们用5张，她们有几个男生陪练的，我们自己找了几个男孩，两个小女孩，这样每天能倒换过来，起码5天训练对手可以都是不一样的。另外两个协会关系不错，于是就选择了那儿。所以到高雄跟她们一起练，这么一合练，莫斯科世乒赛上台北也提高了，对日本应该是赢的球，没经验，没

每一名出国打球的运动员都很不容易，夺得世界冠军，姑娘们情难自禁

想到她们打得那么好，黄怡桦输2分，郑怡静拿2分，最后2比3惜败。

中国运动队训练讲究"三从一大"，从难、从严、从实战出发，大运动量，这是对所有运动队的要求。我们备战莫斯科世乒赛时提出要把这个原则细化。我回想乒乓球大赛中比较成功的经验，包括以下几点：针对性，模拟性，实战性。大比赛之前的备战，这是赛前的关键。

所谓针对性，就是我要针对谁，有多少对手，全部排出来，具体到每个对手，必须要针对这些对手的技术、战术进行训练。

所谓模拟，就是模拟对方的打法。比如说我的主要对手是张怡宁，就需要有人模拟张怡宁进行训练，做到有的放矢。

实战性，我做了一套东西来满足实战的需要，比如打过的比赛，哪个环节、哪个技术有效，哪个方面没效，通过这个训练和比赛达到这些效果。当然模拟和针对的训练，关键还是实战，这相互之间有联系，但还是有点儿区别。

在运动量和训练质量上，我又提出来高密度、高强度、高质量。这三个既有相同点，又有不同点。比如多球训练，密度肯定高，但是多球很大程度上是练习熟练度，但我的单球训练，也用多球来练，所有的球，不管是打单球还是打多球，都不用去捡球，拿来就打，还可以省下很大一部分时间。训练对手少，尤其那会儿没有左手，就用两个打一个，相当于起到左手的作用，这样也能提高。正常来讲上午一堂课单球训练，捡球时间起码去掉30%～40%，只有50%～60%在台子上练，这回两个人来练，不用捡球，从头到尾都是这么打，这样是70%～80%都在台子上练。练到最后，几个陪练都直叫，连喘气的时间都没有。基本上都是两个人练一个人，比如发球抢攻，接发球，都是两打一，两拉一，单个球开始，发球，接发球，发球抢攻，全面基本技术，进攻、防御，全部都是两个打一个，因为本身训练对手的实力也差一点儿，这个球又不结合实战，所以用这个办法。所有的内容几乎都能练到了，效果比较好。

我们住的酒店到训练的地方要半小时，堵车的话还要更久。早上8点出发，9点多开始练，到12点多吃饭。吃完午饭快两点，休息一会，下午3点出发，练到6点多，天都黑了才回来，吃完晚饭都是八九点钟了，那么多天里，从来没有一个人跟我请假。我也感动了，人家都说"魔鬼训练"，我说我们这是运动员着了魔的训练，真是这样，自己还没练够，还加练。心气挺高。有时候帮我们开车的司机都急了，还不走！

这么大训练量身体训练和身体恢复必须得跟得上，新加坡派了一个身体训练教练和一名医生跟着我们。有一个专门带体能训练的教练，他不是专门搞乒乓的，还做其他所有的项目，但是这一段时间一直带我们，每天有半个小时到45分钟的身体训练。有时候在健身房，有时候去游泳馆，他们有他们那一套。但是他以前也没弄过这个，就是泛泛的身体训练，也问我们教练，需要练什么，乒乓球主要一个是耐力，爆发力少，力量主要是对小肌肉群的一些练习，再一个是防伤，膝关节、腰腹、肩，这些肌肉力量要加强，练到后来配合越来越好，练得都不错。

运动员从早上到下午、晚上，几乎是没怎么歇，她们也没经历过这么大运动量的训练。我们主要针对日本、韩国、荷兰、德国等几支队，但没有针对中国，不过话又说回来，这样练下来，各种打法也都练到了。

我印象比较深的是，我们练了一周以后，詹健和李虎去了，他们本来是准备去与男队汇合，但先到的高雄，于是我就说你们先帮帮我们练几天。练了两天，把詹健都练不动了，当时他之前因为一直没练，一上来，密度太高了，高强度、高密度、高质量，喘气的时间都没有。他私下里跟我说："周指导，你们太棒了！面面俱到，什么都练到了，练得真好！运动量太大了，我都顶不住了，肩都抬不起来了，我看你们有戏。"

封闭训练时，冯天薇、王越古、李佳薇跟詹健、跟李虎打正式比赛都有得打，后来詹健就一直没去男队，一直在陪我们练。

训练结束后，台北有几个教练和队员都练残了，有的第一周就坚持不了了。她们都是小孩,我们都是"老太太"。她们一看,还有这么练的?教练都吓傻了。其实我们这几个队员每个人都有伤,王越古每天就在去训练的路上往脚上绑绷带,后来练得比大夫绑得还好。下课回来,在车上拆绷带、擦药,这样不耽误训练时间。她们真的让我很感动,对她们输球我从来不批评,全是鼓励,责备是没用的,她们都特别努力!王越古和李佳薇都30了,自己还那么要强!

新加坡队最后在莫斯科世乒赛上取得好成绩,正是她们努力的结果。

运气不错

世乒赛开赛之前一个多月,小组抽签就已经出来了,知道要跟哪些对手先碰了。新加坡所在的小组里有荷兰、德国、西班牙、捷克和美国。

新加坡是2号种子,处在B组,这着意味着将不会与A组第一分在同一半区,中国队恰恰在A组。因此只可能在最后的决赛中才与中国队相遇,中国队实力强大人尽皆知,谁也不愿意碰,所以这个签位其实是新加坡队最愿意看到的结果。

我记得当时媒体都说新加坡女乒将是中国夺冠的最大对手。大家可能觉得这几年来大赛团体决赛都是在中国和新加坡两支队伍之间进行的。但从新加坡队来讲,备战的时候,真的还没有太多精力顾及到中国队这个层面,首先要解决小组赛的对手,然后就是八进四和半决赛可能遇到的队伍,日本、韩国、中国香港等几支队伍,这才是新加坡队的重点。但如果说从来没有考虑过与中国队相遇的情景,也是不客观的,肯定考虑过,但是没有专门针对中国队进行备战。

当时我的想法还是能打到亚军就很圆满,因为两年以前新加坡队就是亚军，这一届能拿亚军，我就基本上完成任务，没想到后来打得很顺，一直打到冠、亚军决赛。小组赛五场我们全胜，总共只输了一盘，其余全是3比0完胜。

进入淘汰赛后，八进四先打匈牙利，冯天薇、王越古和孙蓓蓓三个人全部战胜对手，以3比0取胜。

四进二打德国也是这三个队员出场，大比分依然是3比0。冯天薇先对吴佳多，第1局打得挺紧，17比15才胜，之后冯天薇占据主动，11比5、11比7连胜两局，我们先得一分。第2盘王越古对希尔贝雷森，两人打得一波三折，王越古先以11比5胜，随后以6比11输，第3局11比3再胜，却8比11输第4局，决胜局她们打得非常惊险，最终王越古气更盛一些，13比11拿下来。这盘拿下来我们就看到获胜的希望了，孙蓓蓓第3盘直落3局，11比7、11比1、11比4，胜了萨宾，新加坡又是一场3比0。

其实半决赛我们准备的是中国香港，而且做了非常困难的打算，因为王越古太落下风了，对帖雅娜和姜华珺两个人都非常落下风，恨不得眼睁睁送人家分。结果中国香港半决赛意外地输给德国了，所以说新加坡队在莫斯科的运气也挺好。

以一共输了两盘球的优势进入决赛，新加坡的士气比较高涨，比如我们打荷兰时，甚至比中国队打荷兰还轻松一点儿。半决赛结束后，每个人的感觉都不错。

决赛前李佳薇突然请战

跟中国队打的那场，我现在回想，最后还是被我开准备会时的话给说着了。我说你们要把握这个机遇，这是最年轻的一届中国队，中国队历来参加世乒赛团体决赛由这么年轻的队员担当主力是绝无仅有的。如果谁把这两个人打紧张了，我们就有戏了。新加坡乒总会长李美花打完半决赛就不看了，回新加坡了，感觉不可能赢。我自己也想，可能性太小了。所以上场之前没有一个人紧张，说要打冠亚军决赛了，特别紧张，根本没这回事。

中国队的心态也没有很紧张，但他们的不紧张跟新加坡不一样，她们大概是没太在意，因为在这以前，刘诗雯、丁宁没有输过新加坡队员，对新加坡这几个人没有很重视，没有做足困难准备。其实让我现在回想起来那场比赛，都觉得不可能。

半决赛结束后，有很多中国记者采访我，其中有一个问题是新加坡队跟中国队决赛的胜算，我的回答是，真没得打！这确实是我的心里话，按照以往的交手纪录，新加坡只有冯天薇偶尔能赢个一两局，后面两个王越古、孙蓓蓓一点儿戏都没有，两个队其实不在一个档次上。

准备会没有开太久。我给她们讲了讲，大概就是说我们这一次打到现在为止，状态很好，一路顺风，最差的是3比1，其余全是3比0。我们打到这个份儿上，现在的状况对阵中国还有机会，丁宁、刘诗雯当时才19岁、20岁，是中国队参加世乒赛决赛年龄最小的主力，根据前面的比赛，可以确定这两个人肯定会在决赛出场，不会变了。刘诗雯当时世界排名第一，丁宁也已经上来了，从头到尾这两个人都是主力，中国队基本只是在3号位置上换一下，有时候上郭跃,有时候李晓霞,有时候郭焱,主要是这几个在3号上换,前两号不会换。另外,打到淘汰赛八进四以后就都是郭焱打,所以打冠、亚军决赛,这三个人的名单肯定是定死的了。我说这两名运动员还很年轻,不成熟,第一次打世乒赛团体赛,第一次挑重担,心理压力肯定会非常大,如果一个人输了其他人压力就会更大,因为中国队历来只能赢,不能输。你们即使输,输成什么样也还是你们五个人打,所以这场球也不用有包袱,我们是赢了赚、输了算,心态好。这两个人实力确实比你们强,但经验不如你们丰富,你们大、小比赛都打过,奥运会都打过了,这一点比她们两人要好,这是我们的优势。所以我们很有机会,这个机会是千载难逢,机不可失,失不再来,你们一定要抓住这个机会。如果再过几年,她们都成熟了,你们就没戏了。竞技场上比技术、比战术、比意志,其他的都抛开。

大概开了半个小时左右的会,大部分都是我在说,后来主要是给队员讲战术。

开准备会的时候已经晚上10点了。为什么那么晚呢?前面有一个插曲,李佳薇提出来她想上场,甚至已经哭了,不是在会上,是之前单独跟我说的,我在下面跟她做工作。

我说主要的原因还是你没有恢复到原来最好的状态,这次一路下来孙蓓蓓打得比较顺,这时候把她换下来对她也说不过去。

其实我非常能理解佳薇当时的感受。她14岁就来到新加坡,成绩非常突出,成为新加坡乒乓球的代表人物,帮助新加坡队多次获得世界亚军,她个人两次获得奥运会单打第4名,这些成绩的取得非常不容易。而在这个时候,她更想亲自上场打一打,在如此来之不易的机会面前,希望更加证明自己,能亲手实现更大的突破,另外,她也觉得打第3盘对郭焱可以拼一拼。

这些我完全能够理解。

但最后经过磋商,还是决定由孙蓓蓓上,主要是从团队利益考虑。孙蓓蓓在小组决一二名这一场跟荷兰队打时，3比0赢，八进四也是3比0赢，四进二也是3比0赢，状态很好，打到决赛不让人家打说不过去。李佳薇因为毕竟刚生完小孩儿，技术没有恢复到原来的水平，所以我们和领队三个人商量以后，还是都同意孙蓓蓓上，这样三个人心也比较齐，一直打下来，打到冠亚军决赛的时候。

虽然没能上场，但李佳薇表现得很好，非常配合，入场后没有说就上场的三个人在那儿练，另外两个人不练了，她们也都积极在热身。这一点看起来，能够和佳薇说通，她也是一位很懂事的运动员。

后来我一再表扬这个团队，我说我们这个队伍马上打决赛，都争着要上，这是好事情，如果是运动员都不上，你也不敢上，她也不敢上，这支队伍就没有希望了。

五名队员和我、井浚泓，包括郑汉聪、黎仕汉都参加了准备会，乒总会长李美花半决赛打完就走了，她也没想到最终结果，谁也没想到能拿冠军。后来大家开玩笑说她没看决赛，有点儿"亏"了。

决赛惊心动魄

决赛的场面真是一波三折。很多人通过电视机看到了那场比赛，后来还听说那个时段创下了一个电视转播收视记录。

比赛是在当地时间下午进行的，整个莫斯科奥林匹克体育馆几乎全部爆满，其中有众多华人前来为中国队加油助威。走进体育馆的时候我们都很平静，并不像是去打一场至关重要的决赛。

比赛前半个多小时，双方都交上了对阵表，新加坡队本来就是死阵，不出

冯天薇第一盘的胜利，为整场比赛取胜吹响了冲锋号

意外也没有太多考虑的，冯天薇打一，王越古打二，孙蓓蓓打三。

中国队的排阵跟我预料中的一模一样，丁宁、刘诗雯、郭焱。

冯天薇没赢过丁宁，一次也没有。赛前我跟她说，虽然你没赢过，但你一次比一次打得好，最后一次碰到是在上一年的总决赛，3比2领先，到决胜局还曾经5比1领先，主要是自己在思想上出现问题，以前输得都没法打，现在是有得打，关键是看谁坚持得好。

刚上场时冯天薇还是挺落下风的，很快就8比11、3比11，两局0比2落后。局间我说前两局不要想了，现在要做的就是无论是在什么困难情况下都要坚持，坚持到最后就可能会有转机。可以被打败，但不能投降！说实话，如果冯天薇那时候稍微有一点一丝的念头："算了吧"，哪怕有一个闪念，输了一个球，就全完了，真是一个球都没松。

第3局开局还是落后，2比4，我叫了暂停，上去继续落后3比6，已经没戏的球了，但丁宁有个球没冲着，冯天薇则稍微变了变，突然一下情况就变化了，场上形势反转了，冯天薇慢慢追上来，11比8扳回来的。第4局上去又一路落后，但没机会叫暂停了，最大分差3比8落后，追了两分后，中国队叫了暂停。冯天薇真是好样的！回到场上连得6分，反而领先了，最后11比9赢下这局。运动员在困难的时候，不投降、不放弃、正常打，必有机会，对方就会不行了。

第5局丁宁4比1领先，之前冯天薇跟福原爱打过5比9落后逆转取胜，有过基础，锻炼过，这对她的帮助很大。冯天薇追到5平、6平，随后开始领先，这时候气儿也上来了，最后以11比9拿下这一盘！

第一盘最关键了，冯天薇拿到这一盘，尤其是场面如此劣势的情况下拿下来，对方肯定就紧张了。

第二盘刘诗雯跟王越古打真是没打出来，对反手都对不住了。跟生胶打，如果紧张一点儿，或者以前练得少，就可能不好打了。王越古的情况跟上一场冯天薇一样，她从来没赢过刘诗雯，但上去就4比0、7比1领先，虽然刘诗雯追回几分，王越古还是11比7赢下第1局。第2局王越古也是一直领先，11比8再拿1局。第3局刘诗雯开局8比1领先，王越古以2比11的悬殊比分输了1局。第4局王越古第一个球就吃了发球，但很快以5比2领先，尾局时刘诗雯一度以9比8领先，但此时的王越古已经是势不可当了，以12比10锁定胜局。

王越古在场上有那种虎劲儿，跟刘诗雯打时全是搏杀，而且都有质量。跟这些好手打，如果打过去的是没有质量的球，等于直接送死。变线必须有质量，搏杀也不是盲目瞎打，要有章法、有节奏，手上看准了才能搏，后来就怎么打怎么有了。

这场球最后赢得很偶然。中国队队员年轻确实是一个问题，关键是输在思想上，准备还是不够充分，她们对新加坡还是有一点儿麻痹，没想到这么困难，没想到0比2落后，而落后了压力就太大了。

第3盘郭焱上去对孙蓓蓓也很紧张，第1局6比11输了。郭焱不愧是老将，很快调整自己的情绪，加上双方的实力着实差得太

战胜中国队第一主力刘诗雯，是王越古最漂亮的一胜

多了，孙蓓蓓随后以6比11、4比11、6比11连输3局告负。

第4盘是冯天薇对刘诗雯。从球路上，刘诗雯反手好，冯天薇也是反手好，杀板正手刘诗雯好，但冯天薇正手稳，虽然发力差，但护得住。所以冯天薇从球路上不是很怕。这场球刘诗雯更紧张了，有点儿崩溃了。冯天薇再对刘诗雯的时候，气势已经在新加坡队这边了，中国队压力太大了，球路上已经看不出刘诗雯的优势。刘诗雯侧身是优势，但一个侧身没有，反过来冯天薇的侧身不是优点，但关键时候有。一个是气势，一个是心态，这两点都倒向了新加坡。

第四盘战至关键时刻，冯天薇还是很冷静的

首局冯天薇11比7先胜，第2局双方打得异常胶着，冯天薇以14比16告负，第3局中，冯天薇以11比7再胜。冯天薇这场球打到2比1领先时，我觉得新加坡有戏了。冯天薇心态好得多，刘诗雯打了点儿折扣。本来冯天薇跟刘诗雯从实力来讲差个两三分，对方紧一紧，减了一两分，自己拼一拼，再涨个一两分，第3局打完觉得真的有戏了。而第4局虽然以9比11输掉，不过决胜局再次回到冯天薇的掌握之中，她最终以11比7拿下。

新加坡赢得考比伦杯！

朋友调侃我是不是不打算回北京了

决赛打完,每个人都挺激动的,队员们那种兴奋很难用语言去表达,她们都情不自禁地哭了,对她们来说,能拿一个世界冠军真的是太不容易了。李佳薇很激动,她说:"我也不是没有上场,前面我也上场了,我也是世界冠军,全世界乒乓球运动员当了妈妈以后还能打世界冠军的就只有我一个人,很骄傲。"在媒体采访区,有记者采访李佳薇,她刚说一句话就说不下去了,开始噼里啪啦掉眼泪。

冯天薇和王越古也是一样,她们两个人因为家世的原因,这一路走过来更是非常非常不容易,这是她们的乒乓球生涯最辉煌的一刻,她们都是靠着十年如一日的不懈努力才一步一步从底层走到最高峰。那一刻,人的亢奋情绪到了顶点,的确情难自禁,或许会不经意间想到很多往事,或许会想到某些人,或许是过去的某个场景浮现,再怎么激动都可以理解,这一辈子可能就这一次机会,等到下一次可能得是100年以后。

没经历过这些的人,恐怕永远都无法体会到其中的百分之一。

采访结束后,我悄悄地提醒了她们一句,上领奖台别掉泪,别太得意,一个是别刺激别人,另外别那么没出

耶!我们胜利了!

息，不就打了一场好球嘛。领奖台上大家看上去已经恢复得很平静，没有人掉眼泪了。

从我来讲，我心里也是挺高兴的，是一种欣慰吧。

这次是赢了，但如果万一小组出不了线，

站在世界冠军领奖台，不枉乒乓生涯60年

或者8进4我输了，我就得卷铺盖走人。拿了冠军看似很风光，但风险也同样有，我之前真是这么想的，当然我跟谁也没说。

其实我跟当时中国女乒主教练施之皓的关系一直都不错，即使新加坡赢了之后，我们也还是像原来朋友一样的，人家也没有说我一句什么，这一点施之皓还是很大气。2010年11月亚运会的时候，开新闻发布会，他说我们还是朋友。包括丁宁、郭焱后来无论什么时候看见我，还都是挺亲的。当然我们不会聊莫斯科世乒赛的事，毕竟当时我和她们代表不同的队伍，而且也怕说多了影响她们，但有一点是不变的，她们都是我的弟子，都是我带出来的学生，我希望她们每个人都发展得好。

领完奖开完新闻发布会，我们就回了新加坡，这是早就订好的航班，没预料到能赢。下了飞机大概是新加坡时间晚上10点钟，一到机场我都惊了，有好几百人自发来欢迎我们，领导、群众、记者，包括第一副总理，很多人拿着鲜花。新加坡地方不大，都知道这事，提前报上也登了说队伍哪个航班、几点回来，毕竟是奥运会项目的第一个世界冠军。

在莫斯科的时候，我的电话不知道为什么一直打不通，一到新加坡就通了，一下子涌进来好几百个短信，都是亲朋好友的祝贺。

其中有一位朋友比较"个色"的，让我现在都记忆犹新，他说："老周你真敢赢！你还想回北京吗！"当然这是因为关系非常好，才这样开玩笑的。

后来跟儿子通电话，儿子很兴奋，说："爸爸你真棒！"儿子和我之间并不经常有很亲密的表达，这次让我觉得挺幸福的。

过了几天后在新加坡举行了庆功仪式，乒乓队所有成员都坐敞篷车游街，分四个地点，到了哪个据点会下车跟观众见个面，讲个话互动一下，大概半天时间。在国内从来没经历过这个，也觉得挺新鲜的，副总理、体育部长这些人也都在，这也是新加坡体育界的最高荣誉了。

不止一次有人问过我，跟中国队打，心里想过，如果赢了可能会面对什么压力吗？其实人在赛场上，什么都没想，怎么可能想到那么多呢？赢了能怎么样，输了能怎么样，根本就没想，整个人的注意力全在球上了，全神贯注。如果想这想那，可能也就赢不了了吧。话又说回来，在比赛场上，绝对不会想到

"让球"，你真想要让吗？会吗？你也不敢说，你想让也都让不出去。就是顺其自然。

从民众的看法来说，现在已经不是以前像"何智丽风波"那会儿，人们的思想、想法已经不是那时了，现在人们有更广阔的思路，眼光也放开了，心胸开阔了，放眼世界了。这只是竞技体育比赛而已，都会撇开其他的，就看谁的球技好，谁临场发挥得好，是从这个角度看比赛了。

竞技体育比赛没有必要上纲上线，我也没有从所谓国家荣誉、为国争光这方面去想。实际上，你再拿冠军，也是中国人，也是华人，都是为中国争光。中国人在外面做教练，取得好成绩，人家一说是中国人，很棒。就像郎平带美国队打出成绩，人家说郎平厉害，中国人厉害。大家现在都从这个角度想得多。改革开放时间长了，大家心态不一样了，理解的声音更多了，想得开了，也不是说拿金牌就怎样，拿不了就都不行了。以前可能代表国外打中国队会挨骂，现在都说这是好样的，受人尊敬。

我看到报纸上有一些评论，说冯天薇以自己是新加坡公民感到自豪。她在中国无法继续乒乓球事业，但她不放弃对自己事业的追求，终于实现了梦想。写得挺好。

央视《新闻周刊》在评论中的说法挺有代表性的："海外兵团"在多年之前，还是让中国人内心很纠结的一个概念，然而现在它已经不是大问题了，其实这是一种进步，从这个角度来看，冯天薇们已经比前辈们幸福多了。付出的汗水终于得到回报，而更多的自信，也将支撑她们更大的梦想。对于这一切，我们除了祝贺，或许并不需要有别的声音。

凡事顺其自然

当运动员的时候,我的黄金时期赶上了"文化大革命",没能参加世界大赛,有一定的遗憾,最后当教练能带队拿世界冠军,一定程度上也弥补了我的遗憾。

打算去新加坡的时候我也考虑过,这一辈子当教练在国内什么冠军都拿过,培养的运动员也什么都拿过,但世界大赛我没有亲自上场指挥拿过,新加坡是一个平台,新加坡请我的时候我也想过这方面,起码世界比赛、奥运会我可以去指挥,这辈子教练没有白当。我跟队员也说过,新加坡给我们创造这么一个平台,体现自己的价值,在国内没有这个机会,现在机会来了,自己闯天下,自己去攀世界高峰,不枉费你们自己二十多年的心血,这些功夫没有白

在考比伦杯上刻下自己的名字。左起:李佳薇、冯天薇、周树森、孙蓓蓓、王越古、于梦雨

花。她们都能想通，都朝着这个目标，树雄心、立大志。这也算是我们之间的共鸣。

在莫斯科接受记者采访，我说冠军是"蒙的"，回到新加坡有记者给我打电话，问我怎么能说赢中国是蒙的？我不禁哑然。我说可能你对汉语词汇的理解还不够，不懂什么叫"蒙"，蒙的含义太广了，有百分百把握赢的不叫蒙，在没有十分把握的情况下，打球打过去，打着了，打赢了，可以称之为"蒙赢了"，搏杀搏一下，搏不着，可以叫蒙不着，中国的词汇含义太丰富了。其实归根结底就是说这件事有偶然的成分，所以叫"蒙"的。

要说能在新加坡圆世界冠军梦，我是真的没预料到。所以有时候不能强求，只要自己去努力，有时候会有意外的收获。

20世纪60年代的困难时期，我有一年到普陀山抽了一个签，还不是上上签，是中上签，后来那张签影响了我一辈子，上面有几句话：凡事不能强求，要顺其自然。这几句话影响了我一辈子。不管什么东西，是你的总是你的，不是你的你永远求不到。但是什么事情自己都要去努力，这是本分。做不到的想去强求，肯定不可能，不是你的，你想发财，去抢劫，肯定要完蛋。后来当教练，我把这个作为座右铭，所以我当教练不太紧张，比较坦然，为什么？不是你的东西永远不可能是你的，是你的东西永远跑不掉，就一切顺其自然，坐在那儿，不管是落后也好，领先也好，不用急，当然前提是你要事先各方面都做好准备，把自己能做的努力全部做到，先做好准备，到最后能不能成，那就是看老天了。人不能很死板，要开阔思路，不能所有事情都是死教条。

奥运年不平坦

在影棚拍摄宣传片

虽然拿了世界冠军，但归根结底，我在新加坡最大的任务是2012年伦敦奥运会。

在莫斯科拿到世界冠军后，新加坡女队再打国际比赛时有了一点儿压力，似乎只能好不能差。2010年年底的广州亚运会团体决赛输中国拿亚军，新加坡报纸登了：新加坡0比3不敌中国队。好像拿过冠军后，输中国队就成了大事了。其实不然，实力对比在那儿放着，好在乒总方面还是比较懂行的，很明白这种情况。

转眼就到了奥运年，这一年走得并不平坦。整个上半年全队的状态都不好，也遇到了一些比赛之外的事。

我记得有一次出去打比赛，有两名队员争吵了起来。当时马上就比赛了，我给她们开了个会，我说今天这个问题如果不解决，这次比赛就甭想打好了，今天会的目标，就一个字：和。都讲和为贵、和谐社会，你们能有什么根本上的利害冲突。于是我让她们两个人分别说明情况，其实是里面有一些误解。一位队员承认说过一些话，但不是对方理解的意思，所以赔礼道歉，两个人拉拉手表示和解，这个事情以后再也不提了，到此为止。女孩就是这样，很小的一点儿事情，可能会当成多大的事，引起不好的情绪。什么事情、什么时间，一不小心都有可能发生矛盾。有时候就是为一句话，你说说我，我说说你，不依不饶，其实说开了就简单了。我这种处理方式跟在中国处理事情不一样，在新加坡彼此之间就是合作，要消除矛盾，目标就一个，训练好、比赛好，这是最大任务。从我来讲，有的事情要忍，发火也不能跟队员发，从来不在她们面前发火。

进入2012年，就要为争取奥运会好签位而努力，所谓好签位无非就是一个意思——不要提前碰到中国队。糟糕的是，队员们的状态总是提不起来。

比如2012年2月澳门亚洲锦标赛。这届亚锦赛原计划应于2011年9月在黎巴嫩举行，但由于安全问题，亚乒联将比赛延期改为在澳门举行。新加坡在团体赛中打得很好，打第二，半决赛跟日本打冯天薇赢了两分。团体发挥比较正常，冯天薇在随后的单打中却不太正常。

单打十六进八碰到一个韩国的直板选手李恩姬。2比0领先，这两局一局让对手拿了6分，一局7分。第3局5比0领先，对方叫了一个暂停，因为落后了，也看没戏了，再上场从第一个球开始，就玩命侧身，连赢六个，被追到6比5，我叫一个暂停。我就跟冯天薇说，现在人家拼命侧身，一定要硬着头皮死跟她磕正手，调完正手以后再压反手，哪怕你给她正手，等着打几个，死也要死在正手。但上场之后，她并没有按我说的打，这局10比12输，下来我问她，什么原因还不变？她说我想变，但紧张，我变不过去。之后又连输3局，7比11、12

比14、7比11，最终2比4倒回去输了这一场，太沮丧了。作为教练来说，当时已经不能强求了，她也急得已经不行了，第四局还是第五局，没说两句转头就要走。这种情况也不能怪运动员，有时候紧张，你责备她也没有意义，我也一再考虑用什么语言来刺激她能够扭转这个局面，但已经什么也不管用，没办法，一整场比赛被对方转折了之后就很难再回来了，这种情况也会有。

人的想法有的时候很复杂。可能在一些不打球的人看来，冯天薇已经是一个经历过很多大赛的运动员，心理方面应该是过硬的，在亚洲锦标赛这种级别的比赛，对阵不知名选手，怎么还会紧张成这样。但运动员到场上真的是紧张。比如2013年初科威特公开赛半决赛，丁宁输给冯天薇，就是她的心态问题，她这时候紧张什么？紧张的是"我如果拿到冠军，就能直通巴黎了"。有人说反正直通不直通肯定都能去，但靠自己拿到资格和被教练组定资格是不一样的，运动员到场上肯定就是想争胜的，毫无疑问。另外还因为对手是冯天薇，是不能输的。

乒乓球每一次比赛，每一场比赛，情况都会有变化，人的想法也都会不一样，乒乓球运动有时候就是一刹那，冯天薇跟李恩姬打，就是一刹那的事，前面怎么打怎么赢，我还直表扬她打得真棒，真漂亮。该侧身的时候，一点儿不含糊，但绝对不盲目侧，一加力，侧身，结果到后面全没了，就是一刹那，李恩姬战术发生了变化，她没有想到，一下子被打蒙了，之后再打十次大概都输不了，怎么打都行，哪怕是两面搓过去，对方都是打不着的。

乒乓球的心理真是有很多可以琢磨的地方。乒乓球的心理状态、心理变化，跟其他项目不一样的。在乒乓球比赛里面，有时候突然一个球会使整个形势起变化，所以乒乓球的心理变化很快。这是乒乓球很有魅力的原因之一，全是个人孤胆，乒乓球孤胆一定要强大，脑子要灵，要承受得住压力。不像篮球5个人在打，足球11个人在踢，一个人紧张可能看不出来，也不太可能11个人都紧张，人多了相反还会有助于缓解压力。乒乓球不一样，即使是团体赛也是

2012年多特蒙德世乒赛获得亚军

一个人一个人去打，人与人之间会产生很大影响，团体赛中第一场打得不好，很容易把队友带沟里。乒乓球跟网球虽然都是隔网对抗的个人项目，但相比也有不同之处。网球场地要大很多，有利于人缓解和释放情绪，打的时候落点余地很多。但乒乓球场地很小，变化快，要求反应也快。有时候我觉得跟台球有点儿像。都是一紧张，稍微差一点点都不行，一紧张重一点儿，轻一点儿都不一样，乒乓球也是这样，手稍微一哆嗦就完了，没有了精确度。现在斯诺克在中国这么流行，现在只要直播比赛大家都在那儿看，不管多晚，有时候甚至一场比赛打好几天也都坚持看，我也一样。我觉得中国斯诺克的发展有很大一部分是丁俊晖的功劳，丁俊晖没出来之前是一个显得有点儿"野"的运动。所以说一个项目里出现顶尖运动员很重要，有很大的明星效应，这也是榜样的作用。

　　亚锦赛之后就是世乒赛团体赛，在德国多特蒙德。新加坡打得磕磕绊绊，

多特蒙德世乒赛上

尤其是进入淘汰赛后。八进四对德国，冯天薇上来就6比11、9比11、7比11，0比3输伊万灿，第1局8分，第2局9分，第3局还是8分。王越古第2盘又是0比3输吴佳多，大比分2比0落后，非常危险了。李佳薇第3盘出场对希尔贝雷森，先是11比6、11比8连赢两局，却被对方以两个11比9扳平，决胜局一直打到14比12才拿下来。接下来冯天薇对吴佳多，先是9比11输，又以11比9、11比4、12比10连赢3局，再扳一盘，双方2平。决胜盘王越古对伊万灿，第1局9比11，第2局11比5，接下来11比13再输，再度落入险情，好在最后还是11比8、11比4连扳两局，新加坡总比分3比2过关。

半决赛跟韩国又是一场惊险之战。冯天薇2比3输给了削球老将金暻娥，一上场两人打得就特别激烈，首局10比12，第2局13比11，第3局11比9再赢后，第4、第5局分别只拿到1分和7分。第2盘王越古3比2胜石磊，11比7先胜首局后，以两个9比11输了两局，之后以12比10和11比6取胜。第3盘，李佳薇11比13、5比11、6比11三局完败唐娜。第4局冯天薇3比1击败石磊，前两局让对手只得了5分和3分，第3局9比11输，第4局11比8赢。决胜盘，王越古3比2力克金暻娥，11比7胜第1局，随后10比12、7比11连负两局，又是1比2落后，不过最终还是11比6、11比9赢下第四局和第五局，帮助新加坡3比2淘汰韩国，进入决赛。

时隔两年与中国队的决赛，中国队的阵容发生了巨大改变。李晓霞作为第一主力出赛，郭跃作为第三单打。首盘冯天薇1比3输丁宁，王越古第2盘1比3输李晓霞，李佳薇第3盘0比3负郭跃，新加坡以银牌结束了这届世乒赛。

话再说回到为奥运会攒积分，为了在积分上超过日本、韩国等几支队伍，我们参加了太多比赛，足以用"疯狂"来形容，先是年初参加卡塔尔和科威特公开赛，之后是澳门亚锦赛，多特蒙德世锦赛，然后亚洲杯，去西班牙、智利、韩国、中国、日本、巴西等站，从亚洲到欧洲，从欧洲到美洲，再到亚洲，再到美洲，不可谓不折腾，快绕着地球跑了。直到最后一站巴西，临近奥运会了，冯天薇才拿到了单打亚军，算是最好成绩了，之前总是第二轮、第三轮就被淘汰。最终我们超过了几支有竞争力的队伍，团体积分上升到了第二位，仅次于中国。

这里我很想说说冯天薇这名队员，我在国内的时候就听说过她，2008年时给我的感觉是李佳薇她们俩差不多，但后来李佳薇生孩子去了。北京奥运会我看过冯天薇跟张怡宁那场球，感觉有一定实力，拼劲儿挺足，那

冯天薇是新加坡队当之无愧的领军人物

场球我去了新加坡之后还跟她聊过。广州世乒赛也看过她比赛，当时新加坡拿的亚军。

我刚去的第一次比赛就选冯天薇当队长。她无论是在训练中，还是在比赛中，都是新加坡队的灵魂，大家也一致推选她作为队长。之前我跟她沟通过，跟她说队里的事情要带头，要管起来，她也愿意承担这个责任。她自己训练非常认真，比赛中不管是输，还是赢，都能把大家凝聚到一起。从我到新加坡一直到伦敦奥运会，冯天薇几乎每次比赛场场球都是主力，都打第一单打，是没有争议的领军人物。

冯天薇最困难的时候是2012年奥运会前，她在技术上比较低潮，其实回过头来看这个低潮是由于精神压力太大。奥运会前要算世界排名，她对自己要求很高，最高时打到过第二，她要求自己排名不能掉下来，因为个人排名跟新加坡的团体排名有直接关系，她非常有责任感，非常想打好，因此每一场球压力都很大，不管什么比赛，所有算积分的比赛都不能输，越不能输越输。

平时生活中冯天薇比较随和，不是那种挑剔、矫情的人，跟其他人的关系都很好。在乒乓球这项事业上，她有自己的个性，技术上有想法，不会你说什么就是什么，但她也会把为什么不这样跟你沟通，是比较有思想的运动员。

冯天薇最大的优点是比赛时打出的球比平常练习要好，平常练习都没有的球，比赛时会打出来。越紧张，发挥得越好。我记得2013年中国公开赛在长春，她赢了丁宁，《北京晚报》记者李远飞写的稿中有一段说最后赢的那个球打得"惊世骇俗"。当时是躺到地上打过去赢的，这种球平时没有，也不可能练到。说明她比赛气质好，所以能打出高水平不是偶然，紧要关头能打出来。

冯天薇成长经历比较特殊，这也在一定程度上造就了她顽强的意志品质，她的性格也比一般孩子更坚强。她的家庭情况和打球的经历都很坎坷，在日本漂泊了好几年，挺辛苦的，很不容易，所以特别珍惜打球的机会。冯天薇是一位很让人佩服的运动员。

伦敦奥运会两块奖牌收官

准备伦敦奥运会的时候就在新加坡,为了使乒乓队更好地备战,新加坡政府专门把体育馆拨出来一个多月的时间,临时给我们用,里面放八张台子,男女队都在一起。

新加坡的对手也无乎日本、韩国、香港,只要能胜这三个队,任务就算完成,我们借了几名男帮女队员,重点是对付削球,也在外面借了两个削球队员过来。日本主要是左手球,借了一名从辽宁去日本打球的队员过来陪练,主要是为了对付左手球。有时候缺一个陪练,男队就派过来一名队员帮忙。

莫斯科世乒赛和伦敦奥运会后,新加坡乒乓球队进行了盛大的花车游行

冯天薇之前对削球打法的战绩一直不是很好,专门对削球练了几趟还是不理想,一直输。后来请了三个教练,包括男队教练给她会诊,三个人的意见集中,最后汇总一下,跟她再说下面怎么去练。冯天薇也确定练得非常用心、非常刻苦,最后削球过关过得不错,奥运会团体赛铜牌战她赢金暻娥,功不可没,单打八进四也胜了金暻娥,说明备战削球的效果还可以。打左手球的效果比较好,女单铜牌战赢了日本的石川佳纯,这些都在训练准备范围内,效果在比赛当中得到了体现。实际上打奥运会,仔细想想打来打去,主要就是这几个

新加坡乒乓球队所有成员站在伦敦奥运会两枚"奖牌"后面

对手,还有日本的福原爱,但冯天薇打带颗粒的选手还不错,跟福原爱打感觉比较好,因为她老跟王越古打,有一定效果,跟福原爱一直以来她都有赢有输,略占上风。

准备奥运会期间,我把教练分了个工,三个人我也管不过来,我的重点是王越古,包括李佳薇,李佳薇因为跟王越古打双打,连在一起,团体里面双打也很重要,也包括她们这对双打。冯天薇由井浚泓来带,之前都是我眉毛胡子一把抓,这回分了工,毕竟我离开新加坡之后井浚泓还是要接班的。

伦敦奥运会是先单打后团体,冯天薇单打打得很好,4比1胜中华台北的陈思羽,4比2胜德国的吴佳多,4比2淘汰韩国的金暻娥,进入四强。半决赛2比4输给了丁宁,季军战4比0胜石川佳纯,收获铜牌。王越古则是在八进四时1比4输给了石川佳纯,一点儿没戏。

在游行花车上,快70岁的人生新体验

我跟井浚泓说冯天薇的单打、团体，重点都是她看，冯天薇打单打一直是井浚泓当的场外，我说输了算我的，跟你没关系，你没有责任，赢了是你的，你放开来看，你放心，打比赛的时候就看谁坐在那儿运气好了，后来

在游行花车上

团体赛也是井浚泓当的场外，但所有的准备会都是我给他们开。

团体半决赛0比3输日本可能大家觉得有点儿意外。新加坡的阵型基本上是死的，冯天薇打两单，就是谁打第一场、谁打后面的问题，后来包括争三四场的时候，把李佳薇放在前面，王越古放在后面，要是不换可能也会输掉。

准备对日本的比赛的时候，冯天薇愿意冲，所以她打主攻。但第一盘就1比3输了，9比11、6比11、11比5、9比11。冯天薇这一场球一输，整个气势全下来了。随后王越古3比11、6比11、2比11输了石川。李佳薇和王越古双打3比11、11比13、3比11输给了平野早矢香和石川佳纯组合，新加坡队被日本横扫出

2013年1月4日，新加坡前总理、荣誉国务资政吴作栋颁给我一份荣誉纪念

这次晚宴后，我离开了新加坡

局，无缘决赛。

半决赛输了之后，争三四名的时候压力就大了一些，要拿牌，必须得赢。输给日本队以后，记者全围着，他们的感觉是天快塌下来了，我说你们别着急，我们想要的是两块牌，已经有一块牌在了，团体还有三四名呢，那不就是还有一块牌吗，没说一定要打银牌，我就跟记者说，下一场我们还有机会呢，你们报纸登的别全都是反面的，等着明天我们把韩国队打了，一样，后来果然我们赢了。

当时的队员情绪还可以，因为我们很少输韩国队，我们削球准备得也好，而且我们不怕对方第一个出场的石磊，韩国名单有一点点问题，没叫唐娜打前面，他们相信石磊。

第一盘冯天薇和金暻娥这场是关键，冯天薇四局拿下，11比9、11比8、4比11、13比11。李佳薇对石磊也不怵，11比5、11比8很快赢两局，虽然第3局6

比11输了，但还是11比8胜了第4局。2比0领先后，王越古和李佳薇双打心里更有底了，11比9、11比6、6比11、11比5，3比1击败唐娜和石磊，新加坡终于再收获了一枚铜牌。

整个奥运会都算是比较正常吧，感觉没有在莫斯科那时候那么波澜壮阔，显得稍微平淡了一点儿，比较平静，要说是波澜壮阔，就是输日本队了，实际上这时候压力是非常大的。我这四年的主要任务就是奥运会，如果这个任务没完成，四年都白干了，哪怕是拿多少个冠军都没用，因为这是主要任务，其他你打好打坏就是高兴高兴。签合同时就是说要拿两块奖牌，必须要完成，想想很后怕，简直是不可能完成的任务。一共才6块奖牌，中国队铁定拿3块，剩下3块要拿两块太难了！奥运会打到后面，整个新加坡代表团只剩乒乓队的比赛了，所有人都来给乒乓队助威，所以最后打完也非常激动。

至于中国队，那时候已经不可能赢中国队了，压根就没想过，早已经不是两年前那个状况了。

伦敦奥运会任务完成得很圆满。除了奥运会和一次世界杯也是第三，拿了两个第三，其他全部都是世界亚军、世界冠军，没有拿过前三名之外的，还是保持在世界前列，新加坡那么小的国家，只有五六个人，我想应该是很满意，从投入来说，跟中国比那就不好比了，投入很小，收获很大。

对我个人，这几年应该说在我人生整个历程当中是很重要的一笔，也是很辉煌的一笔，应该说是当教练最巅峰的一个时期，虽然在中国拿了很多冠军，但拿了多少冠军都还不如这个世界冠军的影响，带着一支队伍攀上世界顶峰，我自己也很满意。

2012年底，我在新加坡的执教生涯结束了，2013年1月的乒总晚宴上，新加坡前总理、荣誉国务资政吴作栋在与我交流时竖起大拇指说："周教练，你们的比赛我都看了，很棒！"他还专门发了个奖给我，牌匾上写着"周帅"二字，是我和新加坡女队的漫画战士形象，身披铠甲，上面写着：谨以此对您为新加坡乒乓球做出的贡献致以衷心的感谢。

于我而言,是个荣誉纪念吧。

中国和新加坡的不同管理方式

工作了近四年的新加坡乒总乒乓球馆

在新加坡工作了近四年,亲身体会到了中国这种举国体制和新加坡运动员生活的区别。我的体会是中国专业队这一套东西还是苏联留下来的那一套体制,几十年都是这样,需要改良,要引进一些更完善的管理机制,跟上时代的脚步。

首先是教与学双方的关系。中国的现实情况多是师徒关系,而职业体育中不完全是师徒关系,更像是一种合作关系。放眼世界体坛,有多少人知道马拉多纳的师父是谁?他的师父现在应该是当国际足联主席?谁知道乔丹的师父应该是谁?

师徒关系讲究一个"情"字,但很多时候"情"不能解决所有问题。之前看短道速滑的王濛,跟领队、教练有矛盾,游泳的孙杨跟教练"不和",这里面,运动员的素质要提高,但是有时候一些事情上,领队和教练的素质也需要提高。专业队是师徒关系,运动员一定要都听教练的,教练的话是圣旨,你不听我的我就怎样怎样,好像掌握着运动员的命运,或者一定跟你掰了,职业运动员不存在这个问题。

当然"情"是中国的传统，好的可以继承，但是没有必要一定要弄得师徒翻脸，不要有一点点小的事情，徒弟不听师父的，就产生矛盾、激化矛盾。从教练的角度看，该放手的一定放手。

如果我在指挥运动员打球时，跟运动员在场上技术、战术方面有冲突，我就会告诉运动员一定是以你为主，你想怎么打你怎么打。输了我负责任，但是输了我让你弄个明白，你要明白最后还是教练说得对。这个问题我不仅在新加坡遇到过，在北京队时带张怡宁、郭焱、丁宁她们也经常遇到，我想每个教练员都会碰到，只是每个人解决的方式不同。

从管理来看，新加坡有新加坡的优点，运动员该训练时间就训练，该回家就回家。早上9点训练，从家里过来到训练馆，没有迟到的，训练完了走人，

游行沿路有很多民众

就跟上、下班似的，比较人性化一点儿。即使没人管，但运动员们都很自律。为什么？你要是不训练，那就扣工资。你打得不好，奖金就没有，名次不行了，掉下来了，你就没资格参加比赛，所以她们自觉的能力、自制能力比较强。所以很多国外运动员独立生活能力比中国队员强，带着他们出国，一到机场，队员全都能对付，英语、德语、日语，换机票，她们都会帮你去换，是运动员照顾教练，中国的这个体制，全是像保姆一样，为运动员服务。

中国的举国体制很完善，这也导致运动员的独立能力比较差，从小到大，教练既是教练，又是家长，要教他们怎么做人，还要像保姆一样，吃喝拉撒睡，在队里面，晚上睡觉10点让熄灯，早上6点让起床，6点15出操，一年365天，几乎天天如此。出差到外面打比赛，教练带队可别丢了，一会儿换机票，一会儿几点上车了，全是教练在管着。

我在想，小孩儿的时候是需要管得严一点儿，管一管，像保姆一样，到十六七岁以后根本就用不着。而且管得太严也会有一些弊端，他容易产生逆反心理。有时候教练跟运动员的矛盾是老师为了一些小事情，说你晚上晚睡觉了、晚起床了，运动员会感觉到管得太严。

从收入来源来看，新加坡运动员工资不高，我去的时候，冯天薇每个月才两千多新币，2010年拿了世界冠军以后涨了一千多，涨到3800，李佳薇到新加坡到十五六年了，才四千多块钱。主要的收入来源就是靠比赛奖金。比如出去打职业巡回赛，花费是乒总来出，得到奖金运动员拿80%，20%上交给乒总。大赛奖金跟中国没法比。英联邦运动会稍微高一点儿，是四年一届，一个人最多就是一二十万。东南亚运动会现在奖金不高，金牌也只有两三万块钱。广告几乎是没有，李佳薇打球那么多年，一个广告也没做过，后来冯天薇有一点儿，她们的广告费也很低，一两万新币，新加坡在这方面比较少，就是看你自己的本事，你有本事就多拿。有时候到中国打超级联赛，也是80%归自己，上交乒总20%。

从运动员的长远发展和普遍发展看，中国的体育迟早会走职业化的路，毕竟真正能以所从事运动为生的是少数，而且运动员不光是打球的这段时间，他肯定要退役，如果职业化，对他们进入社会、适应社会，对以后的人生发展会好一些。

当然并不是说新加坡所有的都是好的，它有它的弊端，整个没那么系统化，国家投入没那么多，所以新加坡训练场地只有八个台子，条件就被限制了，跟中国来比，不像中国那么专业。

善待"海外兵团"

"海外兵团"似乎是中国乒乓球界独有的一个称呼。

20世纪80年代初期，中国刚刚改革开放，社会上兴起了出国留洋热。中国乒乓球界也涌现了出国热潮。这种出国热人数上逐渐形

冯天薇在新加坡粉丝众多

成规模，而在有选手代表其他协会参加世界大赛战胜中国队员后引起广泛关注。

1993年瑞典哥德堡世乒赛，邓亚萍不敌代表新加坡出战的井浚泓，乔红又败在代表德国队的施捷手下。1994年10月13日，小山智丽在广岛亚运会女单决

赛中胜了邓亚萍获得金牌。

造成运动员外流情况比较严重的一大原因是80年代到90年代前期中国乒乓球市场太小。当时中国的工资比较低，而出国打球则能拿到十几倍、甚至几十倍的数目，这种反差很大，对运动员的心理冲击更是非常大的。

我看过一个统计，1995年时，乒乓球"海外兵团"已达到220余人，其中前世界冠军就有21人左右。1995年第43届世乒赛中国队重新夺回乒坛优势后，中国的乒乓球市场也在逐渐形成，尤其是后来有了职业联赛，运动员们的收入大幅度提高，出国打球的人越来越少，更多的是一些进过国家队，但没有取得很好成绩的选手，以及一些省、市队的专业队员，这些人多半是因为在国内无法参加国际比赛，想出国寻找机会，实现乒乓球事业上的理想。

每个人选择出国的原因虽然各不相同，但有一点是相同的，那就是在国内过得不够满意，无法实现人生目标。

人在异乡，难免遇到种种挫折。

所以我再三讲一点，我们要善待所谓的"海外兵团"，"海外兵团"出去的目标不是为了针对中国，这是两码事，出去都是为了生存，为了有更好的发展。我于20世纪90年代初去过日本半年，这次去了新加坡三年多，深有感触，出去生活的人不容易，日子真的不是很好过，好像听起来都很好，即使是不好，也要说好，我既然出来了，那就硬着头皮，不好也得说好。实际上人在屋檐下，不得不低头。有时候语言沟通，很多习惯，人的价值观、思维方式都不一样，包括生活习惯，真的都是格格不入。当然一出去，不好也装好，装装样子。每个人都有苦衷，有苦不好说，不像在自己家，肯定有不顺，在家不顺能发泄，在外面得忍着。

在新加坡我比较了解，国家投入没那么多，没有体制上的保障，整个训练的系统性跟在国内没法比，整个场地只有八张台子，没有陪练，甚至吃饭还得自己花钱。赚的钱也跟中国相差甚远，工资很低，各种大赛奖金也不多。我记得莫斯科世界比赛打完了发了我9000块钱奖金，伦敦奥运会两块奖牌奖了我27000块钱，教练没有明文规定要奖励，像以前世界锦标赛也没拿过冠军，政府也想不起来给教练奖励一下。

没有人说出国就是为了与中国选手对抗，有什么敌对的呢？都是中国人，都是炎黄子孙，也是为了生存、为了实现梦想，甚至只是为了参加一次世界比赛、一次奥运会。其实总的来说大家都是中国人，到哪好了，也是为中华民族争光，人家会说这是中国人，是华人的骄傲。

随着国内发展越来越好，乒乓球从业者赚钱越来越多，出去的乒乓球界人士很大一部分都回来了，80年代出去的人很多回来当教练、做生意，发展得都很好。

现在的媒体、球迷的心态已经和以前不大一样了，大家不会指责，取而代之的是理解，这是时代的进步。

2013年1月新加坡乒总晚宴上，新加坡前总理、荣誉国务资政吴作栋专门发了个"奖牌"给我，是我和新加坡队员的漫画形象，上面写着：谨以此对您为新加坡乒乓球做出的贡献致以衷心的感谢

我的乒乓大家庭
WO DE PINGPANG DA JIATING

哥哥周兰荪

我们家算得上是个乒乓大家庭，哥哥周兰荪是我们这个大家庭的乒乓之路的引领者，他参加过1961、1963、1965和1971年四届世乒赛，是1965年中国队男团冠军成员。

我最开始就是在哥哥的影响下开始打球的。他属虎，我属蛇，比我大3岁。很小的时候，就记得哥哥在一个俱乐部里打乒乓球，这个俱乐部当然不是现在的俱乐部的概念，就是一个供小孩子玩耍的房子。后来自己能打了，一放学没事了就到那儿打，去那儿打球的小孩特别多，通常都要排着队才能打得上，小时候玩得特别开心。后来哥哥比我们"高档"一点儿，到区里的文化宫和杭州市基督教青年会打。青年会里面有一个健身房，里面能放四五张台子，条件好一点儿，是当时整个杭州市最好的一张球台，是楠木做的，放在现在可能已经特别值钱了。当时听说是哪个清朝官员的棺材板做的，弹性好，面也宽，一个台子中间就一道缝，两块板一个台子，是最高档的，我哥他们专门在那儿打，开始我们的水平低，还去不了那儿，慢慢地水平高了才能去那儿打。

青年会后来被改成了杭州市体委，楼外面还有青年会的字样，但是挂的大牌子已经是杭州市体育运动委员会。那儿是从事各类体育项目的集中地点，有一个篮球场，室内有健身房，里面还有图书馆，这些都在一个四层的楼里，是杭州市最中心的地方。

回想起来，已经有几十年没去了，听说后来又还给青年会了，不知道这个楼现在是不是还在。那会儿那个楼是最热闹的地方，也算是地标性的建筑了。杭州市乒乓队成立后，我哥去了那里，我也打杭州市少年比赛，拿过少年冠军，也进了专业队。

杭州市体委接管青年会以后，成立了杭州市队，浙江省最早成立的一个运动专业队就是杭州市乒乓队。那时不是业余时间训练，1958年就开始集中训练了，我1958年6月16号到的那里，管吃管住，也就不再上学了，比较专业化了，真正拿工资是1959年的1月。这是后话。

我哥1955年下半年中学毕业以后，1956年到山西太原化工厂技校读书，那个学校面向全国招生，我哥就考到那儿去了。实际上他一到那儿没怎么上学，七八月份就开始打比赛。

太原市有一个市级比赛，他一去就打了个太原市单打冠军，单打冠军以后，1956年刚好碰到大跃进快到的时候，山西省要成立体工大队。开始我哥还不愿意去，因为刚来上学，是奔着学习去的。山西当时没有太好的选手，都打不过我哥，我哥说在杭州还有几个比我好的，王鸿基、朱云龙、梁友能，山西就把这些人都招了过来。朱云龙、王鸿基是杭州的，梁友能是上海的，老到外面打比赛，然后把梁友能也招过来，比那两位稍微再晚一点点到山西的。

后来这四个人代表山西打，所以山西队是当时全国第四。那时候一打全国比赛，第一一般是上海，第二是北京，第三是广东，第四就是山西，这四个肯定是前四名，从1956年开始，一直打到1961年，四名都跑不出这四支队伍。

当时北京队有庄则栋，最早是王传耀、姜永宁，还有傅其芳、岑淮光。上海队的主力有徐寅生、李富荣、张燮林、杨瑞华。广东的李仁苏、梁玉海、蔡名枢，后来也是广东队教练。

由于在很多比赛中表现出色，1958年成立国家青年队后，我哥跟庄则栋、李富荣、郭仲恭、王志良、苏国熙、王福成等人都入选了。进了北京一直到最后没回过山西队，但是全国比赛代表山西。他在山西实际上只待了一年多。当时我哥文化水平还算可以，到了山西等于学业就放一边了。

进入国家队后，哥哥训练非常刻苦，但他的乒乓生涯并不算顺利，直到20

世纪60年代中期才达到个人巅峰状态，被国家队称为"老来红"。

他参加了第26届、27届、28届世乒赛。1961年第26届世乒赛上，他和王志良配合双打，以3比1淘汰了最大对手，也是上届男双冠军日本的荻村和村上，最后获得季军。

1964年在南京举行的全国锦标赛中，哥哥获得了男单亚军，双打和余长春合作，夺得冠军。1965年第28届世界比赛，庄则栋、李富荣、徐寅生、张燮林，加上我哥，他们被称为五虎将，拿了男团世界冠军，其中我哥在团体赛中一场也没有输，单打淘汰了日本冠军木村，获得季军，双打和余长春配合，淘汰日本的木村和小中健组合，并再获双打第三，这是他运动生涯的巅峰。接着就"文化大革命"了，中国队没有参加第29届和30届世乒赛，第31届世乒赛我哥打了，但那会儿恢复得还不算很理想。

莫名其妙的是，1971年哥哥从名古屋参加第31届世乒赛回国后，竟被当作"5·16"分子抓了起来，这一关就是8个月。这段日子真是一言难尽！有多难捱恐怕只有哥哥自己才体会得到！这次劫难也对他后来选择去澳大利亚有一定的影响。

哥哥非常喜欢打球，被关后放出来的第一天，他说走，我说干吗去，他说去田径场，锻炼体能，那样的形势下还是念念不忘自己的本行，很不容易。1973年他还参加了全国比赛，那是经过动乱后的第一次全国乒乓球比赛，在武汉举行，他还获得了男单第三名！要知道他那个时候已经34岁了，何况又经历了漫长的动乱，还能打到这个程度，简直是不可想象的。

哥哥当运动员时都是傅其芳教练带，傅其芳在"文化大革命"中去世后，庄家富教练也带过他。1973年我哥开始在国家队当教练，先是在国家青年队，带过郭跃华、陈新华这一批人，1979年他到了女队，主管过曹燕华、齐宝香、张德英、谢春英等队员。他为曹燕华制定了女子技术男性化的计划，换了球板、胶皮和海绵，打法也进行了根本性的变革，这个想法在开始遇到了一些阻力,但事实证明,他是成功的。1981年世乒赛上,他主管的曹燕华、齐宝香、张德英三人都报上了团体,占了整个团体阵容的四分之三!曹燕华和张德英合作还获得了女双冠军。1983年世乒赛,曹燕华和齐宝香是女团的绝对主力,曹燕华获得了女单冠军,并在1985年世乒赛蝉联女单冠军。

1986年,我哥选择了远渡重洋,飞往澳大利亚。

当时做出这个选择是有多重原因的。我嫂子的奶奶是德国人,在澳大利亚,那会儿已经七八十岁了,嫂子的父亲是高级工程师,在"文化大革命"期间受到迫害去世了,所以嫂子要去澳大利亚才能继承遗产。当时国家队教练人才比较多,张燮林、郑敏之等人都在。

当时袁伟民是国家体委主管训练的副主任,他听说了我哥要走的消息,一直劝我哥别走,有什么要求尽管提出来。但是已经挡不住了,我哥在那儿还可以,但我嫂子觉得刚刚改革开放,一切都还未知,而且她父亲是"文化大革命"期间被迫害致死的,还没有看得很清楚。思来想去,哥哥嫂子全家就决定都移民去澳大利亚了。

哥哥嫂子那会儿在北京的生活应该说是比较穷的。已经到20世纪80年代了,房子也就六七十平米,两个小卧室,他们家有两个孩子,儿子老大是1969年生人,女儿小一点儿,全家住得比较辛苦。

当时我哥也跟我说,留在国内有点儿看不清楚未来。年龄慢慢大了,拖儿带女,不知道以后怎么办,那时候还看不出改革开放能到什么程度。当时他在国家队是非常优秀的教练,带的队员是顶尖的,曹燕华是他主管的,拿过两次女单世界冠军,还有齐宝香、张德英、谢春英。带队员已经有这么好的成绩,但仍然是不知道会怎么样。看见一点儿亮光,但是有多亮也不确定。当时的生活条件很艰苦,儿子和女儿要上学,要养活,也不容易。因为当时有一股出国热潮,觉得可能去外面会好一点儿。

他们离开北京我去送,没有直达澳大利亚的飞机,从香港转,从北京到深圳，在深圳住了两晚上，我把他们送到罗湖口岸，进香港，一家人拎着大包小包的，想起来还是挺惨的。

我去送他们时心里也挺不是滋味的。在北京离开的时候，很多以前的朋友，包括我嫂子以前的朋友送他们都掉眼泪，心里也知道，虽然以后还有机会见面，但毕竟离得那么远，想见面也不是件容易的事情。

实际上他们一家到了澳大利亚后开始也是很艰苦，先到悉尼，住在嫂子的奶奶家里。很长时间没有工作，澳大利亚当时没有乒乓队，没有专业队，不像中国有专业队，后来听说我哥去了，澳大利亚政府出资的体育学院专门设了一个乒乓球学院，也就是国家队，每年拨款，我哥既是院长也是教练。人家也是慕名，听说是中国国家队来的教练，打过世界冠军，有一点儿名气，这么弄起来的。开始工资也很低，那会儿也就2000美金左右。后来慢慢好一点儿，这期间也开过一家餐馆，也不是很成功。可能他们不是那种特别善于做生意的性

1994年我去澳大利亚看望哥哥一家，和他配对参加了世界中老年比赛

格。打乒乓的人没有一个会做生意的，不是我想说得太绝，到现在为止我看见的人里面没有一个很成功的。因为整个思维方式都是适合练乒乓球的，不是用来赚钱的，这方面的能力比较差。

我第一次去澳大利亚看他们是1994年，转眼间已经是他们去了8年之后的事情。1994年在墨尔本有一个世界中老年乒乓球比赛，中国去的都是北京的，有七八个人，中国乒协组织，自由报名，自己出钱。

比赛大概有三千多人参加，这么多人打，组委会搞得井井有条，旅馆你自己找也可以，叫他们找也可以，坐车给发一个证，免费坐电车、公共汽车这些。比赛在一个大展览馆举行，放了60张台子，中国那会儿乒乓球发展得已经很好了，但一下子60张台子的比赛还很少，说明当地乒乓球的基础非常好，喜欢的人很多。比赛的分组就是40岁以上、50岁以上、60岁以上、70岁以上，这么按年龄分的。我和我哥配合参加了双打。日本去了600多人，男的、女的、老头、老太太，德国那么远也去了300多人。

我哥的儿子在乒乓馆有一个小餐厅，里面有水、茶、咖啡，还有简单的炒饭，香肠一切，蒸一大锅饭，一两个钟头炒一百多份饭，也挺辛苦，就是我侄子一个人做，还有我嫂子帮忙照顾这个店，也挺不容易的。

现在侄子在中国做生意，侄女定居澳大利亚，在那儿结了婚，也有了自己的小孩儿。

求助李瑞环

后来我哥一家的情况好了一点儿，工资涨到三千多美金，到了1996年、1997年时，我哥开始有一点儿钱了，他也回北京买了大房子，买了车。可是天不遂人愿，1997年底，我哥检查出得了直肠癌。

刚过上好日子，就查出来这个，就像是晴天霹雳一样，心里的滋味无法用语言形容。当时他是回澳大利亚检查出来的。1998年年初，他在澳大利亚动了手术，然后又做化疗。开始在澳大利亚做，化疗做完以后，感觉还不错。病了以后，澳大利亚队的总教练也不当了，这期间他还应台北乒乓球队的邀请去过台北，带过蒋澎龙他们一段时间，所以那会儿台北男队，尤其是蒋澎龙的水平提高很快，跟我哥还是有一定关系的。我记得蒋澎龙最好成绩打过世界排名第一，大阪世乒赛是第三名，中华台北队当时基本是世界第二、第三的水平。

后来我带队去台南训练时，看到我哥曾经待过的地方真的是百感交集。那儿的生活条件很艰苦，住的地方挺差的，吃饭经常吃方便面，因为也没有人给你做，我哥喜欢看书，老到外面去吃也不方便，有时候就凑合，人家没有像中国不管是体校还是体工队都有厨师，专门有做菜做饭的，那里没有的，就是自己管自己，自己到外面去吃。

当时我侄女周雪妮为了参加2000年悉尼奥运会，我哥也带她到那儿去一块儿训练。断断续续地去，有时候待几个月。后来我侄女参加了奥运会，双打跟苗苗配对，进了前八，八进四输给了孙晋和杨影。这就是对我哥最大的心理安慰了。毕竟他们澳大利亚队不是专业

我们夫妻与哥哥嫂子

的，全是业余的，能进前八已经是奇迹。

1999年年底，我哥的癌细胞还是扩散了，实际上发现的时候已经是晚期了，扩散以后又做了一次手术。2000年年初做完以后很好，因为以前已经做过化疗了，3月份回北京来了。回来以后我帮他联系肿瘤医院，结果肿瘤医院人满为患，"生意"太好了，本来六个人一个房间，给你算照顾的，三个人一房间。三个人一房间，进去照顾、探视全不方便，房间里面又没卫生间，什么都不方便。当时我哥的情况已经不是很乐观了，我们都希望他在最后的日子过得稍微好一点儿，所以想住个单间，我还认识肿瘤医院的一个副院长，说是没有办法。

后来我想了很久，实在没有办法了，就给时任全国政协主席的李瑞环同志写了一个求助条。李瑞环主席很早就喜欢打乒乓球，是中国乒协名誉主席，经常到北京队打，也总在先农坛体育场打网球。他跟我哥很熟，所以我给他写一个条，简单说明了一下情况，说我哥从澳大利亚回来，得了癌症，主要就是希望肿瘤医院能收他住院，最好是有一个单间，其他没有什么要求，就是简单几句话。

下午我给的他，没想到晚上他的秘书就给我打了电话。

那位秘书同志打电话询问情况，我说就是希望能到肿瘤医院，一个是能收，一个是能看，生活稍微方便一点儿，最好是有个单间。第二天下午就给我消息了，能住进去了。住完了以后肿瘤医院给他会诊，会诊完了主治医生就跟我说，你们家人要做好思想准备，看他的情况最多半年。

后来我把这些情况也告诉了我嫂子，我嫂子原来是搞医务工作的，也明白这些。她去澳大利亚以前在普仁医院当过副院长。我嫂子也很能干，什么治疗方法都试了，我哥最后几个月是在北京陆军总医院度过的，一直到最后，也没有太大痛苦，也没有很疼。

弥留之际与老友"叙旧"

我哥的病到那种情况,任谁也没有办法,所有人都已经尽力了。我哥要走的那天,下午六点多,张钧汉跟梁友能两个人一起去看他。但他那会儿好像已经又昏迷了,七点多他们走了以后,徐寅生去了,八点多李富荣去了,九点多庄则栋去了。

到现在为止我也一直没问过他们,到底是不是约好的,那天他们离开医院就十点多了,到十二点多我哥就开始不行了。

老战友们来的时候,虽然他已经不是特别清醒,但我感觉他能听得见别人在跟他说什么。他们是讲小时候的往事,讲着讲着眼睛都红了。真的是很有感情,从小到大的感情。他们十几岁的时候就认识,应该是1957年左右就一起进了国家队。1957年李富荣才16岁,庄则栋也才17岁,我哥是他们中的老大了,19岁,所以他们是从小到老的朋友。讲的时候我哥已经昏迷了,但是最后他断气的时候,眼泪自己流了出来,人还是有感觉。

哥哥的追悼会本来到八宝山只能订一个小的告别厅,我们讲是否能订最大的一号厅,工作人员回复说一号厅是要部长以上级别的才能订。但当听我们讲是乒乓球运动员周兰荪后,那人马上同意,也没用什么证明、介绍信。追悼会来了有几百人,李梦华、徐寅生、李富荣、张钧汉、杨树安,国家队的教练,浙江乒乓队的王宏基、朱人龙、朱乃桢,山西乒乓队的教练、老朋友都赶来参加。当时乒羽中心主任杨树安又当接待,又当礼宾司仪,告别仪式井井有条,两边放满花圈,最耀眼的是嫂子用500朵红玫瑰做成的心形大花盆。

现在嫂子和侄子、侄女生活得都很好,侄女在澳大利亚墨尔本,2008年在北京办的婚礼，办得很隆重，侄子在中国做生意，做得也还可以，主要是在北京、云南两处。我嫂子的公司在美国，她的身体很好，美国、香港、澳大利亚、北京这些地方来回跑来跑去。作为一个女人，她很不容易，她家里的床头一直挂着我哥的照片。平时是在北京住得多，一回来主要是在北京落脚。我跟她说，你把照片拿走吧，一睁眼就能看见，但她一直没拿开。她原来姓朱，叫朱章静，后来到澳大利亚，叫周朱章静。我哥去世之后就把朱字去掉了，现在就叫周章静。护照什么的都是这样，所以人家都叫她周大姐。

我嫂子也是北京人，因为她奶奶是外国人，所以把她父亲下放到山西。他在山西是一个煤矿的总工程师，高级知识分子，最后"文化大革命"时，因为有外国血统，被迫害了。我哥被请到大同去打表演赛时，他们两个人在山西认识的。也就因为这，我哥后来被扣上了"5·16"分子的帽子，直到现在我也不知道"5·16"到底是干吗的。

我哥哥去世这么多年了，我也跟嫂子说过，时间这么长了，有合适的就再找一个伴，年龄越来越大了，有个人可以彼此照顾。我侄子也劝过她，小孩儿们也支持她，都没问题，但是她到现在为止，还是一直照料她的事业。

曹燕华在她的自传《属虎的女人》里曾这样写过我的哥哥和嫂子：

"周兰荪，高大魁梧，一点儿不像杭州人，倒更像山西大汉；一旦开口，慢声细语的，又像是在唱苏州评弹；一副金丝边眼镜，习惯性地不时用中指和食指往上推一推，这模样，又让人联想起大学里的资深教授。他经历很多，从中国到世界，从天之骄子到五七干校园；他阅书也极广，从"三国"到武侠小说到外国名著，五花八门包罗万象，他娶的太太更不同一般：美貌似天仙，温柔赛西施，是个混血儿，烧得一手色香味俱佳的好菜，还是医院副院长、外科第一刀。我怀念她烧的白菜肉丝炒年糕，那是我们小组的队员每年春节才得以享用的美餐。她是我见过的最出色的集美貌、温柔、聪明能干于一身的女性，师父好眼光。"

我哥哥病危期间，曹燕华正好在北京拍电影，深夜拍完后就往医院跑，第一天来时已经是凌晨两三点，看到我哥躺在病床上，拉着他的手，失声痛哭，说："要是没有周指导，就没有今天的曹燕华！"曹燕华一连几天都来守在我哥哥的床边，直至天明。

2000年12月，曹燕华写过一篇悼念我哥哥的文章——《怀念恩师周兰荪》。

"师父，您怎么就走了呢？我不相信！没有人相信，您已与我们阴阳相隔，永世分离。您是那么地健壮，在球场上丝毫不减当年重磅炸弹的英武；您那温文儒雅的谈吐，那泰山压顶而处之泰然的绝顶修养……您还有那么多优秀的品质需要传授，您怎么能走呢？"

"师父，您知道吗？如果没有您，当初那个曾打遍世界的曹燕华根本就不会有所作为，更不会成为如今的经商、办学、写作、演艺于一身的曹燕华。我是个被命运青睐的幸运者，而这一切，正是因为有了您。在您的弟子中，有多少人成为了世界乒坛的佼佼者，而如今又都事业有成，张德英、齐宝香、郭跃华、施之皓、谢春英……每当老队友相聚，我们谈得最多的，除了您，还是您，当我们各自在国外定居十几载又回到国内，以为从此可以聚多离少，弥补那早该尽尽的孝心，但您却永远地离开了我们。师父，您为什么走得那么匆忙呢？"

"师父，您那么善良，事事处处为别人着想，您怎么会走呢？几个月前，当得知您病情恶化的消息，我简直不敢相信自己的耳朵，强忍悲痛每月到北京探望您。而您，依然是那么地豁达、乐观，心中关心的还是弟子的成长。在您面前，我不敢流泪，从来不敢，现在也不敢。因为我知道您不喜欢软弱的弟子。在您的言传身教下，如今，您的弟子面前没有克服不了的困难。可是，当看到在病床弥留的您，再坚强的人也经受不住这残酷的现实。但是，您想到的不是自身的安危，关心的还是亲人、朋友、弟子，您说把亲人拖垮了，让我只要有空打电话过去就行了。我的恩师，像您这么善良的人怎么会得这种绝症呢？老天不公啊！"

"师父，您真的走了吗？您应该欣慰的是，您的儿女都已长大成人并有了自己的事业，您的得意门生如今也事业有成并牢记您的教诲：老老实实做人，认认真真做事。您的未竟事业也将由您的亲人、您的好友、您的弟子去共同完成，您此生已无遗憾！"

"愿您的英灵在天堂里永生！安息吧，恩师！"

2010年我带新加坡队去台北备战莫斯科世乒赛，见到蒋澎龙、吴文嘉两个人，他们一直没有忘记我哥，说要是没有周教练，我们怎么可能有后来的成绩。跟我说一定要去看看师父，祭拜一下。我们约了好几次，2010年亚运会的时候，打完亚运会就要跟着我回北京，但当时说代表团一定要回台北，所以没来成。2011年6月，深圳公开赛后，他们特地跟我一起来北京，去我哥那儿看了看。

巧打削球的弟弟周厚生

弟弟周厚生比我小七岁，他从小跟着我，比跟我哥哥的时间要长，所以跟我的感情很好，我打球时就让他跟着我打。我进了专业队，弟弟开始上初中了。他那会儿没地方打球，有时间就到杭州市体校鲁涤森教练那儿打会儿，我有时间也陪他练，到了1960年、1961年，我给他想了一个招儿，走一条人家不走的路，我让他打削球。

之所以让他打削球，是因为当时打攻球的人太多，浙江的男选手几乎全部都是攻球，没有削球，所以打削球如果人家不适应也能赢球，属于"剑走偏锋"吧。

1961年我打了浙江省冠军，1962年浙江省队在全省各地招了一批队员进来。我那时候找到训练处长，训练处长像体工队大队长一样，训练和进人都归他管，是位很严格的处长，也是部队下来的少校。我说我弟弟想考浙江队，他说："你弟弟行吗？"我说他打削球打得好，整个浙江队没有削球。他说："行，我看看！"于是集中所有的教练看我弟弟跟另一位想进浙江队的选手打比赛，那个人是金华的，真是一场定胜负，一场定命运。我的印象中，弟弟大概2比0就赢了，那个人不太会打削球，从这一点上看，打削球还是"占了便宜"。

那位训练处长一看这结果，当即拍板让我弟弟进了浙江队，说："明天就来报到。"他这么进的省队，比我快多了，我还是先进杭州队、再进浙江队，他直接就是省体工队，当时他15岁。

"文化大革命"开始后，所有队伍都停止训练了，我弟弟就不再打球了。

1995年，我和弟弟去天津观摩第43届世乒赛

他离开浙江队后，被分配到电信局工作，虽然工作看上去是跟乒乓球毫无联系了，但还是有关系的，电信局有什么比赛还是去打。有时候我在想，乒乓球这东西拿起来了就一辈子离不开，再不打也是离不开。

后来他自己下海开了一个旅游公司，最早是杭州电信局的旅游公司，电信局把"三产"这些都剥离了，他就自己干了，一直干到现在，做得不错，干得比我好，赚钱比我多。

我在北京队带队打乒超时，有时候主场放在杭州，全是我弟弟开车接送，到哪儿比赛都是他开车，他的公司有一个面包车，接送都是他。一直到现在，我跟我弟弟从来没有谈到过钱的事情，包括我的朋友要去杭州，他都会帮我热情招待，没得说。

弟妹虽然没打过乒乓球，但她也关心乒乓，也喜欢，否则就不会送她儿子去打乒乓。弟弟家的儿子也打过乒乓球，进了体校，但打得一般，后来没有走专业道路，在周昰之后，他也去日本上学了。在日本认识了一位日本女朋友，那女孩为了跟他在一起，专门考到浙江大学学了两年中文，下了很大决心。两人结婚以后，在杭州和日本两边跑。

天作之合的一次出访

乒乓界有很多因乒乓球结缘的夫妻，我和我爱人刘雅琴就是在国家队认识并走到一起的。

我1964年进入国家队，刘雅琴在国家青年队，青年队那会儿是在工人体育馆训练，那时候我们还不认识，后来"文化大革命"开始，全部搬到体育馆路集中。在一个队以后，我对她的印象一直很好。她是团支部书记，国家队出黑板报,大喇叭开始广播了都是她,最开始看中她人不错,性格开朗。

我是1941年12月生人,她是1947年5月的,按月份差五岁半。这个年龄差距放到现在很正常,那个年代里就很少见了,不过最后还是发展成了。

1972年出访合影

当运动员时她的脾气很大,挺暴的,打不好就摔球拍,这在当时人们都很内敛的年代是比较少的。按照惯例,我们星期六都要打队内比赛,她要是输了球,这个周末他们一家都情绪不好,一直拉着脸。

但这种情况在我们结婚后就慢慢改变了,回首我们这四十多年,用"贤妻良母"形容她是没错的。

我们俩能走到一起,最关键的是一次共同出访的经历。

1972年冬天,浙江队跟国家队组成一个访问团,当时老有友好访问,那次我们访问的是埃及、黎巴嫩、南也门、北也门这四个地方。那会儿出个国太难了,你想申请?没戏!不是

刘雅琴去欧洲参加比赛,图为莫斯科,从左到右为:习文元、陆巨芳、郗恩庭、随队翻译、王福成

1971年，刘雅琴出访古巴

你想出国就能出国，全是上面定，结果那次出访任务派给了浙江省。前面我讲过，是因为浙江省在五项球类运动会上表现很好。另外，领导会根据队员的技术状况和平常的表现决定派谁出访，比如表现不错，技术实力也过关，又不承担大赛任务了，就会被派出去打这些友谊比赛，正好国家队派的是我和刘雅琴两个人。

当时派出4名男运动员和4名女运动员，我是国家队的，但是从浙江来的，另外3个男队员是浙江的，女队员有她，来自北京，其他3个人也是浙江的。4男4女，走了一大圈。

那次出访一共55天，转了四个国家，就是打友谊赛，打表演赛，其实当地队员跟我们打都没法打的，每天简直就是吃喝玩乐，其实就是友好交流去了。

那次出去也就怪了，不仅团员，从团长到副团长，到从中联部来的翻译，所有人全是浙江人，就她一个不是，加上我人缘还行，所有人都帮我的忙。其实之前我也找过她，但她没有动心，因为她的家人不想在国家队找，也不想

几十年前的合影，现在想起来依然记忆犹新

找外地的，怕她跑了，后来还是没跑，把我拉北京来了。这是后话了。

那时候在一个队里有接触，正好又有这么一个机会。其实要有一段时间一块儿生活，才能真正了解一个人。那时整天比赛、表演，从早到晚基本上都是在一块儿，去哪儿游玩都是在一起，所以接触机会就比较多，彼此了解得更细一点儿，全团都是浙江人，我们都很熟，只有她一个北京人，语言也不通，各方面我对她很照顾，再加上印象本来就不错，就自然而然地发展起来了。

我和刘雅琴一同出访，在埃及留影

所以我挺感谢这次出访的，给了我们这个机会，没这个机会也不行，平时在一个队，要在一起说话也没那么容易。所以那次真是有点儿"天作之合"的意思，要没有出访这事还真不一定。这次出访，他们都说我的收获最大。回来之后我们两人基本上就确定了关系。

出国回来以后，我就去她们家登门拜访，所有的队员陪着我，我们组了个团一块儿去她家吃饺子。去见了

感谢这次出访，让我和刘雅琴走到了一起

她父母，她姐姐、姐夫，除了她父母以外，家里面比较"掌勺"的是她大姐夫，他也是乒乓球迷，我也知道他要一点头基本上就没问题。

第一次去她家，家人一见面就觉得我还不错，人挺好，我这心里就踏实了。

我记得有一段时间我在国家队，她在北京体院，我在大南边，她在大北边，到了礼拜天，等她进城得两个多钟头，从8点等到快11点，上新侨饭店，花个几块钱吃顿西餐，改善一下生活就特别开心。

比"裸婚"还裸的结婚

1973年11月8日，我们结婚了，先去崇文门街道办事处登记。我们俩打算结婚的时候，正好是国家队人最多的时候，因为赶上新老交替，大队员没走，新队员又来了。等于调整了一大批，又调了一批年轻的，所以有一百多人，领队张钧汉就催着我们俩结婚，为什么呢？赶紧给年轻人腾房子。

我们的结婚照

国家体委给我一小间房，那会儿这方面绝对是无所谓。后来行政科的人说，是不是小一点儿？再给你一间？我说再给我一间在哪儿，他说在一楼有一间，我说那太烦了，能换两间吗？他说两间真的换不出来。我说那我就不要了。要是到现在，再给你一间能不要了？那时候觉得有一间能住着就住着，就行了，再给一间还烦了。

那会儿也没有结婚照，我们在光明照相馆穿着中山装照了一张合影。买了几斤水果糖，队员凑起来送了我们一个镜子，上面贴着红纸，祝结婚之喜，下面签上他们的名字。家当只有被子、褥子，比现在的"裸婚"还要裸多了，也没有现在所谓的请客吃饭，那时候哪吃去呀？全没有。我们什么结婚信物也没有，戒指什么的也没有，后来倒是买过戒指，买过项链，但不是因为补这个。

我夫人在颐和园，怀里的孩子是徐寅生之子徐华章

这样就算结婚了。那天是1973年11月17日。

结婚以后，她的性情改变了很多，变得温柔了、懂事了。这么多年我们基本上没打过架。

婚后刘雅琴回北京队了，当时还打球，一直打到1974年怀孕了。

领队知道这件事后跟她急了，正准备全国比赛，怎么能怀孕呢！怀孕以后也挺辛苦的，保胎躺了有一个月。那会儿都不懂，怀了孕还在那儿跑，还在那儿跳，不像现在那么懂。

当时她还准备打全国分区赛，因为在云南，海拔高，球特别飘，当时只有她去过云南，其他队员都没去过。而且她从国家队回去的，水平保持得不错，那时候还围着她准备参加全国分区赛。结果没想到，突然怀孕了，当时她就跟领导说，算了算时间，如果把孩子拿掉还有半个月时间准备比赛，要不然就拿了吧。当时叶佩琼是她的教练，非常开明，非常通情达理，叶指导说算了，那么大年纪了，还比什么赛，不打了。

这样等于她1974年以后就不打球了，后来就转做教练工作了。

1974年我就在国家队当教练了，儿子周晅1975年1月出生。孩子出生的时候，在光明楼那儿分了一套房给我，玉器厂的后面。

大半辈子分分合合

1978年，我回浙江女队当主教练，当时儿子才三岁多。那会儿刘雅琴在北京队当教练，孩子就放在她妈妈那儿，从小她妈带的，很辛苦。老太太辛苦，她也辛苦。

当时假期也没有这么多，但是那时候一有比赛，两边的领队都比较照顾，就都派我们俩出来。比如说到南京比赛，他们也去，我们也去，我们就能碰面，差不多三四个月见一次面。两边的体委主任都特别好，每次一开体工会就研究我们俩的分居问题，本来希望她来浙江，后来一看来不了，我们主任就说"既欢迎又欢送"，既然欢迎不了她，就欢送我去北京。

那几年过春节都是在北京，我是赶上就过来，赶不上就过不来。因为那时候的专业队春节基本不放假的，春节就是初一休息一天，初二就开始正常训练。

当时北京市体工大队的党委书记很关心我们分居的事，有一个副大队长，年龄很大了，特别好，跟刘雅琴说你不用难受，就当他出国了，过一段就没事了。

其实我们比做其他工作的分居还好一点儿，领导们都特别关心我们，但是其实也无从下手。后来特别有运气，赶上个全国一揽子会议，上海、浙江、天津、北京，各个省一块儿开会，你需要我，我需要你，这样各地人才交流，也是专门解决夫妻分居问题，看看互相解决一下。赶上这么一个会议，所以我有

刘雅琴带队参加比赛，后排右一为王晨，前排左二是我的儿子周晅

机会调到北京。之前双方的领导都交流过这个事，再加上北京的队员也挺希望我调到北京来。那时候跟浙江队打比赛，北京队老输。几个方面吧，再加上赶了这么个机会，一下就调过来了。

我在浙江的那几年，都是刘雅琴的母亲帮着照顾孩子。她们家里的兄弟姐妹也挺多的，带完姐姐的老大带老二，给老二带到两岁多一点，我们的孩子就接上了，母亲一直帮忙带到八岁，老太太真是累，所以我儿子跟姥姥、姥爷感情都特别深。

我们那时候国家还没有实施计划生育政策，但是我们的工作性质不允许，没有那么多时间和精力。运动员队实行三六制，周三、周六才能回家，平常根本不能回家，都得住在体工队，有时候刘雅琴中午抽点儿时间回去看看孩子，帮帮忙，也只是这样。

儿子上小学的时候，刘雅琴被民航给借调去十个月，教民航乒乓队，就是为了参加世界民航组织搞的比赛，当时在北京队借了男、女各一位教练，

这么多年来，我们一起出游的机会屈指可数

每天跑飞机场。北京机场在顺义，从先农坛体校往那儿跑，等于从北京东北角到西南角往返。每天两个半小时坐公共汽车，坐106路到东直门，再转359路，一直到飞机场，这样整整跑了十个月，现在想想真是不可思议，太辛苦了！

去了第二天回来以后吐血了，我们都吓了一跳，赶紧去医院检查，是支气管扩张。后来准备不去了，但那时候真是没有人，一线教练准备全运会，不能动。只有二线，就是刘雅琴跟仇宝琴教练，但仇宝琴的爱人姚国治马上要去埃及援外，所以她去也不合适，只能刘雅琴克服一下。当时儿子只能托付给"少年之家"，先农坛的小孩儿放学回来有一个少年之家，管他们写作业，吃个饭。那位陈老师特别好，有时候帮着带孩子。刘雅琴从民航四点半练完，跑回到先农坛就七点了，有时候还跟儿子练半小时，我一年差不多在外面跑半年，基本上不在北京，指望不上。所以她真是特别特别辛苦，一方面是自己的工作，另一方面还要照顾家里。

那时候的形势就是这样，制度规定就是这样，所以我们有的教练结婚以后，爱人受不了周三、周六才能回家，离婚了。他爱人不是体育行业的，很难理解这种工作性质。

我们家这种情况，彼此都能理解对方的工作，也是没办法的事，我们这大半辈子，就是分分合合，合合分分，有分有合，所以也挺不容易的。

直到在北京队退休了，我还去了新加坡三年，刚去时刘雅琴到日本帮忙带孙子，后来也跟我去了新加坡。

对家庭的付出，肯定是她比我多，也正是这样，我才能没有后顾之忧地工作。两个人一起度过四十多年，我们基本没有吵过架，家庭和睦是最让我觉得幸福的事。

儿子四岁独自从北京到杭州

我儿子小名叫大虎，1975年1月份生的，农历虎年腊月，虎尾巴。大名叫周晅，我给起的，"晅"是光明的意思。后来他上学、打球，这个名字经常被叫错，叫成什么的都有。

我们夫妻俩都是打乒乓球的，孩子在这方面有一定的天分。我还在浙江队的时候，有一次刘雅琴带孩子去杭州探亲，当时还特别小，我训练也不能因为他们来了就休息，孩子没事就在馆里看我们训练，受到一点儿熏陶，可能看着也觉得挺好玩，有点儿兴趣，就拿起拍子比划了，坐在台子上打居然打了几十板。也没有人非得让他打乒乓球，就这么自然而然地拿起了球拍。

周晅小时候挺勇敢的，有一件事让我到现在印象都特别深。1978年10月，周晅不到四岁，他说想爸爸，非要去看爸爸。那会儿刘雅琴工作非常忙，要带队出去比赛，不能陪他到杭州，也不能带着儿子去比赛，怎么办？只能让他一个人从北京到杭州。儿子那

一家三口

三个人的幸福生活

么小，什么都不懂。于是就请刘雅琴的姐夫帮忙，拜托了一位乘务员朋友，把孩子从北京先送到火车上，当时还没买到卧铺，具体记不清是怎么回事了，就交给乘务员，他一个人在乘务员的小铺上窝了一夜，那时候火车非常慢，走了20个小时。我到杭州火车站去接他，真的挺心疼的。

那次他在杭州待了一个月，结果这一个月还没能安生，一直牙疼，我就带他看牙，他一个月没吃东西，瘦得简直是不成样子。这事给我的印象特别深。

虽然小时候没有一直在他身边，但儿子跟我特别亲。1981年，我终于回到北京，周昫那会儿六岁。

从打球方面，周昫还是有点儿被耽误了，因为当时我们俩都是管别人孩子，管自己孩子的时间和精力都太少了。小学一年级时，周昫刚上西城体校，他所在的育民小学是北京市重点小学，那里的老师真认真，每天拖堂1小时是最少的，回家作业都要做一两个小时，他现在汉字不错，就是育民小学打下的底子。当时每天都是姥爷接他，每天都要等很长时间。老师很认真，对学生是好事，对周昫来说就没有时间打球了，只能有时候周六、周日陪他打会儿。所以一年级上完到假期的时候，他什么也不会。因为之前刚练了一个月，就上了一个重点小学，然后就没练，跟不会一样了。

周昫二年级时，我们把他接到身边，到先农坛体校跟我们一块儿住集体宿舍，转到了育才小学，是个区重点。这时候他也没时间，我每天晚上跟他练半小时。但老跟着我练也不行，给他找个体校请教练带，离先农坛比较近的是陶然亭体校，正好我们那儿有位教练的爱人在那儿任教，练了半年，练得挺好的，可是一打北京市比赛，周晗原来是在西城，一打比赛要代表西城，就跟陶然亭打，教练不干了。我说算了吧，到了三年级下决心给他送到西城体校去了，一年级到二年级转了一个学校，到三年级又转了一个学校，转到一个普通小学，从市重点转到区重点，区重点转到普通小学，到了西城体校以后才开始算是打球。当时周晗的教练带着孩子住在西城体校，有时候他爱人也去，我们要是三六制回不去的时候，就把他放在那儿跟教练一块儿住，人家一家子带着他，对他很好，但我儿子总有一种寄人篱下的感觉。后来刘雅琴能回去的时候就带着他，那儿离姥姥家近，就带着他回姥姥家，回不去就在那儿住，等于又过了一年。

这时候周晗九岁了，什刹海体校成立第一批运动班，什刹海体校是市体校，运动班等于是半专业，把孩子们都集中到什刹海体校，在什刹海旁边的小学上学，把主课都放在上午，下午不上课，下

1989年去朝鲜参加世界青年联欢会，刘雅琴和代表团团长李克强、副团长林炎志

1987年全国青年锦标赛在成都，我和儿子在武侯祠

午、晚上练球。

学校当时叫教场小学，后来好像叫北海小学，现在已经没有了。每个年级有一个运动班，这个班里的学生都是什刹海体校的，我儿子就进那儿了。其实我儿子的基础太薄，没有他教练带的另外两个孩子好，所以教练也不是特别看好他。后来我说，不用勉强，你觉得他行就要他，觉得不行就不要，后来他还是要了。要了以后，我们跟孩子说，如果你将来想打球，要想进北京队，必须这一年之内打进北京市前两名，至少是前三名，因为你爸你妈是搞这一行的，你不可能走后门。后来我儿子挺努力的，半年就超过另外一个小孩儿，已经跟最好的接近了。后来再过了几个月，不到一年的时间，我儿子在这一批里就是最好的。

他真是挺努力的，后来真是靠自己的能力进北京队，再进到国家青年队。11岁进的北京队，是1986年，他那时候正好是小学五年级。

在什刹海的时候，本来是周二、周四可以探视，我们就特别遵守，周一肯定不去，第二天儿子就问他妈妈，说妈妈你们怎么不来，别的小朋友家长天天都来。他从小就没有一直在我们身边，说得我们心里也挺不是滋味的。

周晅进北京队应该算是早的，我们领队还是对我们不错，本来是只有一个名额，但是前面还有两个比他大一年的，水平也比他好，后来就说等一等吧，后来又有两个名额，等于有三个名额了，周晅就进了北京队。那年他11岁，小学六年级，这一年我们是比较轻松的，都在一块儿了，而且我儿子挺自觉的，该干什么干什么，到点了他保证不玩了。

小学毕业以后就在先农坛上学了，222中。1988年，周晅在无锡进行的全国青少年集训，60个人打比赛，易振南打第一，他打第二，前两名进入国家青年队。

下定决心送儿子去日本

后来周昱为什么去日本，因为他在国家队20个人里面，一打比赛差不多总是在十名左右，他跟李静就是十一、十二，他们两个人挨着的。当时孔令辉、刘国梁是尖子，冯喆、董仑、王飞，全是那一拨的。所以这一批一看挺难，优秀的人太多，乒乓球不在最前面肯定被压死了。

每个家庭大概都有一张这样的合影吧

刚好这时候有一个在日本的朋友，说你儿子到日本上学，又能打球，球也不耽误，又留学了。我思考了一下，就跟儿子沟通，说不通，他想留在中国当世界冠军。刘雅琴开始也不愿意周昱去，但我最后还是坚持了，跟他们沟通，我说你打不到前面，你赢不了前面几个，孔令辉、刘国梁那会儿已经出道了，董仑都比他大，球比他好。周昱打球晚，所以很难赶得上人家。

其实周昱特别恋家，因为从小就很少跟爸妈在一块儿。在国家队的时候，晚上10点熄灯，8点开完会了，他还会骑自行车回到先农坛跟我们待一会儿，9点再骑回去，特别恋家，离不开。我说你一定要学会独立，男子汉一定要有独立生活的能力，自己要很好地锻炼，要自己能闯天下。

就这么跟他谈的，后来走的时候他也哭。但我儿子比较听话，他比较听家

儿子去日本前与国家队教练告别，右为当时国家青年队主教练尹霄

长的。我作为父亲，可能想这些道理比较清楚，他妈妈更心疼，不同意他去，心里肯定很纠结，为了他的前途，怎么办？也就不说什么，去吧。

周晅去日本是当地学校的重点项目。那个学校有个球队，出了好几个世界冠军，是日本水平最好的学校，最重点培养的阶段是在高中，学校投入，管吃管住，类似奖学金那种性质，给他们挺好的条件。比如说中国调去的孩子，它就给你管吃管住，球板什么的也发，运动衣也都提供给你，一个月给你两万日元的零花钱，但是日本的孩子就没有这种待遇，可能会给少一点儿，不像中国孩子，全部给你。所以一个学校就养一个中国男孩子、一个中国女孩子。因为规定比赛中一支队伍只能有一个中国人参加，所以他就只要一个。

周晅是去日本的第一批中国学生，以前从来没有过高中生去日本，真的是背着球拍闯天涯。

等日本那边的手续、包括去日本的签证都弄好了，我给当时的国家队领队姚振绪打了一个电话。我说老姚，你写一个周晅调整回北京，他不在国家队待了。那会儿要调关系调到国家队的，现在不调了，我说我儿子准备出去上学，当时都是劝我，说国家队多难进，进了国家队还走，我说儿子要出去上学，最后还是给弄好了。回北京队，跟北京队一说，那会儿是小孩儿，不像现在尖子什么的不让走，那会儿还没有，就走吧。

去了以后，头两三个月，每次打电话都哭。那时候从日本往中国打电话17块钱一分钟，还必须到长话局去打，一打电话就半个小时，可想而知他是多么想家。

我能理解他当时的感受，整天都在日本人堆里，语言不通，又没有亲戚朋友，就他一个人，尽管日方也不错，找了一个大一点儿的孩子照顾他，但是他那时候的孤独寂寞肯定是非常强烈的，想想也挺可怜的。我跟他说，身体第一位，你要是真顶不住了，咱们就不待了，回来上学，你在那儿待着不舒服，那么痛苦，要不行就回来，只要你自己认准了。但周晅还是坚持下来了。

当时签合同的时候也没经验，从来没有探亲这一说法，所以周晅一年半都没有回来，我到日本去打比赛才能见到儿子。但从他以后再去的孩子签订合同，一年就可以回来，日本出钱允许探亲一次，原来没有的，所以我儿子等于足足一年半没有回来。我觉得他顶过来挺不容易的。

为了看儿子，1992年我去了趟日本。

有一张照片，我儿子和校长一起拍的。我去的是乡村，儿子在名古屋那

1992年儿子获得全日本高中比赛亚军

边，要走挺多路的，学校真不错，跟那边联系，专门搞一次拉练比赛，到那儿去访问比赛，跟队员交流一下，专门安排让我去看儿子。他是1991年5月份去的，我是1992年5月去看他，一年的时间，他已经能当翻译了。小孩儿语言学得快，学校方面对他也很照顾。

和他一起去日本的还有两个女孩儿，有一个是北京队的寇影丽，一个是八一队的，八一队的孩子比他们年龄大，到那儿就上高三，寇影丽跟他一个班。他们没有读语言的预科，什么都没有。所以他当时挺苦的，但是他语言学得快。不得不说，周晅那时候挺棒的，他说自己难受的时候，就在洗澡的时候哭，因为不能让别人看出来，哭完就没事了。一开始去的时候他的日子不好过，因为输球，日本的压力太大了，大家伙都给你加油，日本比赛的气氛特别热烈，比赛选手的神经要特别坚定，他前半年是输球的，他就下决心我一定要打冠军，半年以后就扳回来了。

很多年后我在家里翻老照片，偶然看到他的一张照片，上面写着：因为我输掉了，我打了第三名，我一定要赢回来，要报仇。真是让我感慨万分。

周晅到半年以后开始打地区的冠军，慢慢地，一次一次打冠军，等到高三的时候就彻底翻身了，他们老师专门派一个队员跟在他后面，给他拎包，给他拿奖杯，给他拿衣服，他就是"大牌"了。而且日本就是这种前辈和后辈层次比较清楚，开始真是"当孙子"，他挺咬牙地下决心，后来就翻过来了。

有一次全日本高中比赛，他们老师说如果你打冠军就让你们这几个人，包括那两个女孩儿一块儿回国探亲，如果拿亚军都不行，所以那俩女孩儿比他还紧张。结果拿了冠军以后，他没事，那些女孩儿都哭了。

全日高中比赛特别重要，所有的学生，三年打一次，打了这个比赛的冠军，基本上就能有大学录取他了。当时日本邀我去执教，我去不了，我爱人就去了。男子冠军是周晅，女子冠军是原来北京队的朱芳（现在西班牙国家队），两个比赛非常激烈，气氛非常紧张。男、女两个台子一块儿打，最后都拿了冠军。

周旸高三的时候，日本国民体育大会在香川县举行，国民体育大会类似于咱们的全运会，但是不那么官方，有点儿民间性质，对于各地来说也很重要，所以香川就请我过去给他们带队。我去待了半年时间，最后帮他们拿了个冠军。其中半决赛非常惊险。打到第五盘，第一局9分就输了，9比21，我们队员紧张。输完以后第二局11比19落后，所有的校长、理事长全走了，只有我一个人在那儿，我跟队员说别着急、别紧张，他发球你一搓，他搓回来你一拉，就这么一分一分追，追到16比19的时候，他们走到门口了，就站住了，在那儿站着看，再追到19比19一看有戏了，又往回走，第二局我们队员就拿下来了。到第三局，对面的选手崩溃了，一下就输了，简直不可思议。

仙台高等中学女子乒乓队是日本当时高中的冠军，那位监督看见我都是牛

1993夏天，儿子赢得全日本高中比赛冠军

得不得了，这个比赛打完以后到场地里，他跟我握手，后来主动跟我交朋友，跟我好得很。我回北京后，北京跟仙台建立友好学校，中途还专门请我去过两三趟给他们讲课，请我们整个队去过他那儿。日本人就是这样，他可能看不起你，但你把他打服了，你真是有本事，他对你还是挺尊重的。

高中毕业后，周晅上了琦玉工业大学，学环境保护专业，是当时最好的系，专业在日本是最时髦的了。那个学校球队很好，周晅拿了冠军以后，就把他招了去。现在那个大学乒乓球也还行，是一直传承下来的。

在大学，周晅对待学习很认真，我记得他写论文，一头扎进图书馆里，一下子就能在那儿蹲9个小时。

周晅圆梦奥运会

1997年，周晅大学毕业了，当年的11月10号，他就结婚了。周晅结婚太早了，定下来结婚时我都笑了，尤其是他妈妈，感觉他还是小孩儿呢，突然就变成大人了，有一周时间他妈妈都是有点儿"蒙"的，笑了一个礼拜。可是我想结婚了以后我们老两口就放心了，有人管了。他们两个人也是因为乒乓球而认识，婚礼是在北京办的，很多亲朋好友来参加，像个大聚会一样。

后来周晅开始代表日本队打国际比赛，2003年、2004年是他职业生涯比较辉煌的时候。他的辉煌虽然从成绩上没有办法跟咱们中国国家队的选手比，但他非常努力上进，打过日本全国冠军，参加了世乒赛、奥运会，我们做父母的，都觉得挺满意，也很为他骄傲。

2003年，周晅在全日本锦标赛上拿到男单冠军，在日本国家队的20个人大循环中也拿了冠军，入选了2004年卡塔尔世乒赛团体赛阵容。比赛的时候我去

我和儿子

看他了。看儿子打比赛，跟看队员打比赛虽然都是有紧张的感觉，但似乎还是不太一样。

有一场他们跟欧洲一个队打，他打得很胶着，我在看台上拼命给他加油助威，结果裁判可能以为是日本队教练在指导，还出示了个红牌。

2004年雅典奥运会预选赛在北京海淀体育馆，周晅单打最重要的一场是跟中华台北的张雁书，两个人在同一小组，谁赢谁出线。

赛前准备的时候，我跟周晅讲，关键看发球和接发球，发球接好了，打开来，对方是直板，反手对不过你反手。后来我陪他看了一些录像，最后打完周晅说："管用！他一发球我就知道，好像已经练熟了。"

那场比赛打赢了，我先出来了，儿子后来跑出来激动地跟我热烈拥抱。这些年来，我们父子间其实很少这样表达感情，他从小到大，我们在一起朝夕相处生活得不多，这次情不自禁地拥抱，真的是非常开心。

运动员一生能参加一届奥运会真是不容易，在日本，有奥运会参加权，成为奥运选手就像咱们拿到奥运会冠军一样，是非常受人尊敬的。当时小泉纯一郎是日本首相，他给参加奥运会的每一名运动员都写了一封感谢信，做了一个纪念牌，对于选手来说是一种荣誉，也留下永久纪念。

我国很多乒乓球选手在国内无法打到最高水平，甚至有些水平很高的选手，因为国内竞争太激烈，会选择出国打球，一方面是到外面之后待遇好一些，另一方面，参加世界大赛，尤其是奥运会，对他们的吸引力非常大。所以才能理解，为什么王晨在北京奥运会闯进前八后，在球场上跪地流泪。

那真的是他们最大的梦想。

孙子也是"乒乓高手"

周晅一直打球打到2008年奥运会前，北京奥运会国内预选赛没能过关，真正不打是2008年金融危机，他所在的Grand Prix大阪把乒乓队解散了。因为金融危机，老板生意都亏了，就把乒乓队撤掉了。老板喜欢乒乓球，人也不错，就把球馆让给周晅经营，只是象征性地收一点儿钱，很多人想要这个馆，老板都没给，给了周晅。

周晅在那个公司做得还是不错的，他们打日本的联赛，周晅是乒乓的总管，日本叫监督，监督等于是领队、教练、日常管理，本来还有一个部长，后来他成为部长了，等于都归他管理了，中国人在国外俱乐部里面当到这个，算是封顶了。他曾请过阎森、詹健、朱江等运动员过去打球，他那个俱乐部还有松下浩二、福原爱。周晅搞俱乐部经营搞了三年。2009年5月日本横滨世界锦标赛，新加坡队就是在他那个俱乐部训练的。

这个馆在大阪比较主要的地段，地段很好，又很大，后来租给银行了，比租给周晅当乒乓馆起码要高出五倍到十倍。周晅另外又租了一个地方，原来是一家超市，关门好几年了，地方很大，他租了700平方米，比原来那个馆还大，能放20张台子，他放了16张台子，生意现在都还可以。俱乐部对大众开放，谁去打都可以。他自己还搞了一个球队，都是小孩儿，慢慢地几年之后，名声有点儿做出来了，他搞球队的第二年就拿了全国小学生比赛第三，转年又

儿子结婚时的全家福

拿了团体冠军，所以在私人俱乐部里还算不错，他搞这个也是为他儿子创造打球的地方。

儿媳妇原来也打球，现在负责球馆管理、经营。之前她在日本蝴蝶公司上班，一结婚就辞掉了，日本人就是这样，一结婚就辞职了，我儿子那会儿工资还不高，她也不工作了，就跟着老公了。后来中间有一段，也去上班过，后来也不上了。

我亲家就是搞乒乓球的，也是在私人俱乐部，之前是业余地搞搞，后来也变职业的了，靠乒乓谋生了。原来他家在东京有一个加油站，我去过他那儿。现在这个加油站关了以后，房子地皮出租，自己在那边的乒乓俱乐部教球。我也没问过亲家以前是什么水平，但能教球应该还是可以。肯定也喜欢乒乓球就是了，每一次比赛都到，我去日本，不管什么大小比赛，亲家全到。

他们家的四个兄弟姐妹都打乒乓球，儿媳妇的妹妹到北京练过两年，后来

哥哥和女儿、弟弟、我们一家三口

当教练，他一家现在都是在乒乓馆里教球。

相对来说，日本的大众乒乓做得很好，私人俱乐部很多，需要的教练也多，很多人靠这个吃饭。在俱乐部里教教球、陪练、收一点儿钱，这个形式和新加坡差不多，现在在国内也越来越多这样的俱乐部，教球的收入也还不错。

现在我的两个孙子也在打球，大孙子在日本的小学生里面能打前几名。因为儿子自己开球馆，每天上下班带着小孩儿都在那儿，所以受影响，孩子每天在馆里受影响，自然就会打了。

现在儿子一家在日本过着平凡的日子，又很幸福。有时候我想，如果当年没有让他打乒乓球，或者没有把他送到日本，他的未来会是怎么样的。也许去读个大学，然后和所有人一样上班，或者通过努力也许能成为世界冠军。也许平淡走完运动员生涯，再结婚生子……

当然这些都只是如果，培养儿子的方式也无所谓正确不正确，如今他过得很幸福，作为父母就是欣慰的。我和他妈妈都是专业乒乓球运动员、乒乓球教练，最擅长的就是乒乓球，其他的我们也不懂，所以从小就教他乒乓球。所以我后来有时候教小孩儿，经验哪儿来？都是教儿子的经验和体会。我以前没有教过小孩儿，从完全不会的孩子到高水平运动员，我基本上能连上了。现在当然是教高水平，又是有另外一套东西。当然每个人、各个队情况都不一样，不是死的一套东西就能成的。但是每一个方面有每一个方面的经验，教小孩儿的经验主要还是从儿子这儿来，从不会打到会，最后又能打到青年队，这也是一个过程。

虽然没有一直陪在儿子身边，但他很崇拜我。小学时写作文，题目是《我的爸爸》，虽然现在记不清具体内容，但大概意思我记得，能看出来在他的眼里，爸爸挺棒的。直到现在，他有什么大事都会跟我商量，我的话他很听，生活中的小事就跟他妈妈说。

我这一家子不能算是乒乓世家，但是算是乒乓球大家庭，我、老伴、儿子都打乒乓球，儿媳妇一家子都搞乒乓球，哥哥和他的女儿，弟弟和他的儿子是打乒乓球的。我老伴二妹妹的儿子现在西城体校当教练，最不跟乒乓球搭边的，她的大哥，现在每天带着孙女去练习，这六个兄弟姐妹都跟乒乓球结缘了，都有关系。

72岁，依然在路上
72 SUI, YIRAN ZAI LUSHANG

2010年到大同带乒超俱乐部

大同俱乐部在2007年是甲级队，当时是金地矿业冠名，2008年打到超级，2009年又掉级了，但买了一个"壳"，重新打超级联赛。在这个情况下，2010年大同体育局的段世新副局长找到我。段局之前是山西灵丘体校的乒乓球教练，后来升到体育局副局长，金地矿业的老板是段局当年的学生，做生意发财之后，回过头来投资乒乓球。

以前我就认识段局，都是搞乒乓的大家本来就都认识，带北京队时也跟他们打过比赛，去过好几次灵丘，加上跟大同有点儿渊源，因为我哥哥嫂子是从大同出来的。那时候我已经离开北京队，在新加坡，他就找到我。模式跟刘国栋一样，在新加坡当国家队教练，超级联赛时回国内。我也没什么事，新加坡方面也同意，于是我就来了大同。

在大同一共带了三个赛季，整体来看比较成功。

2010年刚带队一打运气还不错，第一阶段两个循环，常规赛我们打第一，半决赛两胜山西大土河，决赛输给山东鲁能，获得亚军。2011年，为了准备2012年奥运会，俱乐部告诉我，教练就不请我了。

2012年的情况不是很理想。开始武杨腰不太好，有一个多月没练。李晓丹因为在北大上学，比赛期间晚上打完，坐火车赶回北京，在北京待两天，比赛前再赶回来，没怎么练习，开始5连败。后来结结巴巴，打到第六名。

2013年的情况好一点儿。武杨和李晓丹准备得都比较正规，都很拼。开始是5连胜，跟去年完全相反，打到后面都比较正常，最后在9个队里打到第三名，按实际水平好几支队伍都比我们好，鲁能、北京、八一、大土河，水平都要高出我们一档，都有一个顶尖选手。我们缺一个这样的队员。八一有郭跃，曹臻和木子都不弱，实力最平均，北京有两个尖子丁宁和郭焱，山东有李晓霞、陈梦，大士河有刘诗雯，鄂尔多斯也不弱，有朱雨玲，准超一流，有拿两分的实力，赵岩也不错。带大同这样的队，跟以前带北京队太不一样了。北京队不是走钢丝，是平坦大道，比较踏实，虽然成绩要求高，但因为有实力做基础，水平放那儿，全队气势放那儿，一算，基本上差不多。偶尔有个失手，也不影响大局。带大同不是很"踏实"，必须要两个人都要打得好，双打也要打得好，凑在一起才能赢。2013年最大的成功是双打，我们赢了超过半数，大部分是冯天薇和李晓丹，有时候排阵排不开的时候，是刘高阳，她跟李晓丹、冯天薇都配过，刘高阳双打打得不错，有了她，名单也活了一点儿。整个赛季双打赢一半，跟我们赢球的场数成正比。2012年双打16轮才赢了5场，如果多赢

乒超联赛带大同俱乐部参赛，李晓丹是队伍主将之一

两场，形势就不一样了，就有可能进前四了。说到底还是要讲究整体实力，实力差得不多时，还可以冲一冲，关键还是实力起决定作用。

我们打第三很不容易，赢也只是两分球，走钢丝走过来。但走钢丝走得好，也一样，上百米高空走，看起来很悬，但小心也能走得好，走大马路你不小心，一样摔跤。

如何做到让大同这样一支没有超级明星的俱乐部能拿亚军、第三名，我总结来看有几点，首先是给队员增加信心。第二是充足的赛前准备，临阵磨枪，熟能生巧。第三，与队员、与教练都配合好。第四，有机会让运动员放松。

刚到大同队时，我的思想是首先依靠山西队自己的教练，李崇明和卜帮民两位教练，李晓丹和武杨都是他们带出来的，山西能一批出两个国家队队员，应该说是他们立了大功，这几位队员2013年全运会获得女团亚军已经打破了山西乒乓的历史，很不容易。李教练退休了，卜教练是总教练，返聘的李教练。我一去还是依靠这两位教练，肯定不能先入为主，情况也是慢慢摸熟，后面好一点儿。从打法上、思想上、战术上，和他们说，说到点子上，她们能听进去。

李晓丹和武杨两个人的球是国内中偏上的水平，只是自信心差一点儿。原来国家队打大循环比赛时我也去看，李晓丹赢过所有好的选手，打过不少好球，但一直差一口气，没有上来。所以我到了之后也是给她们分析状况，为什么应该赢的球没有赢到手。2010年比较成功的一点也是因为李晓丹赢了所有好手，赢丁宁、郭跃、李晓霞。武杨实际上也差不多，好的也基本上赢过。

对这两名运动员，一个是帮助她们提高自信，一个是在具体技术、战术运用上有所加强。

比如李晓丹和李晓霞、丁宁这样的顶尖高手打。我说这种比赛，你拼是拼，很好，有拼劲儿，但不用从头到尾全是搏，不该发力的球不发力，一个球很低，难度很大，赢的概率太小，就不要盲目地搏。按你现有的技术水平不用这样，这样打还像体校的小孩，碰到一个高球，打丢了，这种机会球出来了，看了落点，出手要百分百中，不能丢。这个丢了就可惜了，不该发力的不要发力，过渡一下，打开之后，你还有防御能力，你能跟对方对一下，不要老觉得自己的水平比别人差一大块，什么球都拼命发力，那样你肯定输，大部分输的球是输在上面。之前有时候位置也没站好，够不着，就拼命发死力。是要发力，但是不能所有的球都盲目地发力，出了高球，没够着，没站好位置，就一个发力过去。好像从头到尾，我全部都是拼对方，不能有一个过渡，这样就很难打了，就是像还没有成熟的小孩球，实际上没有落下风到那种程度，实力水平差不多，能跟对方对住，要有胆量，但一出机会要发力。告诉她之后，她听进去了。

  李晓丹有比较好的两条斜线，正手直线也不错，要充分运用。所以技术在于运用组合，运用得好球就很棒。以前她有这些武器，但用得不好。包括接发球，正手磕短球磕得也很好，也会挑得不错，用得不好，有时候球丢得太可惜了。有时候不太好发力的，就挑一下落点，失误就减少了。实际上打到最后，她们就是差两分球，这两分球哪去找？如果这两局能提高两分球，本来是9比11输，就能11比9赢，跟高手间的距离也就是两分。这些话她能够接受进去，这样在场上心理状态也会稳定一些。

  该搏的球搏，不该搏的不搏，什么球该搏，什么球不该搏，要给她们灌输这种思想。以前她可能觉得跟顶尖选手有距离，要一直搏，搏要有胆量，这是第一位的，但又不能瞎搏，要搏得有路，稳、准、狠。当然不搏，没有锋芒也赢不了人家。稳中要有锋芒，跟好手打，没有锋芒不可能赢的。不该搏的球搏，失误的概率多了，一样也要输。

  比如李晓丹跟木子打，开始时稳、高吊、前冲、挂住。有时候木子在前面拼命压她的时候，要顶上去，前面要拱得住，要硬对硬，如果往后退就输定了，保守也不行。对方顶，你跟她硬顶，凶对凶，两下顶住了，你就占上风了。稳，不是从头到尾，不该凶的球要能忍住，拉个高吊配合一个，不是说一搓以后全部都是前冲。打球要掌握分寸，要有感觉，感觉到了，该忍的要忍住。乒乓球有时候看上去挺细小，有时候也很复杂。所以打球是灵活机动，要看人。玩命侧身的时候我要变，我要压着你，人家等着正手了，我就打你中间打你反手。所以根据每个人的情况，这种战术意识要贯穿进去。

乒超联赛比赛中，武杨是目前世界上最好的削球手

原来也接触过武杨，是对手，对她主要的优点和弱点、缺点都有一定的了解，我也讲给她听，她听了觉得有一点儿新的东西，对她有一点儿帮助。

武杨是现在中国最好的削球选手，她在中国的削球里独树一帜，特别是正手一板加转，是世界第一转，一般人都拉不起来。她有她的特点，对削球有新的发展，现在世界上都学她，日本的、德国的这几个削球都在模仿武杨，男子、女子以前都没她这么削的。

武杨当时的问题是还没那么全面，削球要打到顶尖还是有一定难度，碰到会打削球的，还是落下风。毕竟乒乓球的速度、力量是第一位的，特别是速度，人的反应有极限，旋转总归是能适应，练多了肯定能适应。给我印象最深的是2010年的一场球，她输给了一位实力不太好的运动员，那位选手每天跟她练，比较适应她的旋转。要立于不败之地，削要削得稳，要想打搓攻，要有一套战术，要拉攻，还要有一套战术。但是削球不可能用全攻对全攻，那就失去削球的意义了。武杨练的东西太多，比一般攻球多出一半还多，攻球要跟所有攻球练的东西一样，削球她比一般削球练得还多，所以她练的东西比人家多一半，难度还是要大一点儿。

到目前为止，中国女子削球里武杨是第一号。

帮她准备比赛时，一般是提醒她稍微要稳一些，不用拼命去攻，失误多的时候，先要削得住、削得稳。根据对手的情况，来用自己的技术。这几年武杨有很大提高，攻得好，拉得好，削攻冲回头也好，综合技术都有提高，她对外国人没输过，现在比以前也自信。武杨有一个最好的优点，她的意志品质太顽强了！真是打削球的一块料，这跟性格有一定关系，她比较耐心，这个小孩心里挺有数的，说话也比较有条理，是一位很有思想的运动员。

总的来说，两位运动员经过几年的磨炼，信心都有所增强。我说你们都是往上走的时候，没有达到巅峰阶段，还有很大的空间，输很正常，不要因为输了这一场，下一场受到影响，整个都不行了。对自己的水平要有比较好的估计和清晰的认识。在内部比赛中赢过所有人，就是说已经达到一定水平，但达到这个水平以后不够稳定，遇上好的能赢，遇上差的也能输。所以超级联赛主要是要解决遇上好的要拼得动，遇上差的要不输，这样就能保持在比较好的水平上。关键是怎么能够正常发挥水平。我老跟她们说，一场球，输赢不是第一位的，能够正常发挥水平是第一位的。如果一场球你失常，没有很好地发挥水平，这是重点。如果每一场都能正常发挥水平，那水平就提高一块。其实稳定也是衡量水平的标准之一，又要打得好，又要稳定。

此外我比较强调的一点是比赛中不管多么落后，都不能放弃，能够坚持一定坚持住。这是当运动员很重要的一条，否则肯定没戏。平时就给她们灌输这个，不要以为落后就没戏，只要没结束，就还有机会。胡打一个，有时候就失去了这个机会。输也很正常，哪怕是1比11输，但绝不乱打。运动员往上冲，一定要养成这个习惯。有时候1比10落后都还有机会，这种例子很多。比如马琳跟王建军，全国锦标赛，3比10落后扳了7个赛点，相反王建军一直没上来，就是这场球，如果王建军赢了打全国冠军，也许就不一样了。一失足成千古恨，后来再没有这么好的机会。一直以来有这种情况，什么事都有可能发生。这一点李晓丹和武杨做得都很不错，有一场李晓丹1比7落后扳回来，武杨也有落后很多咬住慢慢赢回来的例子。

总结带大同的这几年，准备工作做得足是我们成绩还不错的重要原因之一。

超级联赛赛程这么紧，一周两赛，所以临阵磨枪显得更重要。这么多场球下来，每一场起码有两天准备训练时间，她们都准备得很投入，针对性训练对超级联赛非常重要、非常关键。如果觉得这两天无所谓，就全完了，包括双打在内。实际上都会，就是在这个时候熟练一下、强化一下，也是对心理上的一种强化。比如练削球练了两天，练得不错，心里会有底。乒乓球熟能生巧，准备和不准备差距非常大。

2013赛季我们去贵州打客场比赛。我们头两天晚上到的贵阳，第二天下午3点半才能有场地训练，比赛是第三天，也就是第二天上午没事。到贵州了大家都对黄果树瀑布很有兴趣，后来打听，到黄果树多长时间。当时有两个方案，还可以打完之后多待一天去游览，但大家不愿意多待。于是我们第二天一早8点出发，路上两个小时，到了10点，转了两个小时，赶回来下午3点半练，来得及。运动员都很高兴。我跟她们说那咱们就当身体训练，车把我们拉到门口，没走太多路，疲劳肯定不会疲劳，回来练了两个半小时，练得挺好！第二天上午又练了一个半小时，晚上比赛赢了！运动员心情舒畅，很关键。倒过来说，如果不去，队员们早晨没事，要去身体训练，下午3点多才训练，有一段时间也很枯燥。我觉得运动员还是要有一些这样的活动，劳逸结合，也是开阔眼界、陶冶情操，要给她们创造文化生活的一些条件，真的有好处，否则天天训练、比赛，没事就关在房间里，人都木了，成机器人了。

在大同当教练很重要的一条是跟队员配合得很好，包括刘高阳都是1997年生的运动员了，也交流得不错。我跟她们不摆架子，该聊天就聊天，该说就说，但我肯定不会训斥她们，不会特别严厉。这些队员看见我都比较尊敬，没事我也不会找事。她们不是我培养出来的，所以在我的概念里不完全算师生关系，我跟她们说，对你们我没有包袱，以后你们打得怎么样，我一点点负担也没有。主要是把你们很好地组合，在比赛中运用出来，战胜对手，取得胜利就是成功。

跟这些队员的关系，实际上是职业俱乐部教练的关系，一种更轻松的关系，既像朋友，又像合作伙伴，不是你必须要听我的，听不听也无所谓，彼此也没有太多压力，你这个球一定要怎么样。当然从长远发展来看，有问题我会给运动员提出来。这种轻松的关系，也不会让运动员有负担。

给山东女乒"火上浇油"

去山东乒乓球女队帮忙备战2013年全运会是提前三年前就说的事。那要追溯到2010年了，那会儿我带新加坡刚打完莫斯科世乒赛，带大同打乒超拿了亚军，山东省乒乓球管理中心主任乔云萍找到我，问我到时候来帮忙可不可以，可能她觉得几届全运会都不太满意，比较相信我，帮他们弄一弄。我说早着呢，还有三年呢，所以没有敲定。

乔云萍当队员时是20世纪80年代末、90年代初，我带北京队经常和她们碰到，都挺客气，有一次公开赛，国家队教练看不过来，我还给她当过场外。后来她当教练、当主任，国家队有一个顾问组，每一次备战大赛封闭训练老能遇上，也一块儿吃饭，都交流得挺好，也比较熟。

后来每次见面她都会说，挺诚心的。我也考虑到队员方面，李晓霞跟张怡

和乔云萍是老相识，只是没想到后来还有机会搭档

宁在国家队一个组，我去看张怡宁，跟她有一些接触，人挺厚道，球的实力也好。陈梦和顾玉婷虽然没接触过，但看过她们打球，挺有灵气，球都不错，后来就答应来看一看。

2013年夏天我去了济南看山东队封闭训练，我们也没有合同，也没任何规定，我也没什么包袱，就是顺其自然。我跟乔云萍开玩笑说："你们已经有六块金牌在手了，我就是给你'火上烧油'，你现在是中国最火的，男、女大满贯都在你这儿。"

到那儿我也挺开心，没有压力，但是这次训练是真好，李晓霞起了带头作用。我第一天开会就跟她说了：李晓霞你虽然是大满贯，但是你全运会还没拿过，打了几届了都挺可惜，全运会冠军还是非常重要的，对乒乓球运动员来说，含金量很足。比较过硬的领军人物都拿过全运会冠军，所以你还有很大的空间，而且现在是你最好的时候。李晓霞动作调得真好，基础牢固，有实力，什么都会，技术状态比张怡宁那会儿还要好。李晓霞几场球打得非常好，跟她一说叫她用什么她都会，有这个能力，放慢一点儿，放快一点儿，或者是第一板打凶一点儿，所有技术都有，而且比赛的时候她敢用，李晓霞有这个能力。

山东队信心很强，训练计划和训练时间基本按奥运会、世锦赛的标准，制定训练计划的时候，我让李晓霞来负责，以她为主，我的建议会提出来。

不到一个月时间，两个全天一个半天，两个全天一个半天，有时候上午练完了中午就在乒乓馆待着，买个汉堡，吃完了以后又开始，适应有中午1点

2013年全运会，给山东女乒"火上浇油"

多的比赛，晚上也是，下午打完了以后接着晚上，就在馆里待着，大家在场地里躺一躺。所有该练的都练到了，确实还不错。运动员自己感觉到需要这是关键，你安排，运动员有抵触白搭。这次李晓霞领得很好，大赛精神调动起来了，真是要去拼。

就是这么个安排，中间还出去打了个比赛来着，没有全天休息过，整整20天都是排满的，到最后几天说太累了，运动量就少一点儿，有时候安排模拟性比赛，我怕他们练坏了，如果哪儿伤了就前功尽弃，全白练了。

有几天李晓霞发烧，嗓子说不出话来，训练时的强度很高，但是病了还是每天坚持，真是不容易。

陈梦是年轻一批选手里最好的之一，最主要的问题是意志品质，这也是在第一天开会时我跟陈梦说的，在场上碰到困难坚持不够。我这么说是有根据的，超级联赛我看过她比赛，前面你要是打不过，后面很容易就不要了，有点儿娇气，碰到困难投降了，没有去千方百计地克服。

陈梦听了非常上心，为了锻炼意志品质，除上下午训练之外，每天早晨主动要求出操，6点半起来跑一跑，做力量训练。她的进步还是比较明显的，所以有时候不完全是技术上你进步多少，但是自己认识到了弱点，加以改正，这个进步比技术上的进步还要重要。技术再好，没有顽强的意志品质都是不行的，这个是致命的，如果是碰到困难就想不要了，那么这名运动员不可能攀上高峰。

顾玉婷毕竟是经过大赛考验的，2010年青奥会，她一个人独挑，把自己的水平都能打出来，很不错，所以经过大赛的锻炼确实还是不一样。当时我重点说了，按照山东队的实力，如果是顾玉婷第三场保证赢，就可以拿冠军，因为从李晓霞跟陈梦的实力看，两场赢一场，不管跟哪个队都没问题，都能拿一分，关键就是看顾玉婷，整个备战顾玉婷都练得很好，认真、刻苦，全运会团体赛一场没输。

单打李晓霞和陈梦会师决赛后，我跟乔云萍说了一声就离开鞍山了，我的任务完成了。

这次总的来说很开心，也不容易，几个队员表现得也好，三个人抱团也抱得紧，团结一条心，她们很信任我，作为教练这是基础，不信你，你说什么也不听，要是信你，你说什么她都会听，这一条对教练太关键了。

这次带山东比赛，不可避免地碰到了北京队，也碰到了我在大同带的队员，我跟她们都这么说，教练跟运动员是一样的道理，原来郭焱当运动员代表山西跟北京打，作为一个职业运动员这是很正常的。一个队的队

2013年全运会

陈梦女单半决赛赢了，我完成了乔云萍给的"任务"

友，甚至一个组的，打奥运会、世界锦标赛碰上你就不打了吗？还得打。场下的友谊归友谊，朋友归朋友，在场上体现的是竞争，技术水平的竞争，能力的竞争。职业体育里这种事太多了，这都是很正常的，相互交流。

这个观念要改变，这个就是竞技体育，比赛是比打球，而不是比两个人的感情，这是两回事。作为一个职业运动员，一定要养成职业的习惯，这是你的职业，否则容易心态不好。自己一定要分得清，不能受影响。包括我在新加坡的时候也碰到这样的情况。在赛场上因为我是站在这个位置上，是职业的状态，所以我要千方百计地使这个队伍能够取得胜利，不能在新加坡队还希望中国赢。

当然，除了赛场上，从个人感情上，肯定是希望自己带过的运动员都打得好，以后发展得好。

场上算概率，场下要注意

我当运动员时就给女队员做过陪练，后来就当女队教练，至今已经有40年了。男队虽然也带过一段，但时间不太长。带男队员可以开玩笑，能像朋友一样，既是朋友，又是教练，也比较随意。带女队员就不一样了，不能随便说，要保持一定的距离，女队员没有男队员心胸那么开阔，一不小心很容易引起她们的反感。

这些年我总结出来，一个赛前，一个赛后，有两件事是比较重要的。

比赛打完，赢了可以交流，输了球绝对不能交流。输了球是队员心里最烦的时候，最不高兴的时候，你要跟她交流很可能会适得其反。尤其是输了不要说她不好，这儿不对，那儿不对，或者这儿错了，那儿错了，可能会给你回一句："你来打打试试。"所以教女队员输了先不能跟她说，回去以后再总结。已经隔了一段时间了，重点是准备下一场，这一场你可以说，怎么说问题都不太大，队员的心情也已经平静了一些。

赢球也不用多说，表扬两句就可以，赢了肯定高兴，她也高兴。赢了以后也不要说什么地方做得不够，她可能会想"我打得这么好，你还说我呢"。所以给女队当教练，这是一个大忌：千万不能伤队员的自尊心。打得不好了，你说她这也不是，那也不是，她不爱听，会有一种逆反心理。

赛前分析对手要分析得清楚。一方面困难要帮队员估计足，最困难的事情要估计到。另一方面不能说困难很多，说得队员没有信心，要让队员听了把气鼓起来，信心很重要，信心要放在第一位，要把她自己的特长、优点提出来，提高她的信心，说她爱听，这不是捧她，而是为了提高她的信心，让她再去更好地发挥特长。

临场指挥方面,我是经过了太多场比赛得出来的经验。在场上语言一定要精炼、要短,别没完没了,一个事情重复好几遍,也不能光说要加油。队员碰到困难时,一面比赛打着一面在下面也要自己想,有什么办法,下面的办法一定要给她想好,有时候我也听队员说。这一局形势很好赢了,可能对方下面会对你有什么变化,几个预案都要做到位。

运动员听了心里有准备,有时候以不变应万变,你打通了,对方正手吃你发球,正手接发球不好,你别下面去发反手,这时候要不变,最后人家又变了,不吃了,这时候再变,变完了以后,万变不离其宗,回来还在这儿,也是一种战术。这个一定要看得清楚,否则的话,有时候队员不愿意听你的,说多了肯定不愿意听,你说得不到位也不愿意听。所以我主张运动员跟教练在场上可以交流,队员要交流也是一两句话,比如说我让你变,你也可以多变一点儿正手,正手变不过去,碰到这种情况没关系,多变一点儿中间,自己位置好的

在悉尼

时候变正手，位置不好变得过去，不要叫她强变。

我做教练以后，有一个概率的计算，这个很重要，比如说发球，发对方正手还是发反手，发长的还是发短的，我的得分率是多少，失分率是多少，接发球，正手搓，对方抢，我直接吃，或者是被动，失误是多少，得分率是多少，你要告诉队员，因为这一局下来这个要算得很清楚，一个是发球，一个是接发球，这两个比较简单的，一面看，一面要算清楚，自己发球得多少分，接发球失分失多少分。

在场下会帮她算，每一局从第1个球到第11个球，都要给她能说出来。轮发了两个球，一个上旋，一个下旋，吃了你一个，你抢了两个，要给她一个简单的换算，算出来，接发球你失了七个，发球得分得了六个，打开来相持，反手对中间，你赢了六个，输了四个，或者是变线，赢了两个，她变你正手，你输了三个，你要简单地给她有一个计算。相持，你相持60%，十个里面能赢六个，但是接发球，正手不能老搓，要配合挑，如果你的10分里面，现在输六个，你再扳回来一个到两个，其他打相持60%，接发球50%也行，发球也是50%，最后你赢了。这个概率一定要算清楚。这些一告诉她，她心里也清楚。这个概率算出来，你这么打她你肯定赢。这些东西关键时候对运动员还是很有用，而且运动员听了以后也比较清楚。

坐在场外，脑筋是高速运转的。全部投入，这个球像我在自己打一样。我说这个球怎么能瞎发，说明队员的脑子糊涂了，队员有时候一片空白了，不知道打什么了，你就看得很清楚，真是碰到这种情况，连输两三分的时候，有时候会要叫暂停，也是这个原因。实际上她也感觉到要叫暂停的时候，让她这时候静一静，不会一片空白，思路会清楚，所以这就是作为教练，做到后面，慢慢自然形成的本领。他们老说你打的时候怎么不拿着个东西，得分、失分，记一记，我说要是这样就是个傻子，为什么？这一分还没记下，那一分已经打完了。都来不及，只有靠你自己的脑子记忆，临场变化太快，概率的换算还是很重要的。

概率不是死的，有时候是活的，我正手这个球该挑，上旋我要搓肯定死，前面人家发了五个，你已经输了四个，不是肯定死，80%这个球肯定是输的，我还不搏一个？那不就是无非还是输嘛。这个时候要算概率，还是很好用的，一上场第一局打下来，你反手比她好，她老是自己虚，我说你反手对住她，你没问题，十个球你赢六个、赢七个，看起来很辛苦，但是你赢，所以坚决不要动摇，你自己感觉打失一个，我这儿怎么能输了呢？我说很正常，十个里面你输三个、输四个都很正常，但是你只要坚持，你赢，要的是最后赢。我坚定她的信心，你的概率在那儿，只要你思想上不动摇，所以这一条经验，我这几年当教练，这是比较成功的一条，实际上是最成功的一条经验，临场指挥最成功的经验。这个肯定不是一天两天能弄成，我看了起码有好几千场比赛，像背下来了一样。

当然这要建立在运动员绝对信任教练的基础上，如果她怀疑你，不用说，一点儿也没用。

比较经典的赢球的例子太多了。以前张怡宁遇上李晓霞从来没有输过，全运会、全国锦标赛、超级联赛，都是张怡宁赢。我就给张怡宁算这个概率，我说你只要所有的球全挑起来，形成相持，相持比反手，你是六，或者是五五，李晓霞是四五或者是四，你稳赢她，为什么？张怡宁整个反手半边比较稳，贴着李晓霞的中间反手，只要管着自己正手，她反应不过来，你一用正手，她就落下风，这是你的优点。我告诉张怡宁，我说你也不用拼命变，位置很好的时候，变她一下，其他的就是这个，你稳赢，你怕什么，只要坚持到底，就是用很简单的那么一个例子，一个概率，就给它算到底。接发球，凡是上旋的全给它挑起来，拧起来，自己发球，发完了以后，也是不冲，不发球抢冲，除非你有了机会，看见高了以后冲一下，其他的就是跟你拼实力。所以她跟李晓霞打的球都打得很精彩，张怡宁赢，从来不输，这就是从概率来的。有时候人家看不懂，左来左打，右来右打，什么变线也不用，好像特别被动。我是要赢球，咱们不比其他风格，要花样没有花样，越简单越好，效果还是很好。

有些比赛打的不是技术

2005年团体半决赛，丁宁打常晨晨。这场球什么概率也算不清楚。当时我们0比2落后，大势已去，死马当活马医了。丁宁说我从来没赢过她，我说你不可能赢她，你才15岁，人家在国家队待了多少年了，你十一二岁想赢她，不可能，你才赢过几个人，没赢过的有好几十个，这个比赛就是拼着算，自己正常发挥，其他的不用考虑。可能她会自己打得不好，自己会丢，你就是正常发挥，但你不落下风，你跟她反手对反手，一半一半，都不会太吃亏，她要是想拼命侧身，你要是有胆量就变一个正手，高吊，她要是退开了，你也不怕她，对攻、对拉，中台你不比她差。后来一点儿不落下风，3比0赢了。这场球实际上在准备的时候有一部分战术的原因，更大一部分是让丁宁增加信心，这是主要的。

最经典的还是2005年张怡宁和王楠打的那一场，那时候张怡宁手伤还没好。但是打到后来已经没有关系了。之前一段也没怎么练，开始的时候状态也一直很差，但是有一条，她一直憋着一股劲儿。实际上从1999年出道，一直到那一次才是真正翻过来能赢王楠。当时在场上也给她算概率。

两个人拼纯实力，五对五的概率，但是我给她算的什么：你即使是五对五的概率，不管是从体力，还是从球，你正是往上走，她是往下走的时候。当时这场球关键在什么地方，关键谁能扛得住，最后谁赢。赛前是这么想的，在场上也这么跟她说的，我说你比她年轻，比意志，你只要意志比她强，你

这些年，跟着乒乓球走了很多地方

肯定赢。不能有一点点着急，两个人思想高度集中的时候，不要急于求成，就是顺其自然，以不变应万变，我就对着你反手，让你来变，她变不死你。这时候手已经不听话了，都是自然反应。概率是什么，两个人相持，五对五的情况下，我把其他的因素给加进去，第一我比你年轻，第二我意志坚强，最后我赢你，这时候要靠自己。

战术要由技术来做保证，有时候技术不到这个程度，技术不如人的时候，那要跟对方搅，搅乱对方，要搏杀，有的球要蒙。比如说到你正手的球，就是凶，你本来也打不过她，你不搏你肯定就是死路一条了，你正手一打中，对方看正手那么好，不敢来了，弄反手，对方也不一定能赢，把对方唬住了。

莫斯科世乒赛决赛虽然最主要的是中国队员出现了问题，但还是有点儿这个意思，王越古跟刘诗雯打的时候，我跟她们老是说，水平实际上是六四、七三开，一紧张，到五五对四五，再拼一拼，五平，到后面倒过来了。王越古接刘诗雯的发球，反手全给它挑起来，一挑，刘诗雯一拉，对反手，刘诗雯那天也紧张，生胶她没有很好地准备，生胶是一种特定的打法，你要用得滚瓜烂熟，随便使，一碰到这种情况就不一样，出手很轻的，看上去王越古压着她打。

概率对很多情况下有用，但是场上千变万化，每一场都不一样，一般常规下都有用。场上她打得也比较心定，坚定她的信心，我只要这么打，我肯定能赢，我赢的概率比你高。女运动员的自信心尤其重要。比男队重要得多了，男队员有时候能豁得出去，女队员豁不出去。

对队员要一视同仁

1978年，我刚回浙江队，带的人绝对是无名小卒。有一个新的教练过去，队员会特别信任，练得特别好，心特别齐，当时浙江队一共是八个人，心齐得不得了。董小平20岁刚出头一点儿，曾玉芬、林洁等几名选手全是十八九岁，训练也刻苦，从来一点儿毛病也没有，三个人的打法各不相同，平时该练的都练到了。结果1980年全国锦标赛一直杀到底，拿了冠军，人家都一惊，曾玉芬单打，差一点点拿冠军，21分五局三胜，打到第五局还领先呢。换一个教练好像无形当中使队员的气特别旺，增强了力量一样，从头到尾都准备得很好。教练还是起很大的作用，增强了一个队的信心，这很关键。

后来去新加坡跟刚回浙江队一模一样，不是说我们这次去要拿冠军，我们自己先练好自己的，绝对往前冲。如果说我们就要拿冠军，那是吹牛，但要做好自己，一门心思把球提高，八个人心很齐地去训练，我回浙江的两年，她们的水平提高一大块。练还是比较正常的练，关键是要练进去。

还有一条，队员团结是第一位的，拧成一股绳。教练管队员，不能说我跟这个队员特别好，就多帮她，让她打，主教练必须一碗水端平，不能厚此薄彼，要一视同仁，都是你的队员，主教练要通盘考虑，通盘都在你的手下。分管教练跟主教练还是有区别的，有时候分管教练确实是管得很好，但是他当主教练不一定好，主教练一定是全面的，首先教练要管好，队员才能管得好，解决各种各样的矛盾，实际上都是很小的事情，训练当中有什么大的事情，但今天她说你一句，明天你说她一句，这都会变成大事情，对于女孩儿来说就是这样。总的工作，在大的面上一定要摆平，都是你的队员，使队员感觉到你都关心她们，才能拧成一股绳。

比如有五个队员，有时也争出场。我跟她们说，你们争出场我绝对不说你们，你感觉自己有戏，你把道理说出来，大家感觉你行，这场球你有利，你上，这是很棒的。哪怕是大家都不同意，你也很棒，为什么？说明你自己有信心。但是教练组一旦决定，你要服从，你也不用丧失信心，后面还有机会，只要你永远有信心。我绝对不会说你争什么争，只有大家争出场，这个队才有希望，如果这个队是我不敢上，她也不敢上，这个队就完蛋了，都不敢上还打什么。我鼓励你们，你们只要自己有想法，这场球我想打，你们自己主动提，都摊到面上来讲，然后教练会根据情况全面分析。

教练就是要通盘来考虑，下一场可能就派你打了，这要看你的情况，也要看对手。2001年全运会，赛前就制定好让李嬕冰打削球，只要有削球就是她上场，但是从当时全国的形势来看，削球肯定是第三场，但你肯定有机会打。凡是攻球，就让贾贝贝上，贾贝贝攻球的能力比李嬕冰要强。赛前一个多月的训练当中，每天让李嬕冰就是练削球，对付王婷婷，我们就准备打决赛了。李嬕冰每天打削球打烦了，都不愿意练了，又不敢跟我说，跟刘世旭说，我说咱们教练一定要统一，一定要坚定，有什么让她来找我，这样才能有机会。李嬕冰打攻球还差一点儿，好的赢不了，贾贝贝如果又要打攻球，又要打削球，这一个月削球她提高不了，好的削球她赢不了，所以必须这么去对付。当时河北最强，最后冠亚军决赛，出了李嬉冰这个奇兵，2比0赢王婷婷，她爸看了很高兴，晚上就要请我们吃饭。比赛前出人还是一定要有计划，有时候布阵出人出错了，也不行。

"允许"运动员犯错

很多运动员年轻的时候都会犯大大小小的错误，教练不用大惊小怪，不能一棍子打死。

以张怡宁为例，她实际上很坎坷，1999年出道拿个世乒赛女单亚军，决赛2比0领先王楠，2比3输了。

这次打得这么好，本来悉尼奥运会有她，结果2000年2月份在吉隆坡世乒赛团体冠亚军决赛，让她打了，她输给徐竞，打完了临时决定，参加预选赛，谁赢谁去，这一下打完了以后，本来输了以后比较蒙，最后一听这个，整个人都不对了。我跟到

2007年，我受邀到比利时讲课，在安特卫普当地华人书法家家里

香港看她参加奥运会选拔赛，但跟她说什么也听不进去，后来我们训练处长也去了，怎么也不行，最后孙晋赢了。她没去，怕她想不开，申请了一点儿钱，让她去杭州，让她妈陪着，在西湖边休息了一周，逛一逛，散散心，回来以后精神面貌好多了。我跟她讲，年纪还小，以后还有机会，这次关键是你世界比赛输了，但是预选赛你要马上振作，一个优秀运动员必须能马上振作起来。如果让你打世界比赛，你第一场输了，第四场、第五场就不打了吗？那整个队团体赛就完了，你要经得起这个考验。

2001年大阪世乒赛，又是输给王楠。随后全运会，也是2比0领先，打到第5局，20比5，接发球没接板搁那儿了，李富荣在上面急了。中国有全运会开始到现在，没有一个人冠亚军决赛敢不要了，敢这么打，胆儿也太大了，要处罚。写检查，罚半年不能打国际比赛。这次对她的触动比较大，她确实认识到她这么做是有问题的，再也没有犯过。实际上她是一直憋着一股劲儿，2001年全运会，她也不是冲对手，是对自己不满意，觉得自己真没出息。后来2002年亚运会，还是让她去了，亚运会赢了。

她自己很努力的，一直坚持，到2005年全运会那场球她很激动，真正地翻身了。后面做得是真的很大度，真成熟了。

这样的例子太多了，张继科也是这样，如果小时候犯错把他扼杀了，就没有后来的张继科了。运动员成熟后就认识到了，他自己本身也有一个经验积累的过程，毕竟从小进运动队，什么知识都很欠缺，还是需要家长和教练引导。

郭焱那时候是我骂得最多的队员。2001年全运会预选赛，跟广东第五场，打到后面9比14落后，不要了，9比15我叫的暂停，我说你自己毁自己，你要毁自己，那我帮你毁，如果不打了，弃权吧，我也保你一下，别你自己毁了，你胡打，人家在场外看着。你只要下面认真打，我一句话也不说，你如果是乱打一个，我肯定叫暂停，我们弃权。当时我也骂了比较难听的话，她眼泪哗地就下来了，上去还输一个，打到16比19落后，她发球，五个发球，21比19赢的。

后来这个基础打好了以后，到决赛的时候，我们又是第五场，她跟麦乐乐打，第五场第三局，16比20落后，硬给追回来，现场汕头好几千观众全站起来了，都为广东队加油，她硬是咬下来了，真是顽强。也可能跟前面预赛的时候有一定关系，才有这个结果。赢了她也高兴，她也体会到，教练还是为她好。

2009年超级联赛，郭焱踢挡板、摔板，网上炒得不得了，又告到当时女队主教练施之皓那儿，施之皓问我，我说怎么了，他说昨天晚上又胡打了，发脾气了。我先找郭焱谈，我说你都打到这个份儿上了，这是干吗呢？她说观众起哄，太生气了，骂得不干不净的。我说其他的不说，这个事情就是你不对，你跟观众发什么脾气，踢什么挡板，挡板又没碍着你，你赶紧写个检讨，向观众承认错误。郭焱也确实意识到这个问题，做了检讨，《北京晚报》下午就登出来了，挺大的标题，一篇文章。都登报承认错误了，各方面也不会不依不饶了，所以马上就平息了，她也会感觉到教练真是真心为运动员着想。

用不同思路"刺激"运动员

女孩总是怕打比赛，相对来说更喜欢训练，很少有女孩训练时，两个人练着练着，打计分，女孩怕刺激。男的不是，练得没劲儿了，打计分，输了钻台底。女孩练基本技术最来劲儿，再苦再累都不怕，但怕比分刺激。她们比较循规蹈矩，按计划练。我当运动员时，教练不在了，就打计分赛。女孩我没有碰到过背着教练自己打计分的。这种情况下就要想办法逼着她们打，统一安排。比如一天练完以后，打升降台，赢了往上走，输了往下走。不能不打，这是训练内容安排的。或者一上来就打计分，三局两胜，练10分钟后比赛就开打，周一到周六每天打，有时候把这个计入大循环，一上来就刺激，提高运动员实战

出自爱新觉罗·启骧先生之手

能力,让她们很快进入兴奋状态。甚至两头翘,上来20分钟,后面20分钟,都打计分,5局3胜。15个人,15天下来,大循环就出来了。

训练中要各种各样的方法都用一用,不要每天都在那儿埋头练。

练基本功也有打计分的,反手打计分,正手攻打计分。根据不同的时间、不同的对手情况,想出各种办法练习,训练绝对不是一成不变的。

乒乓球运动员的比赛很多,尤其是主力运动员,非常辛苦,有时候需要用不同的思路来刺激她们。

我记得特别清楚的是2003年全国锦标赛,张怡宁跟郭焱在日本打完公开赛,回来两个人都特别累。她们是比赛头一天晚上九点多到的,我十点钟给她们开会。两个人说:"周指导,我们太累了,刚打完那儿的比赛,是不是团体就不打了,打单项。"我说你们精神要振作,你们现在是最年轻的时候,黄金时期,在日本你们打得都很好,你们拿过全国冠军吗?全运会拿过,但全运会归全运会,真正的全国锦标赛可一个也没拿过,1999年的时候全国锦标赛是王晨、贾贝贝拿的,单打你们还没拿过。所以你们要振作精神,太累了可以提出来。我相信你们绝对能克服了,要乘胜追击,这个机会很难得,你们技术状况很好,还是要振奋起来。两个人一听,张怡宁跟郭焱说好,从第二天早上,那会儿挺早的,现在的比赛都是九点,那会儿八点就开始,六点钟就起来,从头到尾一路杀到底,团体拿冠军,一场没输。单打两人一人一条线,最后两个人成功会师,冠、亚军决赛时,我第一次像国家队教练看世界比赛一样,不用坐场外。

有时候调动她们就是几句话,但每次都得说到她们的点子上,激励一下她们。2004年团体我们是冠军,因为张怡宁刚拿完奥运会冠军,气很盛。雅典以后没好好歇,太疲劳了,她说是不是我单打就不打了?当时她也有点儿伤,肩、手腕和腰,一直没很好地治疗,后来经过队里同意,她就不打了。我说郭焱你的机会来了,张怡宁这次单打不打,给你个机会,你自己去拼。她一听,好!挺来劲儿的。有一场和江西一位削球选手打差一点点输,一直打不死对方,死泡活泡给泡下来,最后获得冠军。

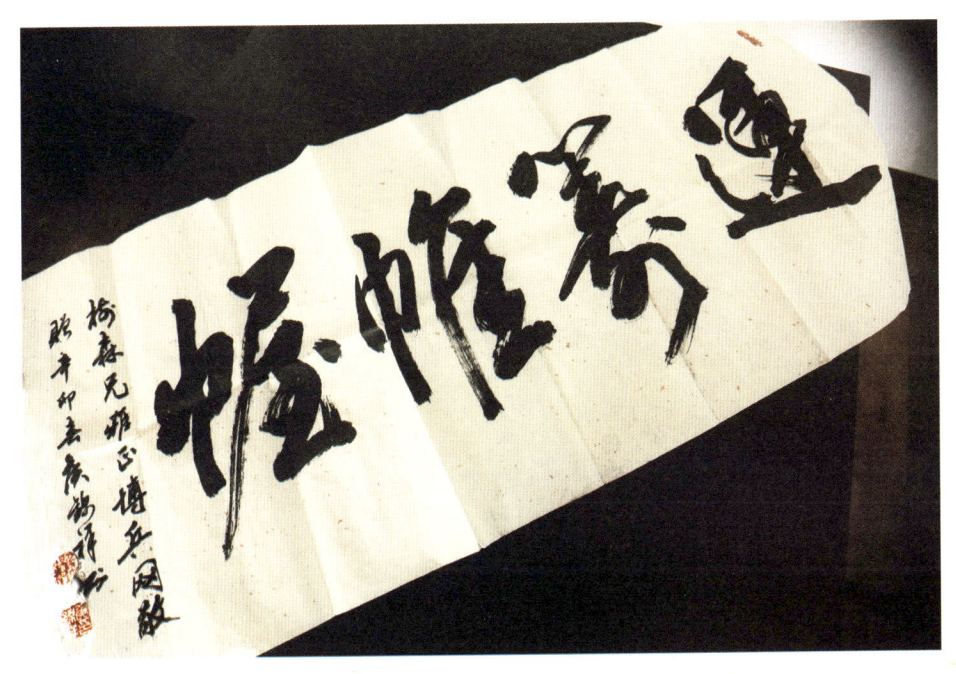

一位朋友送的字

教练在比赛当中，开始是说战术，打到后面就是思想上、精神上的东西甚至于超过技术、战术，就是靠意志品质和自己的精神力量来撑着，这时候一定要有新鲜的语言来刺激她，给她一点儿力量。这点在我的教练生涯当中还是做得比较成功的。但是一定要根据本人的情况，建立在对她们特别了解的基础上，让她也能接受。

另外运动员的性格不一样，也得用不同的方法。1999年超级联赛，我们主场对江苏，排名单王晨对李菊。王晨一看："为什么我打第一场？"我说你是主攻啊，你不打谁打。结果她一根筋不想打，走到体育馆门口还是不想打。我说你走啊，你自己考虑，我不是吓唬你，你打了又不是给我打的，你拿俱乐部的钱可比我高十倍，我马上给你报弃权，你自己看着办，然后我转身走了。后来她想明白了，比赛还赢了，又高兴了。其实运动员有时候是有一种紧张情绪，需要释放。教练员要根据运动员性格的不同，根据具体情况，用不同的方式帮助她们减压。

我跟队员除了开准备会时说多一点儿以外，其他的时候就只是说几句话。开准备会，让每个人说一说自己的情况，自己的想法，她们说完我再说一说我的一些思路。这是很好的交流，平常我不会一直跟队员说个不停。我也没那么多事，说完就完了，给她们一定的空间。

此外，我一定让出时间来让队员跟队员交流。在北京队也好，在新加坡也好，每一次都是。有时候队员和队员的交流比和你交流要清楚，因为她们常年生活在一起，有时候比教练更了解彼此的思想状况、心理状况，所以你一定要留出时间让她们去说，不要怕她们说，大家目的是一样的，要赢球。我总是强调一个观点，教练的指导运动员不听没问题，按你们的路子去打球，没有人规定我说的话就是圣旨，必须按我说的做，你没有听，输了就输了，我们回来再总结，希望你买个教训。所以场上和场下，或者是场外和场内，没有教练和队员争起来的时候，十几年了，几千场比赛，从来没有过。

后来我总结我的教练生涯，第一是要管好自己。管好自己就是以身作则，要为人师表，这是做教练第一要做到的。第二是管好队员，这是你的主要工作。第三是管好训练，教练一定要管好训练，训练好了你才有成效，训练不好，很多队员都被耽误了，你想出成绩也不可能。要千方百计，要各式各样，要有恒心，要有所突破，要刻苦地钻研技术。第四就是管好比赛，教练的能力在比赛中会有所体现。所以说管好自己、管好队员、管好训练、管好比赛，做好这四条才能成为一个比较好的教练。说起来是很简单，但每一项都不是容易的事。

桥牌和围棋

除了乒乓球，我平生有两大爱好，一个是围棋，一个是桥牌。

下围棋对我教练生涯中整个思路的开拓是很有帮助的。我跟围棋"结缘"要追溯到半个世纪以前了，"文化大革命"时期，国家队不训练，我没事时就去看围棋队的人在宿舍下棋。当时围棋队在我们宿舍对面，一个楼里面，他们住在西边，乒乓队住东边，但乒乓队有几个房间在西边，有段时间我正好住西边，就在围棋队那边，所以那段日子我就天天去看他们下棋，我现在平时下的一副围棋，围棋板还是那时候陈祖德送我的。陈祖德是上海人，是第一位战胜日本职业九段的棋手，中国棋院第一任院长，包括他、安徽的王汝南，还有另一位上海棋手华以刚等，那批老的运动员我都挺熟的，天天去看，天天碰到，而我看着看着也就自然而然地懂了一点儿，有时候他们的棋谱，关于围棋的各种书籍我也都会看一看，慢慢就学会一点儿了。

下围棋的首要好处是能纵观全局，布局要从大处着眼，从微小的地方开始着手。小的地方能做活了，别死了，争地盘，每一颗子看似很微小，但到最后

乒乓球之外，围棋和桥牌是我的两大爱好

有可能会影响全局的输赢。乒乓球打到后面，尤其高手跟高手之间的对决，同样有点儿这个意思。所以我在教运动员时，一再跟他们强调每一分都要珍惜，不能对一分、两分就不在乎，发球不该出台的，千万不能出台，接发球要接好不能保守，高球来了你就不能客气。跟围棋一样，看见漏洞一定得抓住，一放过以后就没有了。

在我看来，围棋跟乒乓有很多相同的地方，围棋有棋谱，下棋时一步棋两步棋都记住，算准了，放在乒乓球里面就是把比赛中的每个球都记住。乒乓球现在打到高水平，实力相差不多，几乎都是一分、两分之差，如果你某一个球少输一分，少输两分，最后就赢了。跟围棋最后收官，先手后手，输赢就差半个子的道理是一模一样的。围棋复盘要记得住，说得出来，我到现在这个年龄，脑子还算比较清楚，记忆力还算不错，跟下围棋还是有一定关系的，能增强大脑思维记忆。

在当场外指导的时候，要有能给队员复盘的能力，一局下来指导，或是一场比赛结束后总结，要都能复盘出来，能给队员讲出来。当场外指导的时候，吃了3个发球，自己发球不小心，出台的就三个，三个里输两个，你要能给她点出来，给运动员讲出来后，她就会比较清楚，如果脑子里一团浆糊，这球就没法说了。有时候我也有意地锻炼运动员复盘的能力，

桥牌是我1981年到北京队当教练之后开始打的。那时候北京乒乓队领队忻可与很喜欢打桥牌，他是上海人，比我大10岁左右，他打乒乓球，后来调到银行，调到西安，考大学到北京，还当过一段法官。还有体工大队训练科的胡旭先，加上男队教练李晓东，我们四个人经常一块打。

那时候我刚开始学，我们四个打得天昏地暗的，有时候到外边比赛坐火车，卧铺票买不到，就坐着打一宿，桥牌就是那时候学会的。我跟这几个人都配对打过，后来20世纪90年代跟贝卓华搭配。我们参加过很多比赛，到处打，拿过不少奖牌、奖杯，可能比我乒乓球得的奖牌还多，还获得过"业余大师"称号。

桥牌有其独特的魅力。打桥牌对人的大脑逻辑思维、推理思维，有很大促进作用。

桥牌要算得很精细，要算得准。这对乒乓球的计算很有用，乒乓球也要算概率。比如我跟你打快攻，10个球里我赢6个，你赢4个，我发下旋，看起来我没有抢，再摆再打起来，我们五五开，我不吃亏，但我也占便宜的，我拉起来跟你打对攻，我是6，所以这局球坚持这个战术，最后我会赢。不要觉得我发下旋，我不能抢就输了，球不是要打得好看，是要赢，概率一定要算得清楚。教练要能跟球员把道理说清楚，队员老是感觉打快攻我不占便宜，我说不对，10个里你能赢6，绝对占上风，不吃亏。五五开也不吃亏，为什么？是因为接发球接好了，其他方面能达到6，这局球你就赢了。不能凭自己的感觉，哪个舒服打哪个，那不行。要跟队员说清楚，让他们比较自信，能够坚持。有时候要变，有时候不变，你变，5个里只赢2个，那就不能变。有时候必须要变，在

这个地方死定了，5个里输3个，所以一定得变，多赢一个你就赢了。乒乓球有时候场外指导要算概率，要算准确，首先球要记住，要看清楚。

桥牌有一点好处它不用赌。比如打麻将如果没有赌可能没得打了，没意思，胡打了。桥牌不用赌，牌上的竞争就足够了，我叫出好牌赢了会高兴得不得了，输了会很沮丧。桥牌本身就很有味道，所以它不用钱，不用赌来刺激，牌上的刺激就能提高兴趣。这里面技术很重要，判断要有胆量，桥牌提高脑力，是一项好运动，对人有益。

打桥牌能反映出一个人的性格，有没有胆量，抠不抠。有时候该出手时不出手，该冲上去的不冲上去。有的人比较死板，比较循规蹈矩，都能反映出来。

北京体委和先农坛体校逢年过节时会搞比赛，大家聚一聚，通过桥牌交朋友是很好的乐趣，又能打牌，又能聊天。也经常参加市里的比赛，名人赛，跟万里、丁关根、邓朴方、邓蓉、聂卫平等都打过。跟领导打桥牌和打球不一样，你让着他，他会看不起你，比的就是技术，领导打也不会让你，你也不用让他，不用有心理负担，充分发挥你的聪明才智，发挥你的技术、你的水平。你把他打得越惨越好。赢得越多，他越愿意跟你打。你要不会，看不起你，说明你不会打，没劲。

后来在乒乓圈里专门有一批打桥牌的朋友，我称他们桥牌牌友。现在山西女队的李崇明教练就是我的牌友，还有李兆立等，山西乒乓队有一批老教练都打得很好，20世纪90年代原来的上海的男队主教练蒋时祥，现在已经退休了，还有江西的于晓玲，比赛时大家碰到一块，会一块儿打牌，很有意思。

打桥牌我是纯业余选手，很喜欢，是一种爱好，也会很迷恋，花的时间也不少。桥牌的缺点就是必须得四个人凑到一起，一打没有两个小时打不成，比较耗时间。之前大家都很有瘾，后来一起打牌的几个人调动了工作，慢慢地也就淡了，不太打了。

现在围棋也没人一块儿下了，有时候跟电脑下，但没什么味道。我去韩国，看到韩国专门有一个台，播的全是围棋。去日本，也有一个围棋台，一天24小时播。一半围棋，一半是日本本土的将棋，没事我就看这个。中国围棋的群众基础很好，是国粹，中国也有电视台播，我有时候凌晨一两点还在看呢。

十六字训练箴言

当了这么多年教练，我在训练上面也有一点儿经验和心得。在北京队时，我总结了一个16字的训练要素，让队员们按照这16个字训练，尤其是对小队员，甚至让她们背下来，时刻挂在嘴上。

训练方法要练什么？简单来说就是16个字：小、快、灵、狠、冲、转、近、中、远、发、接、抢、高、新、尖、防。

"小"指小球，就是台内球，我把台内球比作专业运动员打乒乓球的灵魂。不管你是刚起步学，还是要成材，小球必须要好。为什么？发球接发球，不会挑，摆球不过关，一板就被打死了。人家发一个台内的、转的，一摆是个高球。人家发一个侧上，过来你又不会挑。小球是很关键的，从小要抓，是属于细腻的技术。打到后面打的就是细腻技术，没有细腻技术，一点儿戏也没有。

"快"，这个面更广了，要有快速的进攻，动作要快，摆速要快，步伐要快，侧身要快，有时候接球点要快，快也是一个很重要的要素，基本功里面要会快，如果只会慢，要打到高水平是不可能的。

"灵"，打球要有灵气，灵活机动，瞄着对方，你要侧身了，我给你正手，你要不侧身的时候，我能压你大角度。你要会变化，不是说要多变，要灵活变，等正手了我变你正手，给你伸过来了，你要一动了我变，你要是不动的时候，我变你最难受的地方，你要侧身，我变你正手，你变正手的时候我压你反手，你退台我给你吸回来。灵是打乒乓球的一个重要因素，从小要培养智力发展。

"狠"，乒乓球进攻讲究快、狠、准、变，没有那股狠劲儿，打乒乓球都是柔的，没有杀伤力，没有攻球是无法获胜的，所以打球要狠，有时候心还要狠，明明一个搓球，要能搓死你，摆一个短的，能加转要玩命加转。心里面也要狠，要千方百计赢球，不能慈悲，凑合过去不行，竞技体育主要就是体现胜负，比如打一场比赛，这场比赛可能对一方来说不是很重要的比赛，对于对方来说很重要的比赛，但每个人都还是要想办法赢，有胜负就要力争胜利，绝不能随便打。所以这里讲的"狠"不光是技术的修炼，还是一个思想的修炼。

这些年国家给了我很多荣誉，我很知足

"冲"，弧圈球现在一定要有一板杀手，要前冲，一个是力量要大，还有一个是速度要快，旋转还要强，一冲要能把对方冲死。

"转"，弧圈球打到现在为止，旋转很关键，有时候一个高吊，弧圈球不要以为高吊球就没用，不转，实际上前冲里面加转，现在还有低弧圈，高吊弧圈，有的是高球的弧圈，旋转要强，旋转强了以后还有搓球，搓球要转，现在很多运动员搓球不会加转，张怡宁就有一板。发球要转，所以这个转的含义也很广。李隼说他最开始看李晓霞跟其他孩子最大的不一样，就是她拉球比别人转。

"近、中、远"，即近台、中台、远台，现在乒乓球选手一定都要掌握，不能单一只会中，或者只会远，那是以前的欧洲人打法，不会近。以前中国人只会打近台，不会中台和远台，人家一变正手，再离台，就输了。所以技术要全面，一定要从小练，不能偏废。技术全面，没有明显漏洞，特长还要突出，你就成材，以前中国人打球打快攻，训练时一退台，教练在后面提醒，"谁让你往后退了"，甚至放块挡板，也不必退，但张怡宁、李晓霞、丁宁都可以退台，退开了能赢球，就不用一定在前面。顺手的时候，在前面能赢，也不必退，根据不同的对手，运用不同的方法，首先技术要全面，都要会，真的退到后台，放高球能赢，也是好球。

"发、接、抢"，这三项就更明显了，一名运动员如果没有一个好的发球就很困难，像丁宁之前的下蹲发球非常棒，比赛经常能在这个环节占据主动。接发球要是不好也不行，接发球好了一样能成为世界冠军。比如张继科，全台不管发到哪儿，恨不得全台一板就过了，所以这是接发球的重要性。传统的观念是发球一方是比较占据主动的，但是从张继科开始不是这个概念了。这是乒乓球一个很大的发展，近年来最大的发展就是张继科的台内拧。但还是要加强，因为又有新的发展，别人也在研究你，琢磨怎么来破你的拧，矛盾矛盾，有矛了发明一个盾，有盾了矛就得更锋利。整个发、接、抢就是前三板的技术。

"高、新、尖"，这三项很重要，运动员要把它们从头至尾都贯穿在乒乓球生涯里面，要把这三个字牢牢记住。比赛有时候会打出很高级的技术，比如正手一拉，我冲回头，这在乒乓球里面是高级技术、高级球，在比赛的时候打出这么一下，对方会一惊。这不是常规武器，但同样是靠平时练出来的，有时候才会偶然打出一个来，看上去偶然，实际上有它的必然性，平时肯定练过，要总结偶然中的必然性。

高水平选手必定有高级技术，像现在李晓霞就有很多高级技术。她的反手快冲技术就比较高级，速度比较快的时候，人家没办法挡的。现在男选手的高级技术更多，有时候一冲，那个直线真是太棒了！像许昕，我在电视上看过他的乒超比赛，一个侧身，大角度斜线，正手等好了，一个直线，这就是很高级的技术，达到高水平，没有高级技术甭想达到高水平。

"新"，指新技术、新思想要贯穿在整个乒乓球的运动生命当中，好多技术都没有学会，每个人也不可能都学会，但是肯定有新的东西可以充实到你原有的打法里面。比如拧，2010年的时候，我们打世界比赛，世界上所有女运动员还没有一个人会拧的，中国队不会，新加坡队也不会，所以这就是新技术，运动员要随时随地发现新的技术，要能够吸收到自己的打法体系中来。徐寅生曾经说过"我的乒乓球技术都是从人家那儿批发来的"，批发来等于要去学，你才能有。而且有的时候对别人不算新技术，但对于你来说是新技术。

"尖"，尖端技术是一出手就能得分的。张继科的拧，拧的质量不一样，其他人拐弯会拐得大，所谓的尖端，是别人不太好学到精髓的，质量比较高的，即"绝招"。比高级技术还要顶尖，就像科学技术发展，永远还有更先进的、更尖端的，这是永无止境的。

"防"，攻防转换对现代乒乓球很重要，也被提到一个重要的位置上。前面说的都是攻，但是攻球选手也要练防，要会防，防得住，又能攻，攻防之间的转换又要好，防完了以后，有机会还攻你，这叫攻防转换。

我让队员背，我说你们就是按照这16个字进行训练，时刻挂在嘴上，从这上面去下功夫，真正达到技术全面，在这个基础上还要突出、有特长，这16个字里面都能找到你的特长。如果都达到了，你也攀到高峰了。

跟其他教练"批发"方法

40年教练生涯中，我的一个经验就是注重吸收各方面的知识，尤其是从其他同行那儿"批发"方法。

很多人觉得所谓"学院派"的东西对现实训练中的指导意义不大，但实际上还

这些很有纪念意义的照片、奖杯记录了我的乒乓生涯

是有很多有帮助的地方。20世纪80年代的时候，北京体育学院，也就是现在的北京体育大学的老师专门来给北京队讲课，所有运动队的教练都去上课，我记得讲过运动训练学、运动解剖学、运动心理学等等很多课程，每周两到三次课，队员们去上文化课，我们就去学这个，老师亲自过来教，大概学了一年至两年的时间，还考试，最后发了个毕业证书。

学到的理论知识会自然地结合到实际训练当中，比如说训练学里面用的

"超量恢复"，简单地说，经过反复超出本身极限目标的运动，才能达到不断超越本身原有运动水平的目的。练举重一般情况下只能举20公斤，一定要举到30公斤，超出你的能量，慢慢就能提高，这个道理是一样的。跑长跑，能跑3000米，训练要跑到4000米，然后5000米。这个道理不仅是体能项目适用，技巧性项目也适用。打球也是一样，有时候对运动员进行极限训练，体能也能提高，技术也能提高，在这里面都能找到理论根据。运动员要掌握一项新的高难动作，必须经过反复地千百遍地练习，才能逐步过渡到自动化阶段。后来我也比较注意看这方面的书。

说到上课的事有一个插曲，我刚到北京队的时候，有一位年轻教练叫张力为，管小孩训练，北京体院心理学专业招生时，他考进去了。为了考学，他每天晚上自学，尤其是英语，一学学到凌晨，结果全国统考他考第一名，后来进北体大念研究生、博士生，又到香港大学，现在已经是博士生导师，在国内是著名运动心理学权威，在亚洲地区都很有名，经常到各国讲课。我在新加坡执教的时候，说有一位心理学教授张力为，我一打听果然就是当初还跟我住过一个房间的小哥们。所以说打乒乓球的人很聪明，他很踏实，学习就跟打球一样拼，最后真能成才。

再说回到自己学习的事。

这些年当教练的过程中，我借鉴过很多教练的一些好的经验，不只是乒乓球，也有其他项目教练的经验。这方面我很注意，不管什么项目，凡是能出成绩的教练，能带出好队员的，我都很尊敬他，能带出好成绩的教练必定有他的道理，有时候我会询问他们。我在浙江队的时候，有一位田径教练，是搞五项全能的，现在已经是七项全能了，原来叫女子五项全能，他带出好多五项全能的优秀运动员。1990年北京亚运会女子七项全能冠军马苗兰就是他带出来的，马苗兰是浙江乒乓球教练陈健的妻子，前几年运作了乒超俱乐部。那时候我老注意看他训练，真是很专，每个队员都是他亲自教动作，压腿、给他们放松，都是自己亲力亲为。他有一套看队员的本事，选队员的时候他一看，这个人的身材、爆发力、弹跳、耐力、上肢力量怎么样。如果他觉得这个队员行，一般都差不了。

他当时已经是一位很有经验的教练了，但是我听他介绍，他也不是全能的，七个项目不会样样精通，有时候他要请跳高教练教跳高，有时候要请标枪教练教标枪，但是他有宏观的道理，看这个队员需要从什么地方去努力，他都很懂。

他这个本事对我有很大的启发，所以我在教球时绝对不是我自己一个人教，谁来教都行，我也请人家来，比如说我在北京队的时候请过郗恩庭来教队员发球，因为他的发球很出色，也请别人来教过弧圈。

河北有一位老教练叫李平之，他是我很佩服的人，带出来李惠芬、高军、樊建欣等一大帮尖子队员，20世纪90年代初带出了河北女乒的全盛时代。我也

向他学习，他带的队员所有人反手都很好，反手是当时所有河北队员的特长，李惠芬的反手是特长，樊建欣也好，高军也好，耿丽娟也好，都是如此，可见他教反手肯定有一套。

他在这方面从小培养，反手推挡，反手起，下功夫下得比较大。后来我是吸收了他的经验，甚至我也想了很多训练方法，训练课一开始上来反手就练30分钟，反手本来是10分钟准备活动，现在反手是练，5分钟先准备活动，然后轮流10分钟发力，你发力10分钟，我发力10分钟，反手变成了队员练得都不想练的技术。一堂技术训练课有两个小时到两个半小时，反手就练掉了1/5，很见效。比赛中就看出来了，张怡宁的反手很好，郭焱的反手也很好，基础打好以后，永远跑不掉。

李平之的教法对我有很大的启发，我没去问过他你的反手怎么练的，但是他的队员反手都好，必定有道理，所以我就去研究。

在北京队的时候，我有时候也请徐寅生来讲课，他见证了中国乒乓球发展的整个历史，请他讲乒乓球的发展，也是为了让运动员能够开阔思路。我的观点是不能觉得这个队员是我队里的，我就要护着，不能让人家动，别人不能来教。这是为了让队员提高，不是你请别人来就证明你能力不行了，你能请到高人来，也是你能力的一种体现。包括李隼，他有他的一套东西，1997年全运会，我是主教练，李隼刚去国家队半年多，这次全运会把他请回到北京队来，他坐在我旁边我心很定。不是说我当主教练怎么还会叫别人来教，不是这么回事，这是为了整个队伍好，对这次全运会有好处，我当教练我从不排斥其他人，绝对不排斥其他有能力的教练。

我这种当教练的思维方式就是受浙江那位七项全能教练的启发，博采众长。一个人的能力终究是有限的，教练也不要以为自己什么都是对的，都是自己的方法最好，那是不可能的。我的大部分理念是我这几十年的经验所得，但是提高到理论上面，我的水平还不够，还差得太远。

到大连大学乒乓球学校从娃娃抓起

2013年全运会乒乓球比赛在鞍山，大连大学体育学院院长、大连大学乒乓球运动中等技术学校校长郑伟找到我，说希望我能到他们乒乓球学校去当总教练。

当时我帮助山东队完成了全运会任务，本以为自己这下终于要休息了，结果没想到又接到了这个邀请。这么多年来，我在国家队、省市队、俱乐部都执教过，也都比较圆满，却唯独没有带过小孩子。当时心想：挑战又来了！

这个邀请再次激发了我对乒乓球的热情，我也很想尝试一下没做过的事。于是便给了郑伟肯定的回复。

当时应下此事还有一点是因为校长郑伟，他对乒乓球事业的执着让我很钦佩。郑伟从沈阳体育学院乒乓球专业毕业后留校当老师，也带过专业队，率领邮电系统的队伍参加过全国比赛，打进过前六名。他虽然是学校的老师，却一直活跃在乒乓球前沿，在国家体育总局乒羽中心少年训练营当过教练，很喜欢乒乓球事业，爱钻研，还出过乒乓球技术专著。

2014年春天，郑伟又专程到北京找我，详细聊了聊到大连执教的事情。他

教小孩子从头做起，又一次激起了我对乒乓球的热情

很想把学校的乒乓球搞好，希望能培养一些尖子选手，也想培养乒乓球的师资力量，这和我的想法非常契合，我也被他的诚心所打动，所以当场答应了这份邀请。

5月份，学校的乒乓馆修好。9月15日，我正式到大连大学乒乓球学校上任。学校的硬件条件不错，训练馆有100张球台，和场馆连在一起的公寓能住200名学生。我刚去的时候学校才10名学生，加上我有3名教练。这个学校是体教结合的典范，我来了之后，给他们专门制定了训练计划，像专业队一样每周训练30-36个小时。但和专业队不一样的是，孩子们每周一、二、四、五的上午都要上课，每个上午有4节课。为的就是学生未来如果不走专业道路，还可以继续学业。

经过一年的发展，现在学校已经有五十多名学生，越搞越红火，学校很有积极性，我也很兴奋。

我大半辈子都在专业队执教，孩子到我手里的时候已经是"半成品"，但在这儿不一样，面对的都是没有什么基础的小孩，要从零开始培养，教他们又是一种别样的味道。我现在最大的愿望就是从小孩里能带出一些优秀运动员，这也是我来大连大学乒乓球学校的初衷。现在看起来情况不错，最近招了一批07、08年出生的小孩，从基本动作开始教起，有几个看起来还是有苗头、有希望的，争取能够再培养出几名像样的运动员，为国家输送人材。

我和大连大学乒乓球学校校长郑伟

后记
HOUJI

不是尾声的尾声

写到这里，书可以告一段落了，感觉心里的一块石头落了地，一身轻松。

乒乓球界的大腕很多，但出书的不多，我不是大腕，也出了书，似乎算是个"另类"，权当为自己所崇敬的乒乓球事业留一份纪念吧。

成书的过程中得到了家人和一众挚友的大力支持和帮助，在此要感谢很多人。

感谢我的老伴刘雅琴，我们几十年的相濡以沫，她对我事业的支持和生活的陪伴不是我用"感谢"两个字就可以道尽。

感谢我的师长、队友、领导、搭档，在此书中也许提到，或者没有提到，但没有他们，我的乒乓生涯无从谈起。

感谢20年的挚友和战友李隼，他对我执教给予的帮助不胜枚举，他对我的评价令我备感温暖。

感谢我的所有弟子们，张怡宁、郭焱、丁宁、冯天薇说的话很多都是我未曾听过的，这些孩子的真诚和感恩之心让我无比欣慰。

感谢人民日报体育部主任刘小明老师，他远在大洋彼岸，在春节期间为我写了序言，令我非常感动。

感谢爱新觉罗·启骧先生，他的墨宝给本书增色不少。

感谢张朋先生，他一次次不辞辛苦地与我沟通，他付出的劳动和他的敬业精神令人敬佩。

再次感谢所有在我的乒乓之路和生活中帮助过我的人！谢谢每一个人！

书虽已尘埃落定，但我的乒乓球生涯依然在继续。未来几年我仍然会在大连大学乒乓球学校担任总教练,为国家乒乓球事业培养下一代接班人。我热爱这份工作,它是一个新的挑战。

在70多岁的年纪,还能受到别人如此信任,我很欣慰,也很开心。但这也同样意味着,未来的几年,我仍不能彻底休息,还将继续我的乒乓教练生涯。

我和乒乓球,还会在路上。

张怡宁:周指导护着我们,就像对自己的孩子

在我刚到北京队时,周树森指导给我留下的第一印象是很酷、不爱讲话,但只要话一出口就都能让队员们记住。虽然他不会每天盯着我们训练,但看到问题就会一针见血地指出来。

周指导平时观察队员训练很仔细,女孩打球有个特点,平时训练得很好很踏实,一到比赛时就容易出问题,往往心理波动特别大,如果平时不注意观察女队员训练的细节,很可能到比赛时才发现这个队员不能用,所以周指导平时看训练很细致。

周指导对女孩打球的技术和性格都非常了解,小时候他教我反手,反手是女孩打球的看家本领,他希望我反手练得更有威胁,能帮助当时的主力王晨和朱芳一起为北京队拿分。

那时我在北京队的主管教练是李隼,周指导是主教练,所以给我的感觉是很有距离感,一直到后来我当上北京队主力和国家队主力以后,接触才越来越多。记得我十六七的时候打比赛特别喜欢打漂亮球,那时候我的打法结构刚刚形成,年轻气盛,不知道怎么去控制自己在比赛里的情绪,也不知道怎么去得分,总是东丢一个球、西丢一个球,分数老凑不起来。尤其是跟有经验的大队

员打球时,我总是得势不得分,看上去我打得挺热闹,最后输的也是我。周指导看了我的比赛以后,就告诉我打球不够合理。"结构不够紧密,21分打起来是要算分的。而且有时候明明可以过渡一板的球,你却非要发力。"我还记得周指导是这样给我提的醒,后来我仔细想了想,发现自己确实太喜欢打漂亮球,但漂亮球就算打到了也不会给我两分,相反如果打丢了,不光要丢一分,气势也会一下降得很低,比赛里情绪很容易大起大落。现在看来,好像每个运动员都要经历那样一段喜欢出风头的时期,那段时期有长有短,因为周指导的提醒,我算经历得比较短的。

2000年我没报上奥运会,周指导作为教练,也有挺大的挫败感的。但他还是安慰我说:"年轻是你的本钱。"他放我假去杭州玩了10天,那是我第一次去杭州,当时觉得一下离乒乓球特别远,心情特别好,也觉得杭州特别美。当乒乓球运动员的时候,很少有机会能感觉离乒乓球远一点儿。"你现在打比赛的问题是想赢的时候容易手软。"放假回来以后,周指导又在技术方面指出我的问题,2000年底的时候,我再出国打比赛就完全不一样了,好像突破了自己,那道坎儿被迈过去了。

2005年我的手骨折的时候,周指导带我去云南玩了一圈。那一年的全运会让我记忆犹新,比赛过程挺坎坷的,我们团体赛8进4时差点输给江苏,我以前从来没输过李菊,但在全运会的时候因为我在9比4还是10比4领先的时候大意了一下,输回去了以后场上的气势一下就没了,还害得我们团体差点输球。单打比赛也很难,比赛时间拖得越长,状态起伏就越大,尤其是打完团体赛以后,人特别疲劳,人都是懵的,进入不了状态,不会越打越灵活越有灵感,真的只能一点点挺着、熬着。

2005年全运会单打决赛我和王楠打,那场球后来被教练们称为经典之战。赛前我跟周指导说:"多提醒我要狠一点儿!"在比赛时,该用什么战术我自己心里知道,而且打急了也听不进去战术,周指导在最后一局提醒我坚持住。

赢了那场比赛以后，我兴奋地和周指导拥抱，我知道他是发自内心地为我高兴，2001年的全运会单打赛场上，我拿了第二名，还因为消极比赛被批评，我知道周指导特别希望我在2005年站在第一名的领奖台上。

2009年的全运会单打比起2005年就缺了点儿火药味，拿了冠军后，拥抱周指导的时候我心里想的是感谢。当时只有我自己知道我打完这场球肯定不会再打了，所以在领奖台上我明明心里很高兴，但也没有笑出来。站在全运会的领奖台上，我回想起从2001年开始，北京队女团拿了三届冠军，这相当于在12年里教练员和运动员不能出任何差错，太不容易了。

周指导带我打比赛的时候，我赢了他都会特别高兴，输了的时候他就不说话了。周指导真的是从我小时候就一直看着我打比赛，每年的超级联赛、全国锦标赛，还有四年一次的全运会，从我不怎么会打比赛，看到我在比赛时能够自己处理特别困难的问题，看着我1比3落后王楠再一点点扳回来，再看着我称雄的时候在场上应变得游刃有余。周指导在场外指导时总提醒我该怎么做，到后来他只是坐在那儿欣赏我的比赛。这所有的过程周指导都看在眼里，我们之间是经过风雨共过患难的关系。

我们在一起打比赛开心的时候真的特开心，周指导别看岁数不小，但体力特别好，而且特别喜欢乒乓球，爱竞争，特别职业。有一次乒超联赛主场在浙江，下了飞机还要坐两三个小时的车才能到，在路上特别消耗精力体力，周指导跟着队伍那么长时间奔波也不觉得累，可能因为我们老赢球他高兴。

我们都很感谢周指导，作为北京队的队员，我感觉没有让我着急的事，我们出去打比赛，吃住都被队里安排得特别到位。周指导老想着让我们补身体，有一阵特兴吃甲鱼，所以我们打联赛的时候顿顿都有甲鱼汤，周指导还说，裙边必须得给我吃。在浙江打比赛的时候，我们总点一个菜是红烧大鱼头，他会告诉我们吃鱼要吃眼袋那里的肉最好。

相处这么长时间，周指导给我最大的感觉是护着自己的队员，他把我们都当成自己的孩子一样,他总说南方人有一种说法:"自己的儿长得多丑都是自己的孩子。"他对我们就是这么护着,让我感觉不管我在国家队犯了多大的错,或者比赛打得再不好,只要回到北京队,就像回到自己家一样。

我退役以后就跟周指导没联系了,但我们北京团有个微信群,我们都想加周指导微信。

郭焱:金牌教练不是偶然的

我很小的时候周指导就看过我打球,但我印象不深。对他的印象开始于我进北京队之后,小时候他在我心目中感觉距离比较远,不太熟悉,又有点儿害怕。

新加坡队来北京队挑人时曾经挑到我,但周指导把我留下了,说这个孩子不能放,是重点,未来要用的,他比较坚决,如果当时他说可以,也许我后来代表的就不是中国队了,那时候我还小,也不懂。

从我很小的时候,周指导对我就特别严格,张怡宁经常跟我开玩笑说:"我就不明白,周指导对别人都特好,怎么一对你就特失控?"以前我不理解,觉得莫名其妙,怎么老针对我呢?有病吧!至于嘛!我当教练后明白了,有时候看到一种队员就是失控,看别人特正常,看到这种队员就老想说两句,就觉得欠骂,就得说着,必须是这样,不这样不行。当然我知道他是为我好。

周指导一直比较器重我,对我不错,给我很多机会,信任我。我在国家队做过一些违规的事、出格的事,他都会帮我擦屁股。2009年乒超联赛我代表山西大土河俱乐部,有一场比赛做出了不冷静的举动,周指导帮我跟乒羽中心说了半天情,给我做了很多工作。

周指导说我是一匹野马，很难被驯服，但驯好了是块好材料。他也比较喜欢这种性格的运动员，他很了解我，知道我什么时候该出问题，知道怎么能把我打球的欲望调动起来，私底下他会跟我聊，说郭焱你打球为了什么，要怎么去做。周指导思路比较清楚，他觉得我是个人才，只是没成熟，成熟了肯定是把好手，必须得逼，逼到份儿上了，我一定能出状态。所以每次都给我压力，会告诉我：郭焱这个比赛我们不想输，不管用什么样的方法，你们的这种欲望必须要有。

除了在比赛场上，私下里他从来不说我，张怡宁我们几个跟他就像朋友一样，比赛下来就带我们享受，吃好饭馆，住好酒店，吃好住好打好是他的风格。他的理念是训练一定要好好训练，要求很高，玩儿，大家就痛痛快快地玩儿。

周指导对乒乓球太有激情了！他的激情能带动运动员，他场场比赛都想赢，不管用什么办法，我的目的很单纯，很明确，就是赢。他给运动员传递的信息就没有"输"这个信息，全是积极的。他给我们的信念没有变过，就是赢。跟他在一起待得久了以后，那种自信的感觉、求胜的欲望就出来了，走在赛场上就觉得我们队该赢、能赢、没问题。北京女队拿了三次全运会冠军过程有很多惊险，其实已经很落下风了，尤其是2001年和2005年两次都很难，但我们从来没有放弃，无论到什么危险时刻都觉得能赢。

我一直认为，一个金牌教练不是偶然的，他什么比赛都能拿金牌绝对不是偶然的。他是很多事都做到位了，就该拿了。他得到这些是他该得的，熬到这个份儿上了，谁能像他这么熬的，很多人都半途退了。

所谓"十年河东，十年河西"，周指导熬了这么多年，从张怡宁我们这一批人出来，他的辉煌从2001年开始，今年他73岁了，去年他带领山东队依然还能在全运会夺冠，这种激情，这种对乒乓球的热爱，不是每个人能做到的。他之前承受的东西很沉重，"千年老二"，这种话说来很简单，但承受起来很不易，攻破心理关，是需要很长时间的。

周指导做教练的经历给我最大的启发就是要熬得住，经历这么多后，他还能有这么大的激情很难得。我现在刚当教练，有激情是正常的，但不代表我5年之后还有激情。尤其是如果受到挫折，或者培养几年都没培养出来好的运动员，我是不是还有恒心去做这件事，周指导的执着精神是值得我学习的。

周指导不担任北京队教练后，我们的联系就少了很多。后来他带新加坡队打败中国队，但我从来没有把苗头指向他，我们输了不是因为他，是自己出了问题。他不管在哪个队都有求胜欲望，他带任何一支队伍都不想输，他这种情绪会带动运动员，运动员本来有5成水平，比赛时可能会发挥到7成。莫斯科世乒赛之后，我见到他还是该打招呼打招呼，该聊天聊天，一直很亲切，跟以前一样，也不会有奇怪的感觉，我一直觉得输球是自己的问题，我不会给自己找客观理由。

提起周指导，我想起最多的还是他在北京队带我们的时候。他那么大年纪，总是为运动员着想，在外比赛坐车他从来都坐在副驾驶位置盯着，怕运动员出事，我们都睡了，他在那儿跟司机聊着，担心司机睡着，这些小细节我们小时候不懂，但长大了越来越明白，让我们非常感动。

他会把所有事都帮运动员想好，我们什么都不用操心，只管打好比赛，队里有什么烦心事他从来不会告诉我们，在他眼里都是好事，他的口头禅就是"没事！"女孩一般琐碎的事比较多，比如哪天没休息好，他总是告诉我们"没事！"运动员一听"没事"这两个字，其实就没事了，女孩有时候就这样。其实他也有事，但他会给你撑住了，跟他在一起会觉得有依靠。

他很会调节女运动员的心理，他知道你什么时候害怕了，会给你积极的信号，知道你什么时候压不住了，这个尺度把握，是多年对女孩的了解得出的经验，是他特有的东西。

我1996年进入北京队，他2009年退休，我们每年的比赛那么多，尤其是联赛,但我几乎没见过他累、没有激情,或者是垂头丧气的时候,一直兢兢业业,只要一上球场,就健步如飞,特别有激情。国内没有任何一个教练这么大岁数还在一线,我特别佩服他这一点。

丁宁:周指导是我的乒乓生涯中非常重要的人

2000年,我参加了一个小孩的集训,北京什刹海体校的甄九祥教练建议我去报考什刹海,于是我妈妈带着我去了。正是这次考试改变了我的乒乓之路。

周指导的爱人刘雅琴教练是什刹海女队的教练,我去考试时跟她的队员打,那天很巧,周指导也在,我后来听说他是专门去看我,但没有向他求证过。当时我跟一个比我大的孩子打,挺占上风的,结果周指导给那个女孩当场外,我输了。下来之后我还跟她们说:"怎么耍赖啊?还做场外。"周指导看了我打球后,跟我妈妈说让我去北京队。其实北京队之前没有这种先例,都是必须先进什刹海才能进北京队,而且我的年龄不在进队范围,才10岁,是进体校的年龄,所以这对我来说是个很好的机会。至于周指导为什么选我,我也不知道,可能觉得我拼劲儿特好,挺能喊的。于是他就把我留下了,直接跟我妈说让丁宁留在北京队,而且给了我很好的待遇。

到北京队一看,队里大都是1984年到1986年出生的选手,打比赛我一场也赢不了。北京队从来没有我这么小的外地孩子,他给我的训练条件和待遇也是从来没有的。那时候我刚10岁,谁能看出我以后一定会有好的发展,可能他觉得我比较有潜力,作为老教练,他确实经验非常丰富,毕竟看了那么多优秀运动员。

我妈当时很舍不得把我一个人扔到北京,我太小了,但觉得来北京发展是一条非常好的路，周指导很有诚意，北京队有张怡宁、郭焱这样最顶尖水平的队员，肯定能学到很多东西。

第一眼看到周指导时我就感觉他人挺好的，是个慈祥的老爷爷。后来听大队员说周指导年轻时挺严厉的，有点儿凶，我没有见过，我见到他时他很和蔼。他对我非常好，一直很培养我，在我每个成长阶段都给我很多机会，有时甚至不是我这个年龄该有的机会，其实我的水平并不一定是最好的，也有一些运动员可能比我优秀，但他还是把机会给了我。很小的时候我就开始跟宁姐、郭焱姐她们打乒超，2003年去过一两场，2004年就报名跟队了。包括全国锦标赛，2003年我就跟着大队员一起了，我跟她们差了好几岁，中间年龄段的都没报名，而是报了我。也正是因为这样，我才能从小就接触宁姐、郭焱姐，跟她们学到很多东西。

有一个场景让我一直记忆犹新。周指导那时候是总教练、领队，不是每天都在队里，只是偶然进馆里看训练，但他每次看训练都会看我，我记得特别清楚，我们当时装修，地面铺的地板，洒上一层油，刚打上去时特别滑，我在那儿训练拉球，周指导就在旁边帮我擦地，怕我摔倒。这个场景在我印象里特别深，别人都说周指导对我太好了。

2005年全运会是我成长道路上的一个里程碑，周指导很有先见之明。北京队从1988年到1990年这个年龄段有六七个人，全运年的前两年，我们填了一个表，当时说北京队打全运会的3号选手可能在这些人中产生，给了我们一个信号。没想到2005年我真的打上全运会了。预赛时我就上场了，但没有确定让我当3号，毕竟我才15岁。朱虹预赛团体赛打得特别好，后来可能经过综合考量，觉得我的潜力更大一点儿。备战全运会的时候，教练的想法是一定要出一个新人，会承担比较大的责任，有新的力量注入进来，也会有助于整支队伍的气势。但具体派谁也不好说，也不能确定用谁就能成功。决赛阶段我从小组赛就打3号，没想到半决赛会遭遇那么惊险的局面，对辽宁0比2落后，最要命的时候，周指导非常紧张，宁姐她们也都很紧张。当时周指导脸都僵了，我感觉他的头发都快掉下来了，我的手肯定是冰凉的。

那场球赢下来并不是我本身能力真的很强，关键是赛前准备特别充分。他们帮我分析状态，面临的局面，比赛中有可能出现的事，提醒我很多，我想不到的东西，他们都帮我想到，告诉我之后，在比赛中碰到困难情况扭转的能力会强一些。

这么多年相处下来，我们北京队有很多好玩的事，大都是在联赛中。有几年我们在浙江打，我们队很强，张怡宁、郭焱、李楠，我当时是小跟班，开玩笑说是拎包的，天天就是吃。我们住最好的酒店，吃最好的菜。周指导特别爱吃杭帮菜，他就是杭州人，我们在北京也经常吃杭帮菜。臭豆腐在杭州非常有名，他们都特爱吃，尤其是蒸的，味特别大，周指导尤其爱吃。每天他们都会点臭豆腐，一点菜周指导就用他带着杭州味的普通话说："先给我来一份臭豆腐！"上来第一份周指导基本分不着，都被宁姐、郭焱姐她们瓜分了，周指导就得跟服务员说"再跟我来一份臭豆腐"。我小时候特别挑食，不吃的东西很多。当时我不爱吃，他们就说我，你这也不吃，那也不吃，这样怎么能打好球啊，但我死活不吃，他们说你不吃臭豆腐不可能打世界冠军，但我坚决保护自己的阵地，到现在也不吃。

周指导平时对我们的生活特别关心，有什么要求都尽量满足。在外打比赛住的环境、出去吃饭、去超市买东西，都会帮我们想到，特别细心。吃好睡好，舒服了才能打好球。联赛有时候去的地方特别好，他就让我们带着父母一块儿玩一玩。他考虑得非常周全，感觉父母付出很多，而平时我们跟父母在一起的时间太少，他就会帮我们想到，创造机会，不用我们去提。

他带北京队经历了非常辉煌的10年，在这之前，他的运气不是特别好，被叫"周老二"，一直没拿过冠军，虽然也有很多优秀运动员，但全运会、全国锦标赛都不是那么顺利。从2001年全运会拿完之后，基本上每年全国锦标赛、全运会、联赛冠军都是北京队的。我听说后来大家就管他叫"周大福"。2009年全运会，北京女队号称"航母"，乒乓球团体三连冠很难，我们一盘没失，从头到尾3比0，这个纪录很难，创造了历史。

他是一位很有经验的教练，对女运动员非常了解，从最基础的到最顶尖的运动员他都教过，对运动员的心理把握非常到位，很多比赛、很多困难他都经历过，知道怎么调节运动员的心态，这是他的一绝。能碰到他我挺幸运的，在这个集体中会比别的运动员少走很多弯路，要走弯路的时候，就被他们卡住了。所以自己能够学到很多，成长得比较快。

有两件事现在想起来挺有意思的。很小的时候有一次打联赛，我跟福原爱在广东打，那场球打得很不好，周指导在场下已经急了，宁姐和郭焱姐就想着别让周指导骂我，下来先把话接过来。宁姐说你今天这球打什么呢！我一听就急了，一摔毛巾，说我已经够尽力了！够拼了！还想让我怎么样！一转身走了。当时他们三人都傻了。

还有一次我刚跟乒超时，因为上不了场，久而久之就没有了上场的意识，忽然有一天周指导跟我说："丁宁你把鞋换上，跟宁姐训练。"我一翻包，居然没有带鞋！但也没挨骂，赶紧跑回去拿。

其实周指导也很严厉、很凶地说过我，但他从来没有骂过我。大概是我太小了，在他眼里可能跟他的孙子、孙女一个年纪，从小他看我长大。

对我来说，简单地形容周指导太难了，他在我生命中是一个非常非常重要的人。在我的整个运动生涯中，他发现我、培养我，我很感谢他。后来他带新加坡队差点儿把我"打下去"（当然这是开玩笑），也是因为有莫斯科世乒赛那一次的经历，让我重新成长，最后才能参加奥运会，我从来没有因此而怨恨他。他在我大部分乒乓生涯里，扮演了非常重要的角色，对我产生了很大的影响。

冯天薇：他是老顽童，又像一位禅师

我在国内打球的时候就听说过周指导，他一直在北京队当教练，北京队的成绩一直都特别好，但我们没有接触过。2008年奥运会后，年底我接到通知，说周指导要到新加坡执教，挺意外的，没想到。

周指导是带我年头比较长的教练，因为我这些年在中国队待了几年，又去日本，再到新加坡，教练总是不停地在换。和他相处四年，一个奥运周期，彼此都很愉快。周指导带新加坡的四年成绩都不错，我觉得他是特别敢想的一个人，有时候我们想的心不够大，他在这方面对我们的帮助很大。

周指导刚到新加坡队第一次跟我们见面，讲的第一段话就让我受益匪浅。他说大家都是从国内过来，到一个完全不属于你的地方挺不容易的，能在国外站稳脚跟很不错。在国内，比赛也好，其他方面也好，很多机会是没有的，来到新加坡有一个平台能够参加国际比赛，实现梦想很难得。

因为国外的训练条件相对差一些，差的话抱怨就比较多，女孩子更容易这样，觉得这也不行，那也不行。但是周指导带给我们一种很不一样的思路，让我们更珍惜拥有的东西，思路上有一些转变，大家很认可他这种思路，所以这几年相处得比较融洽，四年中没有什么大的摩擦。

拿世界冠军一直是个梦想，但当你真正付诸实践的时候会很不一样，人都有一个梦想，真正到有机会争夺、触手可及的时候，还是有点儿不太敢想，觉得好难啊！跟中国队打，这种感觉你懂的！

说实话，莫斯科世乒赛我真没想到能拿冠军，没有周指导我们不可能拿到。他一直鼓励我们，什么事情，无论这一次，还是别的，要敢想，才有机会做得成。这是通过莫斯科世乒赛他给我的启发。可能也是我们成功了，如果没有成功，就谈不到这一层面，成功了，确实觉得想和不想不一样。

周指导给我印象特别深刻的是伦敦奥运会。备战时我们的压力比较大，我觉得某种程度上周指导的压力比运动员更大。我记得之前我们参加了很多站比赛，从亚洲飞到欧洲，从欧洲飞到亚洲，还有巴西和智利，等于绕地球一圈。我们这个年龄都觉得很辛苦，但周指导一站都没有落，一直跟着我们飞。当时我就觉得周指导真是挺辛苦的，这么大年纪，虽然他身体很好，但来回路程那么远，有时候要在飞机上折腾30个小时，确实不容易。

周指导还是有那股心劲儿，愿意跟我们这么跑，而且他对这次奥运会的准备非常负责任。那个时候，大家都精疲力尽了,他也一样。那段时间我们的成绩不是很好，尤其是我的状态比较低谷。备战奥运会的封闭训练，包括奥运会前，给我的感觉周指导一直特别煎熬，据说他晚上不怎么睡觉，我们发了一个手机，能上网，他就用手机看新闻。还买个Ipad，让我们帮着下载下棋这些游戏，无聊的时候打发时间。真是挺不容易的，那么大年纪，承受这么大的压力。

周指导是比较乐观的人，但他心里的焦急，大家也能感觉出来。那时候我们实在太差了，尤其是我，感觉都不会打球了。排名一直在不停地掉，我的排名一掉，整个团队排名就掉，所以大家都处于一种不能说的悲痛之中，反正是挺焦虑的。我从2012年年初，到奥运会结束，只有奥运会打得还不错，之前的8个月没打过一场好球，觉得整个人每时每刻都在想着奥运会这件事，所以天天心情不好。我们跟中国队不一样的，他们压力更大，我们压力也大，但也忙里偷闲，尽量放松。

周指导基本不发火，带我们的四年里只发过一次火，伦敦奥运会前关于王越古和李佳薇的双打问题，她们俩之间有一点儿摩擦，周指导比较生气地指责这件事情。因为奥运会马上开始了，觉得这件事不太应该发生，女孩的想法挺多的，有时候一点儿不高兴就可能产生矛盾，其实没有什么大事。周指导可能语气严厉点儿，要说发多大火也没有，就是挺着急的，可能已经是他的极限了。

奥运会打完后，明显感觉到周指导心情变好了，笑逐颜开，拿了两块牌，完成任务了，给大家有一个交待。

周指导这么多年一直带女运动员，我觉得他比较懂女孩的心，对女孩的想法很清楚，很了解。有时候女孩会跟教练闹别扭，无论是男教练还是女教练，女孩吧，就是有那种小脾气，矫情。其实也不是跟教练生气，是跟自己较劲儿，但表现出来的就是跟教练生气的感觉。这种时候，周指导可能就会过来安慰几句、说几句，自己的心情就没那么着急了，觉得挺舒服的。这是他的一大优点，年轻教练可能比运动员还急，你打得不好他说你说得更多。所以他跟一般教练的风格不一样，比较懂女孩在想什么，我觉得这是挺重要的一件事。

女孩的情绪特别容易受到影响，影响到训练和比赛，不像男孩特别理性，女孩特别感性。大部分女孩会把情绪带到平时的工作和生活中，如果训练情绪不好，下来情绪肯定也不好，生活中情绪不好，训练也不可能好，是一个恶性循环。运动员怎么样把训练和生活分开，搞好平衡，有时候自己意识不到，或者钻牛角尖了，这是需要人来帮你调整的。周指导就是能做到这一点的教练，帮人从不良情绪中出来，让人不会那么激进。

在训练方面，周指导跟其他教练不一样的地方是突出我们自己的个性，纪律上管得不是那么严，可能因为我们也大了，有一定的自觉性，所以他也不是很要求，只要是训练和比赛完成好就可以，其他挺宽松的，没有更多的要求。

他做场外指导也一样，他有自己的想法，但有时候意见不统一，他会跟运动员沟通，自己的想法可以跟他说出来，他会特别好地让我按照自己的想法去打。不会像有的教练说"你一定要按照我的方法去打"，他会跟你商量，让运动员更能体现自己的一些东西。这四年里，他慢慢地越来越了解我，这样在场上就配合得越来越默契，该不该暂停、心理状态这些他都会感觉得到，抓时机抓得特别好。

周指导帮助我拓宽了思路，而且在平时的训练比赛中，对情绪控制得好一些，起伏不会那么大了。让我觉得整个状态比较稳定。我在我们队的位置基本都是打一号，这几年无论打得好不好，他对我很肯定，培养我作为领军人物的能力和气质，对我是很大的锻炼。

周指导是对生活特别讲究的一个人，喜欢美食。一般我们出去吃饭，基本都是他点菜，全权交给他，他点的我们都挺爱吃的。他喜欢吃鱼、海鲜，很典型的南方人的口味。他每天吃的菜五颜六色的，注重养生，胃口也很好，所以身体一直不错。

生活中的周指导挺新潮的，什么流行语都知道，想法和心态不像他这个年纪的人，对什么事都很新奇，刚出Iphone4，他就买，Ipad他也有，还玩儿微信，对世界充满好奇，喜欢尝试。比如没吃过的东西，他一定要尝一下，无论是什么，好不好吃。有一次在欧洲，早上我看到他在嚼黑乎乎的东西，一看，在嚼橄榄。他总说，没吃过的，没玩过的，没见过的，都要去尝试一下。我觉得运动员也应该尝试，运动员的思维方式都太直接了，思路不是特别宽。

在我看来，周指导像一位禅师。他的道行很深，柔中带刚，以柔克刚。无论是带我们，还是平时做事的方法，这是他性格的特点，那种感觉就像打太极拳，好像看着不出力，实际上很有功力。